新文科·新广告
高等学校广告专业系列教材

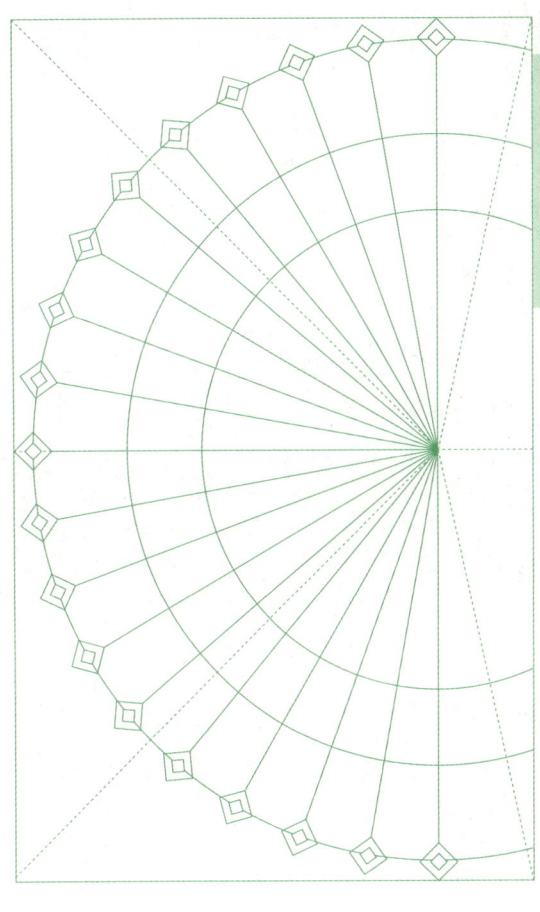

新媒体广告

（第三版）

◎ 主　编　鲍立泉
　　副主编　陈　娜

编写组成员（按姓氏笔画排序）
马秋华　邓政鑫　吕心田　朱　伟
李丹阳　罗楚豪　周怡然　彭则熙

中国教育出版传媒集团
高等教育出版社·北京

内容提要

本书第一版是全国最早系统阐述"新媒体广告"理论与实务的一本教材，得到了广大师生的好评。2016年，本书第二版进行全面创新，保持在同类教材中的动态领先。如今，本书第三版在此基础上，顺应时势，吸纳应用甚广的自媒体、社交电商、网络直播、数字营销等新概念、技术与方法，并辅以最新的典型案例进行讲解，以期满足读者对于新媒体广告相关知识的需求。

全书内容涉及新媒体广告的整合和管理、大数据时代的用户分析、品牌传播的内容设置、自媒体建设与运营、社交媒体开发与互动、数字广告搭载与植入、品牌信息搜索与满足、电商平台的传播与沟通、数字营销促进、社会化客户关系管理、品牌新媒体危机管理、新媒体广告的大数据评估等丰富的新媒体广告内容，并在此基础上，介绍了实践工具，安排了相应的实验操作内容。

本书在体例上，采取理论与案例、文字与图表、介绍与实验相结合的方式，立足现实，追求实用，并鲜明体现出可读性和实践指导性。

本书在形式上充分利用新媒体技术，随文设置二维码，扫描后便可获得更多拓展资料。

本书既可作为高校广告、营销、传播、工商管理、网络与新媒体、计算机软件等专业教材，又可供广告从业人员学习参考。

图书在版编目（CIP）数据

新媒体广告 / 鲍立泉主编；陈娜副主编. --3 版. -- 北京：高等教育出版社，2023.3
ISBN 978-7-04-059713-4

Ⅰ.①新… Ⅱ.①鲍… ②陈… Ⅲ.①传播媒介 -广告-高等学校-教材 Ⅳ.①F713.8

中国国家版本馆 CIP 数据核字（2023）第 008673 号

新媒体广告（第三版）
XINMEITI GUANGGAO

| 策划编辑 | 武 黎 洪世英 | 责任编辑 | 洪世英 | 封面设计 | 王 琰 | 版式设计 | 张 杰 |
| 责任绘图 | 李沛蓉 | 责任校对 | 窦丽娜 | 责任印制 | 存 怡 | | |

出版发行	高等教育出版社	网　　址	http://www.hep.edu.cn
社　　址	北京市西城区德外大街4号		http://www.hep.com.cn
邮政编码	100120	网上订购	http://www.hepmall.com.cn
印　　刷	唐山嘉德印刷有限公司		http://www.hepmall.com
开　　本	787mm×1092mm 1/16		http://www.hepmall.cn
印　　张	15.25	版　　次	2010年8月第1版
字　　数	330 千字		2023年3月第3版
购书热线	010-58581118	印　　次	2023年3月第1次印刷
咨询电话	400-810-0598	定　　价	39.20 元

本书如有缺页、倒页、脱页等质量问题，请到所购图书销售部门联系调换
版权所有 侵权必究
物 料 号 59713-00

目 录

第一章 新媒体广告概说 ... 1

第一节 新媒体与新媒体广告 ... 2
一、新媒体界定 ... 2
二、新媒体广告界定 ... 3

第二节 新媒体对广告的影响 ... 5
一、新媒体广告的演进 ... 5
二、新媒体在广告运动中的作用 ... 6
三、新媒体广告行业的现状及趋势 ... 7

第三节 新媒体广告的特点 ... 9
一、内容形式的多样性 ... 9
二、受众导向的互动性 ... 9
三、传受双方的通透性 ... 10
四、信息服务的链接性 ... 11
五、品牌信息的聚合性 ... 12
六、信息管理的即时性 ... 13

第四节 新媒体广告的形态 ... 14
一、自有媒体广告 ... 15
二、社交媒体广告 ... 15
三、搜索服务广告 ... 16
四、智能推送广告 ... 17
五、信息提示广告 ... 18
六、内容植入广告 ... 18
七、网店体验广告 ... 19

第二章 新媒体广告的整合和管理 ... 21

第一节 媒体选择的影响因素和组合 ... 22
一、影响广告媒体选择的因素 ... 22

二、广告新媒体选择的优化组合 …………………………… 24
　第二节　新媒体广告的管理 ……………………………………… 25
　　一、广告主的自律管理 ……………………………………… 26
　　二、新媒体广告的行业自律与管理 ………………………… 26
　　三、政府的法规管理 ………………………………………… 27
　　四、新媒体广告的公信力管理 ……………………………… 28

第三章　大数据时代的用户分析　31
　第一节　大数据与用户 …………………………………………… 32
　　一、大数据的概念 …………………………………………… 33
　　二、消费者和用户 …………………………………………… 33
　第二节　品牌用户的大数据聚合 ………………………………… 34
　　一、大数据时代用户数据分布 ……………………………… 34
　　二、大数据时代的用户类别 ………………………………… 39
　第三节　大数据时代的用户行为挖掘 …………………………… 40
　　一、大数据时代的用户行为分析 …………………………… 40
　　二、大数据时代的用户行为挖掘工具 ……………………… 42
　　三、大数据时代的用户分析和报告 ………………………… 44

第四章　品牌传播的内容设置　47
　第一节　新媒体环境中的品牌传播内容体系 …………………… 48
　　一、传统的品牌传播内容体系 ……………………………… 48
　　二、新媒体环境下品牌传播内容体系的变革 ……………… 51
　第二节　搜索型品牌传播内容设置 ……………………………… 52
　　一、设计关键词 ……………………………………………… 52
　　二、提升品牌关键词的搜索指数 …………………………… 54
　第三节　分享型品牌传播内容设置 ……………………………… 54
　　一、设置专业性的内容 ……………………………………… 55
　　二、设置有价值的内容 ……………………………………… 55
　　三、设置激发情感的内容 …………………………………… 56
　　四、设置独特新颖的内容 …………………………………… 57
　　五、设置有争议性的内容 …………………………………… 58
　　六、设置故事 ………………………………………………… 58
　第四节　话题型品牌传播内容设置 ……………………………… 59
　　一、从热点新闻中发掘品牌传播"话题"内容 …………… 59

二、借助已有"话题"传播品牌内容 ……………………………… 60
三、与品牌营销活动相配合制造"话题" …………………………… 61

第五章 自媒体建设与运营 63

第一节 企业自媒体建设 …………………………………………… 64
一、企业自媒体的内涵 …………………………………………… 64
二、企业自媒体的功能 …………………………………………… 65
三、企业的自媒体平台 …………………………………………… 68

第二节 关键员工自媒体开发 …………………………………… 75
一、员工是企业的"关系利益人" ……………………………… 75
二、员工自媒体的开发 …………………………………………… 76
三、员工自媒体的管理 …………………………………………… 77

第三节 企业自媒体管理与运营 ………………………………… 77
一、建立品牌管理机构 …………………………………………… 77
二、企业自媒体的运营 …………………………………………… 79

第六章 社交媒体开发与互动 83

第一节 社交媒体的内涵与特征 ………………………………… 84
一、社交媒体的内涵 ……………………………………………… 84
二、社交媒体的特征 ……………………………………………… 88

第二节 社交媒体中的广告互动 ………………………………… 88
一、社交媒体广告的内涵 ………………………………………… 89
二、社交媒体的广告互动实现 …………………………………… 90

第三节 口碑传播中的信誉建构 ………………………………… 95
一、口碑传播的意义 ……………………………………………… 96
二、社交媒体的口碑传播效应 …………………………………… 97
三、口碑传播中对品牌信誉的坚守 ……………………………… 101

第七章 数字广告搭载与植入 104

第一节 广告搭载及其特点 ……………………………………… 105
一、广告搭载概述 ………………………………………………… 105
二、广告搭载形态 ………………………………………………… 105
三、广告搭载特点 ………………………………………………… 110

第二节 广告植入及其特点 ……………………………………… 112
一、广告植入概述 ………………………………………………… 112

二、广告植入形态 …………………………………………………… 113
　　三、广告植入特点 …………………………………………………… 119
　第三节　搭载与植入广告的创意传播 …………………………………… 120
　　一、搭载与植入广告的创意原则 …………………………………… 121
　　二、搭载与植入广告创意传播案例分享 …………………………… 122

第八章　品牌信息搜索与满足　　127

　第一节　搜索平台及其特点 ……………………………………………… 128
　　一、搜索平台的含义及分类 ………………………………………… 128
　　二、搜索平台的特点 ………………………………………………… 130
　　三、搜索服务广告 …………………………………………………… 132
　第二节　品牌与产品信息的搜索满足 …………………………………… 135
　　一、广告传播的"搜索满足"模式 ………………………………… 135
　　二、"搜索满足"模式下用户的品牌与产品信息搜索行为 ……… 136
　第三节　搜索引擎营销运用与信息搜索管理 …………………………… 140
　　一、搜索引擎营销的含义 …………………………………………… 140
　　二、企业的 SEM 运用策略 …………………………………………… 141
　　三、企业的信息搜索管理 …………………………………………… 143

第九章　电商平台展示、传播与沟通　　147

　第一节　电商平台及其特点 ……………………………………………… 149
　　一、电商平台的内涵 ………………………………………………… 149
　　二、电商平台的特点 ………………………………………………… 150
　　三、电商平台的类型 ………………………………………………… 151
　第二节　电商店铺的展示传播 …………………………………………… 153
　　一、电商店铺及其特点 ……………………………………………… 153
　　二、电商店铺的体验设计 …………………………………………… 154
　　三、电商店铺的体验传播 …………………………………………… 156
　第三节　直播电商的沉浸式传播 ………………………………………… 158
　　一、直播电商概述 …………………………………………………… 159
　　二、直播电商生态的组成因素 ……………………………………… 160
　　三、直播电商的传播特征 …………………………………………… 162
　第四节　电商服务的互动沟通 …………………………………………… 163
　　一、电商服务互动沟通目标 ………………………………………… 164
　　二、电商服务互动沟通形式 ………………………………………… 164

三、电商服务互动沟通策略 ·········· 166

第十章　数字营销促进　171

第一节　网购节新常态及其特点 ·········· 172
一、数字营销促进的基本形式 ·········· 172
二、网购节分类及特点 ·········· 176

第二节　网购节促销的蓄势传播 ·········· 179
一、网购节促销的蓄势策略 ·········· 179
二、网购节价格促销的策略 ·········· 182
三、网购节促销传播的渠道整合 ·········· 184

第三节　网购节促销的整合服务 ·········· 185
一、网购节整合服务环节 ·········· 186
二、高效数据处理 ·········· 186
三、物流保障 ·········· 187
四、完善售后服务 ·········· 189

第十一章　社会化客户关系管理　191

第一节　社会化客户关系管理及其应用 ·········· 192
一、客户关系管理与社会化客户关系管理 ·········· 192
二、社会化客户关系管理的应用 ·········· 193

第二节　社交媒体数据的获取与分析 ·········· 196
一、传统 CRM 的数据获取 ·········· 196
二、社会化客户关系管理的数据获取 ·········· 196
三、社会化媒体数据的分析 ·········· 198

第三节　基于社交媒体的 SCRM 策略 ·········· 199
一、利用社交媒体与消费者建立黏性关系 ·········· 199
二、针对具体客户体验展开品牌传播 ·········· 202

第十二章　品牌新媒体危机管理　206

第一节　品牌新媒体危机及其特点 ·········· 207
一、品牌新媒体危机的内涵 ·········· 207
二、品牌新媒体危机的特点 ·········· 208

第二节　品牌新媒体危机管理流程与原则 ·········· 209
一、品牌新媒体危机管理流程 ·········· 209
二、品牌新媒体危机管理原则 ·········· 212

第三节　品牌新媒体危机管理策略　214

一、正源式品牌危机管理　214

二、改进式品牌危机管理　216

三、自嘲式品牌危机管理　217

第十三章　新媒体广告的大数据评估　221

第一节　广告大数据评估及其特点　222

一、广告大数据评估的含义　222

二、广告大数据评估的特点　224

第二节　广告大数据评估的方法与工具　225

一、广告大数据评估的方法　225

二、广告大数据评估的主要工具　226

第三节　广告大数据评估体系与指数　229

一、广告大数据的评估体系　229

二、广告大数据评估指数　231

第一章　新媒体广告概说

导入部分

1. 学习要点
   - □ 认知新媒体及新媒体广告的内涵
   - □ 知晓新媒体对广告的影响
   - □ 把握新媒体广告的特点
   - □ 了解主要的新媒体广告形态

2. 学习要求

结合自身接触新媒体与新媒体广告的经验，总体上把握新媒体广告与传统广告的差异，尤其需认知新媒体广告的本质是互动性的品牌传播活动，且广告形态呈现多样化趋势，而非单向度的产品信息发布，在此基础上总体性地把握新媒体广告的特点。

3. 关键词

新媒体　新媒体广告　新媒体广告形态

4. 先导案例

支付宝"中国锦鲤"活动

2018年国庆期间，支付宝官方微博推出寻找"中国锦鲤"转发抽奖活动，中奖者即为"中国锦鲤"，将获得服饰、化妆品、SPA券、旅游免单等由200多家品牌组团提供的、价值300万的"中国锦鲤全球免单大礼包"。活动开始短短的一小时之内，参与的品牌方迅速转发、评论该微博，瞬间形成流量池，品牌方的集中式参与、转发不仅扩大了活动的影响力，也提升了整个活动的势能，让"中国锦鲤"活动迅速在几个小时内形成浩大声势。短短六个小时，该微博转发量已破百万，成为微博史上转发量最快破百万的企业微博。随着活动的进行，支付宝的微博账号反复提到三百万分之一的中奖概率，以中奖概率作为话题点为"中国锦鲤"活动持续加温。

本次活动在10月7日支付宝公布中奖结果后达到了高潮。中奖用户"信小呆"在得知中奖消息后，发布微博"我下半生是不是不用工作了？？？"瞬间引爆了网友的神经，她的微博粉丝一夜之间暴涨到了71万，众多网友在信小呆的微博下回复互动，以期沾沾好运气。一时间，相关话题"李现转发信小呆微博""讲讲你的锦鲤附体经历"等也纷纷登上热搜榜，助推了此次营销活动的二次传播。最终支付宝这条微博共收获了400多万转评赞、2亿曝光量，相关的话题在公布结果后，迅速占据微博热搜第一和第三位，相关关键词的微信指数日环比更是大涨288倍。

本次营销活动，将"锦鲤"作为主打的概念，利用概率三百万分之一造势，支付宝成功获得了亿级裂变流量，同时抢占了"中国锦鲤"的营销概念和用户心智。总的来说，这是一次非常成功的多品牌联动，是一次成功地用较低成本撬动全国互联网社交媒体话题大讨论的现象级内容营销活动。

在这个鲜活的案例中，按传统的广告概念和广告理论，我们虽然看不到可识别的广告，且案例中最活跃的要素是转发微博和"锦鲤"的概念，但却切切实实地看到其中宣传、传播支付宝品牌与礼包商家的因素与功能。那么，我们该如何解读类似于"转发抽奖"这样的网络传播形式？它们能被称为广告吗？

第一节　新媒体与新媒体广告

大数据、云计算、物联网、移动互联、元宇宙等新媒体应用形态层出不穷，使得信息传播正经历着前所未有的变革。在此背景下，一方面是"互联网思维"正在改变着人们的思维方式；另一方面则是"互联网+"在加速刷新各行各业。所谓互联网思维，就是在（移动）互联网、大数据、云计算等科技不断发展的背景下，对商业生态、政务生态，乃至社会生态进行重新审视的思考方式。而"互联网+"则作为一种新的经济社会形态，正充分发挥互联网在生产要素、社会要素配置中的优化和集成作用，在经济社会各领域之中提升经济实体的创新力和生产力，提升社会运转的效率与质量。

在此背景下，我们需要清晰地审视生机无限的新媒体与新媒体广告，并力图适应、掌握、运用全新的思维工具与传播方法，以"出新就是常态"的广告"新常态"来顺应经济、社会的全新发展方向。

一、新媒体界定

"新媒体"概念，是本书的逻辑起点。那么"新媒体"的内涵究竟是什么呢？

学者们几乎一致认为，新媒体是一个相对的概念，随着科技的进步，新媒体的概念也会进一步延伸变化，绝对意义上的"新媒体"指向并不合理。[1] 对于这媒介领域的变迁，互联网学者都有共识，即：避免研究中单纯的二元对立，如新媒体与旧媒体、现实与虚拟、线上与线下等现象和概念的对立。[2]

---

[1] 喻国明、曲慧：《网络新媒体导论》，人民邮电出版社2021年版，第10页。
[2] 刘新传、魏然：《语境、演进、范式：网络研究的想象力》，《新闻大学》2018年第3期。

如果说 Web 1.0 是门户时代，Web 2.0 是搜索/社交时代，目前正在兴起的 Web 3.0 则是大互联时代。其典型特点是多对多交互，不仅包括人与人，还包括人机交互以及多个终端的交互，从而实现了"每个个体时刻联网、各取所需、实时互动"的状态，这也是一个以"以人为本"的互联网思维为标志的文明时代。它具有便捷、可表达（参与）、免费、数据思维、可交互体验等特点与优势。

新媒体的概念界定一直处于动态发展过程中。因此，我们在当下所需建立的对新媒体的认识是：在传统媒体发展的基础上，基于全媒体技术、网络技术、智能技术、云计算技术延伸出来的新的媒体形态。它具有数字化、交互性的本质特征，能够实现个性化、互动性、智能化、移动化的传播沟通，接入方式可以是个人计算机、智能手机、智能电视、穿戴设备等全媒体终端。

二、新媒体广告界定

"新媒体广告"是本书的核心概念。在"新媒体"概念得到界定的基础上，要清晰认识新媒体广告内涵，还需对"广告"内涵进行讨论。

1. 新媒体环境下"广告"内涵的演进

目前的"广告"概念，是在传统媒体基础上形成的。如 1994 年我国通过的《广告法》第二条规定：广告，是指商品经营者或者服务提供者承担费用，通过一定媒介和形式直接或者间接地介绍自己所推销的商品或者所提供的服务的商业广告。围绕此法律上的概念规定，目前人们对"广告"概念的认知基本有个共识，即广告中要可以清晰地看到广告主的付费、可识别对广告主有利的信息、非个人的传播等广告存在的核心要素。如果将此广告的内涵置于大众媒体环境下，仅仅对应以广告公司、媒体广告部为主构成的"广告行业"，自然没有不妥。2015 年修订的《广告法》对广告的界定，删除了"承担费用"的字样，但基本维持了原有定义。可以说，既有的广告概念与内涵是特定时代产物，且依然具有其合理性、生命力。

但是，在新媒体环境下，如果将全新的广告形态及其一些主要特点如互动性、消费者主导、广告主自主传播等引入"广告"内涵进行审视，可以发现：作为广告主的企业已经不是单纯地将商业信息的发布寄托于如上界定的纯广告，而是越来越多地付诸可自我掌控的、付费支出方式多元化的会展、活动、终端、新媒体、关系管理。而由营销学界提出的"整合营销传播"（Integrated Marketing Communication，IMC）则越来越深入地影响广告界——在 IMC 的思想体系中，传统的"广告"受到严格的限定，被看作营销传播的多种渠道之一，与"公关""新闻""终端""营销""客户管理"等量齐观。如此一来，受传统"广告"内涵之约束，"广告"的生命力受到了极大制约，其核心的"广告策划"几乎丧失了空间。也就是说，新媒体环境以及营销传播方式的变革，必然导致作为"营销延伸的广告"之内涵的演进。

在新媒体环境下,"广告"内涵演进的取向是"品牌传播",其理由如下:

(1)新媒体的互动性,决定了受众可以选择广告信息,广告主也可自主传播广告信息,从而使广告具有双向对称的"传播"特性。

(2)新媒体促使广告主可以自主、便捷地传播广告信息,而这里的广告信息,不仅是直接的、功利性的产品信息,还包括突出广告主良好形象的品牌信息,而产品信息又是归属于商标品牌的,因此新媒体催生了"品牌传播"。

(3)新媒体固然使得营销传播一体化,但并不是让广告尤其是新媒体广告重归营销。"整合营销传播"思想更突出"营销",由营销学专门研究,其中的"传播"成分,应归属于"品牌传播",广告研究因有特定对象而具有独立性。也就是说,广告从营销学中独立出来是一种巨大的进步与革命,市场的开拓不再拘泥于产品实物的营销,而是产品符号化、信息化的传播。这切合媒体发展、信息传播的大趋势,是信息社会的必然选择。

如此,在新旧媒体融合的环境下,"广告"的内涵既包括传统媒体上付费的、可识别的商品信息传播,还包括新媒体上广告主进行的包含各种类型信息内容的品牌传播。

2. 新媒体广告

美国得克萨斯大学广告学系早在 1995 年就提出了"新广告"概念,他们认为,未来的经济社会和媒体将发生巨大变化,广告的定义不应该局限在传统的范围内,从商业的角度来讲,广告是买卖双方的信息交流,卖者通过大众媒体、个性化媒体或互动媒体与买者进行的信息交流。这个定义虽然揭示出了"新广告"的本质特点就是互联网等新媒体广告的个性化、互动性,但毕竟没有整体性提出"新媒体广告"的概念。

我国最早将"新媒体"与"广告"相结合的学者是北京大学陈刚,他在 2002 年出版的《新媒体与广告》一书中提出"后广告"的概念,并说明:"我们之所以提出后广告的概念,只是为了表明作为一个怀疑者、思考者,同时也希望是一个建设者的态度,那就是在受到网络时代各种新的因素不断渗透与影响而不断变化的广告空间里寻找并探索一个新的世界秩序与生存逻辑。……网络引发并实现了一次媒体的革命,而作为这次革命动因的核心就正是'互动'。"[①]在书中,他虽然没有明确提出"新媒体广告"并给予定义,但就新媒体广告代表性的互联网广告进行了系统性的探讨,书中第四章章名还出现了"新媒体广告的类型与特点"的提法。

到了 2007 年,我国明确提出"新媒体广告"概念的论文才开始陆续出现,如:实力传播的《新媒体广告成长力预测》[②]、吴辉的《时髦话题的理性思索:我国新媒体广告研究综述》[③]、舒咏平的《新媒体广告趋势下的广告教育革新》[④]、刘国基的《新媒体广告产业

---

① 陈刚等:《新媒体与广告》,中国轻工业出版社 2002 年版,第 23—24 页。
② 实力传播:《新媒体广告成长力预测》,《广告人》2007 年第 1 期。
③ 吴辉:《时髦话题的理性思索:我国新媒体广告研究综述》,《东南传播》2007 年第 12 期。
④ 舒咏平:《新媒体广告趋势下的广告教育革新》,《广告大观(理论版)》2008 年第 4 期。

政策的应对》[①]、宋亚辉的《广告发布主体研究：基于新媒体广告的实证研究》[②]等。但这些论文只是在"新媒体广告"概念下，就具体问题进行思考，本身并没有就其概念内涵进行定义。

由此，本书结合前面所界定的"新媒体"与"广告"的新内涵提出我们的认识：新媒体广告，是指以数字传输为基础、可实现信息即时互动、终端显现在网络连接的多媒体视屏上的，有利于广告主与目标受众信息沟通的品牌传播行为与形态。

第二节　新媒体对广告的影响

一、新媒体广告的演进

媒体的演变依附于科技的进步，受到政治、经济、文化等因素的影响。广告形式与媒体形态具有同一性，媒体是广告宣传的平台，而广告是媒体承载的内容之一。所以整个媒体形态的演变也包含着广告媒体的流变，从漫长的历史过程来看，它们是共进退的。媒体形态的逐渐演变是由多种因素推动的，大多数学者认为媒体形态演变的原因包括政治需要、经济需要、技术进步和受众需求四个方面。

影响媒体形态演变的诸多因素与其相应的社会形态成为媒体演变与交融的土壤，不同的广告形式也在其中孕育生成，人类传播媒体形态的发展从口头媒介走到文字印刷媒介再到电子媒介。广告隶属于信息范畴，依附并嵌入媒体，两者又植根于共同的时空范围，即便广告得以保持相对独立和稳定的形式，但也只是在相应的媒体形态下存在。

在西方，吟游诗人和口述师在公众聚集的场合通过吟唱大做广告，使得口头广告在中世纪的欧洲发展起来；在中国，早在殷周时期，口头广告便存在于市井之中，其中陈列和叫卖是比较原始的广告形式。

西方最早的文字广告是公元前3 000年古埃及底比斯城散发的"广告传单"，内容主要是悬赏追捕逃走的奴隶；到了15世纪，古登堡印刷术的发明和革新为欧洲报刊传播提供了技术基础。18世纪工业革命的大背景下，西方广告业有了更为先进的传播手段，传播范围的空前扩大，一扫之前缓慢发展的低迷态势，实现了飞跃。在中国，印刷媒体已有一千六百多年的历史。世界上迄今发现的最早的印刷广告物是现藏于中国历史博物馆的北宋济南刘家功夫针铺的雕刻铜版，这得益于隋唐时代就出现的雕版印刷技术。可是由于广告媒体的发展还受政治、经济等因素的制约，我国的广告业兴起较晚。

---

① 刘国基：《新媒体广告产业政策的应对》，《广告大观（综合版）》2008年第6期。
② 宋亚辉：《广告发布主体研究：基于新媒体广告的实证研究》，《西南政法大学学报》2008年第6期。

印刷媒体要求高认知度与高注意度，再加之印刷难以完美，表现形式单一，广告形式在文字印刷媒体形态中还有很大的局限性。1858年，横跨大西洋海底的电缆竣工使接近于实时传播速度的远距离信息传递变成了现实。继印刷媒体之后，人类迎来了电子媒体的时代。通过传送声音或图像，广告在电子媒体广泛应用之初就得到了质的改善。广播拉近了人与人之间耳朵的距离，而电视拉近了人与人之间眼睛的距离，这种具有声效和形象感知的广告赋予了产品更丰富的意义。

随着计算机科学技术的普及，广告媒体形式发生了里程碑式的改变，数字化技术和通信技术的迅猛发展使传播媒体实现了史无前例的跳跃式前进，以至于业界把在它之前的媒体形态都统称为传统媒体。与传统媒体相比，新兴媒体使媒体形态凸显出时空上的无限性和传播上的交互性，更具备互动、精确、便捷等优势。因此，依附于新媒体的广告形式更加丰富多样，互动性和个性化的特征更为突出。

纵观广告媒体形态演变的过程，无论是广播、电视，还是互联网都催生了新的广告形式，如今媒体融合时代的种种诱因更刺激着广告形式不断发生改变。以互联网为首的新媒体正以一种前所未有的姿态接纳其他媒体形态的加入，网络不仅承载起报纸、广播和电视的功能，还能实现广电、电信、网络的"三网融合"。人类对信息的需求和主宰外界的欲望以及技术、经济、市场将合力把广告形式推向极致，并渗透进媒介所能接触到的每一个角落。

二、新媒体在广告运动中的作用

1. 新媒体作为媒体本身的基本作用

新媒体也是媒体，是承载广告信息的一种传播工具，具有大众传播的功能，可以适时准确地传递广告信息；新媒体形式丰富，具有一定的特色，可以强有力地吸引特定消费者对广告信息进行关注；新媒体也具有其他广告媒体的适应性强的特点，其广告形式可以灵活多变，充分满足广告信息的特定需要，向消费者提供有利的广告信息。另外，新媒体本身就是广告运动中的一部分，它是产品经过一系列策划最终与消费者见面的桥梁——企业通过媒体宣传其生产的产品，广告因消费者的媒体接触而产生效果。

2. 新媒体在广告运动中的"新"作用

相对于报刊、户外、广播、电视这些传统媒体而言，数字杂志、数字报纸、数字广播、短视频等新媒体形式充塞着我们的生活：公交车上和地铁里的车内视频，是新媒体；电梯内外的视频，是新媒体；微博、微信、抖音等还是新媒体。新媒体的广告形式丰富，在传播方面具有互动性强、传播速度快、覆盖率高、受众主动接收等特性，因此新媒体在广告运动中又起着特殊的作用。对企业来讲，这种价值是非常宝贵的，因为新媒体的广告宣传能为企业吸引更多的潜在顾客。有些国际企业巨头每年花费在传统媒体上的广告费用非常高昂，而和传统媒体相比，新媒体在预算方面可以灵活掌握。有选择性地使用新媒体来做广告，不但可以节约广告成本，还可以实现从大众到小众的针对性覆盖。在广告运动中，可以有目的地选择覆盖率高的和细分化的新媒体，对受众进行点面结合式的广告信息发布。

3. 新媒体在广告运作中的融合作用

新媒体在广告运作中具有传递广告信息的桥梁作用，还具有参与企业宣传战略的资格，以及整合各种信息渠道和实现销售的融合能力。相较于传统媒体，新媒体在广告运动中的融合性更强，比如受众看到广告信息后可以马上登录网站或直接运用搜索引擎寻找该产品的信息从而做出反馈，甚至在查阅后就在线实时购买。

在传统媒体中，广告主利用消费者无法避开接触大众传播媒体的机会，将广告信息无时无刻、无孔不入地传送给消费者。传统媒体的单向传输方式使广告只停留在信息宣传这单一层面上，而新媒体的广告发布具有战略性的思维，融合了包括阶段性的、以实现营销目标为主的整合营销传播所涉及的各类信息。利用一些成本较低、小众灵活的新媒体形式，比如建设企业形象信息网站、销售商网站等，或者结合手机媒体进行宣传，企业既可以在短期内达到促销的目的，还可以从长远着眼建设品牌形象。

此外，新媒体互动性的突出作用使广告运动环节的最后一环——消费者能够对广告主进行直接的反馈。在媒体融合条件下，广告信息的发布与受众的互动性增强，大大拓宽了受众进行产品反馈的渠道，消费者可以通过关键字、超链接等方法从单个商品的局部特征出发了解整个商品的完整形态，进而延伸到整个品牌的形象以及相关信息。在数字信息技术日益发达的今天，通过这样的信息服务整合，消费者对产品信息的反馈已完全成为真正双向的、互动的、参与式的、整体性的沟通行为。所以，在新媒体的参与下，消费者的信息反馈也将成为广告运作中的重要环节。

三、新媒体广告行业的现状及趋势

目前，中国广告市场具有规模大、市场集中度低的特点。近年来，我国经济快速发展，大大推动广告市场发展，广告主数量及消费者支出不断增长。《2021年中国广告行业市场规模及发展趋势预测分析》数据显示，2015—2019年期间，我国广告行业的市场规模实现强劲增长。2015年，我国广告行业市场规模为5 973亿元，2019年扩大至8 937亿元，年均复合增长率约为10.6%。中国广告产业发展指数（2021年度）显示，2021年我国广告行业市场规模达11799.26亿元。

在我国广告行业市场保持稳定增长的同时，行业内企业数量也在持续增加。2019年，我国广告行业经营单位总数达到163.31万户，同比增长18.69%，涉及从业人员总数增长6.32%。经营单位数量与从业人数的稳定增长，表明我国广告产业正稳步发展。①

---

① 数据来源：《2021年中国广告行业市场规模及发展趋势预测分析》，中商产业研究院2021年7月21日。

针对日益繁荣的新媒体广告市场,未来的广告行业发展趋势会是怎么样的呢?

1. 互联网广告市场规模仍有望保持稳步增长

根据《2021 中国互联网广告数据报告》数据,2021 年我国互联网广告总收入约 5 435 亿人民币,相较于上一年增长率为 9.32%,仍保持平稳增长的态势。长期来看,互联网广告行业有望不断拓展业务边际,探索包括"出海"、创新营销技术与方式、跨界合作、向上游延伸渠道等新领域。

2. 新媒体营销成为广告主核心的预算配置渠道

凭借对主流消费人群的高效触达能力以及高于传统媒体的客群匹配程度,新媒体营销已然成为所有类型广告主最核心的预算配置渠道之一。目前中国互联网用户规模已超 10 亿,新媒体实现了对主要消费人群的全覆盖,无论是人群覆盖率还是用户触达频次、时长均已超过传统电视渠道。新媒体营销已经成为主流。在此趋势下,如何高效对接媒体资源、链接特定人群以高效匹配品牌营销对象已成为广告主和国际 4A 公司进行广告投放时重点考虑的因素。因此,新媒体营销代理商在媒体资源端的积累,对于媒体特性的准确把握以及在人群画像、行业大客户服务等方面的丰富经验将成为独特的竞争优势。

3. 关注媒介普泛化趋势,关键意见领袖(KOL)影响力及广告效应不断扩大

随着移动互联网的快速普及以及社交网络的全方位渗透,人人都可能成为内容的生产者和传播者,这也使得媒介从原来中心化的渠道走向普泛化。数据显示,有 KOL 入驻的平台类型明显更加受到广告主的青睐,其中 KOL 原生地社交平台的广告投放意向占比高达 69%,而在社会化营销方式选择意向调查中,KOL 营销以 60% 的占比位列第一。[①] 可以看出,当前 KOL 营销在所有社会化媒体营销中,已经为最受认可的方式之一,KOL 营销策略也成为业界普遍关注的重心。

4. 5G 及物联网引领广告行业变革

历史证明,通信技术的不断发展为新媒体营销行业带来了革命性的改变,从 2G 的文字网络信息时代,到 3G 图片信息时代,再到 4G 开启了直播和视频时代。每一次通信技术及终端的进步都带来新媒体营销行业媒体介质和形态的质的变化,也开启了广告行业不同阶段的生态。2019 年 6 月,工信部下发我国第一张 5G 牌照,意味着我国正式进入 5G 时代。同样,新媒体营销行业亦将进入新的发展时代。5G 的逐步落地将极大地推动万物互联的建设,新媒体的分散化趋势将愈发明显,新媒体广告行业必将面临新一轮洗牌。对于媒体特性具有深入理解,掌握新媒体营销核心玩法并已在客户及媒介端原有资源优势的基础上积极拥抱行业变化的新媒体公司,有望脱颖而出并进一步提升行业地位。

---

① 数据来源:《2019 年中国 KOL 营销策略白皮书》,艾瑞咨询 2019 年 3 月 18 日。

第三节　新媒体广告的特点

虽然概念界定基本上揭示出了"新媒体广告"的本质特点，但定义只有助于我们总体把握概念，而对其特点的逐一揭示才可帮助我们更深入、具体地把握和运用概念。本书认为新媒体广告的特点主要有以下几点。

一、内容形式的多样性

新媒体广告不仅融入了新媒体技术，而且融入了多元视觉传达设计艺术，在设计语言、视觉表达、信息传达等方面的创新性，明显强于传统媒体时代的广告。新媒体能发布大量的广告信息，且能播放声音、视频等，在推广新产品、宣传企业形象、提高企业知名度等方面都能广泛地发挥作用。新媒体集多种传播形式于一身，新媒体广告在内容展示的形式上也多种多样，具有文字和色彩兼备的功能，从产品商标、品名、实物照片、企业意图到文化、经济、风俗、信仰、规范无所不包。

多元化的表现形态符合全媒体时代受众的阅读习惯，具有较强的表现力和传播力。就设计语言而言，新媒体广告能够利用信息技术融入影音设计元素，为受众提供动态化的广告内容。就表达方式而言，无论是平面的、还是立体的，不同角度的创新设计可以给受众带来多维度的感官刺激。

新媒体广告通过构思和独特创意，紧紧抓住消费者，以多感观传达的异质性达到广告目的。而且它形式灵活多变，小众新兴媒体的广告可以更精准地接触目标消费者。

二、受众导向的互动性

作为营销沟通的延伸，广告本质上是追求互动性的。如果说早期广告所偏重的是推销功能，其本质还是单向性的商业宣传；那么今天我们所认识的广告传播，它所追求的双向互动性，却是一个渐进的过程。奥格威将广告创意建立在市场调查基础之上，无疑就是为广告活动提供了消费者即广告受众的前提，使之透射出一种由产品转向消费者的互动追求。而在奥格威之后，更显示出这种由单向往双向转化的广告理论，则是艾·里斯和杰克·特劳特所提出的"定位论"与唐·舒尔茨所主张的"整合营销传播"。[①]

---

① 舒咏平：《广告互动传播的实现》，《国际新闻界》2004 年第 5 期。

随着以互动性为特征的新媒体诞生,广告的互动性也就得到了明显的体现,广告主与消费者之间的互动行为大量出现。新媒体环境中"互动性"的比重越来越大,更需要我们予以深入的认识。

资深广告人刘国基曾说过,广告,作为"传统上以企业主为主体的大众化传播,在互联网络高度发达的今天,已经进化为'双向的、互动的、参与式的、数据库驱动的'沟通行为,甚至消费者已经成为'需求广告'的发布者,彻底颠覆传统受讯者(receiver)的被动角色,主动形成各种发讯者(sender)构成的'粉丝'(fans)圈群,对各种品牌体验自动出击表态,形成舆论社群,全面摆脱企业主通过广告发布的话语控制权"[①]。也就是说,在新媒体环境下,原来只是理论上的受众导向变得更为现实,受众成为广告信息的需求者、品牌信息的搜索者、需求信息的发出者、消费评价的传播者。尤其是在大数据背景下,作为受众的消费者,其言其行均客观地体现于大数据中,这使得新媒体广告可以有的放矢,真正做到受众导向的广告传播。由此,作为强调双向沟通且具有"品牌传播"内涵的新媒体广告,其主导方不再是广告主或代理广告主利益的广告公司、广告媒体,而是兼为潜在消费者的受众。立足于新媒体的目标市场调查、产品及品牌信息发布、满足受众信息需求的咨询答疑,均成为互动沟通性"新媒体广告",并体现出鲜明的受众导向的互动性。

三、传受双方的通透性

受众的通透性主要表现为受众大数据分析的精准性。所谓大数据,是"指无法在一定时间内用常规软件工具对内容进行抓取、管理和处理的数据集合"[②]。信息时代催生了海量的信息,大数据已经像空气一样围绕在每个人的身边,每个人都是数据的制造者,这就使得人们对大数据的"提炼"有望还原事实真相。而作为受众的消费者,其各种行为事实上在互联网空间留下了各种各样的数据,如此大数据的集合,就使得消费者的所思所虑、所需所为,均变得通透明朗。在大数据的完善和运用进程中,已经有专业性公司借助大数据手段来服务广告主。如 2012 年在北京成立的集奥聚合科技有限公司(简称 GEO),就成功为花旗银行、百事、强生、联合利华、苏宁易购、国美电器、奔驰、网易等品牌客户提供用户洞察和实时广告服务,有效地提升了广告投放效果和投资回报率。GEO 的受众洞察报告的角度是全新的,囊括 PC 端和移动端,有目标用户的年龄、性别、收入、家庭情况、兴趣偏好等基本属性,也有全网浏览行为数据、搜索行为数据、购物行为轨迹、触媒习惯和受众购物心理趋势等行为洞察。洞察报告还针对人群消费行为过程进行还原,将消费者从接触信息到达成购买,分为知晓、搜索、查询、比较、购买五阶段。可以说大数据洞察到的

---

① 刘国基:《新媒体广告产业政策的应对》,《广告大观(综合版)》2008 年第 6 期。
② 杨正洪:《智慧城市》,清华大学出版社 2014 年版,第 13 页。

消费者行为比市场调研中消费者"说"的更精确、更有参考性;因为往往消费者"说"的未必是全部的事实真相,即全部的行为;而在大数据洞察下,消费者的行为事实却得以全部呈现与记录,且变得无比的通透明朗。

作为传者的广告主的通透性主要表现为广告主自身的信息透明,且总是进行着丰裕性传播。如企业的官方网站进行着广告主全景性的信息披露;而各类形象视频则直观地展示着企业建筑、设备、技术、产品、文化、市场;线上地图把企业的地址甚至代销点也展示得一清二楚;企业的网上商店与消费者评价打分则把广告主的产品、服务、市场表现呈现得淋漓尽致;而企业官方微博微信以及各类高管、员工的微博微信,则无时无刻不在进行着广告主行为的宣传……可以说,越是敢于敞开胸襟,让作为受众的消费者看得明明白白,广告主就越能取信于市场。

四、信息服务的链接性

传统广告受大众媒体空间与时间的限制,广告信息往往是提炼又提炼、精炼又精炼之后才予以发布,其信息量必然非常有限。同时,这种广告信息的有限又与强迫性地让泛众化的消费者接触相关:毕竟大多数的广告受众并非特定广告商品的消费者,不期而遇的广告在某种意义上是对他们时间空间的无情侵占。于是,传统广告与一般受众的接触,不仅具有强迫性,还具有偷袭性:以精美的、简短的广告出其不意地偷袭着一般受众的神经。如此,就决定了传统广告信息提供的简短与有限。

新媒体广告更多的是让目标受众有目的、有意识地进行检索,从而达到新媒体广告中品牌信息、商品信息的提供与服务实现的目的。但人们有意识地搜索、获取信息,一般来说,是在某个具体契机通过某个端口进行的,而后沿着该信息端口进行信息的深度搜索与获取。新媒体广告因此也通过数字传输链接的便捷性,呈现出信息服务的链接性(见图1-1)。

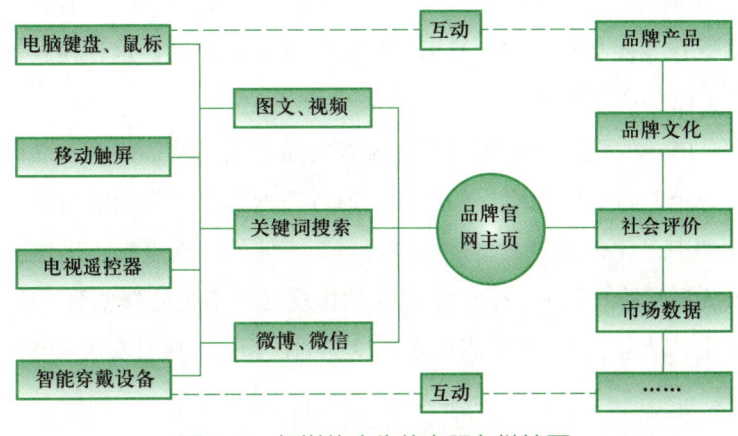

图1-1 新媒体广告信息服务链接图

从图 1-1 可见，具体消费者出于广告信息需要，可以通过新媒体广告终端获得信息。他可依次或非线性地获得有关某品牌广告主的网络文章、网络图片、网络视频等，还可进一步链接到该品牌网站主页、公众号、App 等，进而浏览该品牌的各项深度信息；如需咨询，则还有各种互动渠道可以进行对话交流。显然，新媒体广告所具有的信息服务链接性有利于满足消费者的信息需求。

五、品牌信息的聚合性

对应消费者关于品牌信息的深度需求，新媒体广告主体——广告主则自然地进行品牌信息聚合性的传播供给。如果说在整合营销传播中广告主是根据消费者的需求，通过广告、公关、新闻、营销等渠道，统一地发出一个声音；那么，新媒体广告由于本身就具有信息服务的链接性，它所需要重点体现的则是品牌信息的统一聚合。

新媒体广告的品牌信息聚合既包括阶段性的、以营销目标实现为主的整合营销传播所涉及的各类信息，也包括相对稳定、战略性的品牌信息，如品牌历史、品牌实力、品牌理念、品牌信誉、品牌的产品线、品牌动态、品牌服务等。这使得新媒体广告既具有眼前的促销功效，又具有塑造品牌形象的长远意义。

在现代社会及市场环境中，兼为消费者的受众的需求高度"碎片化"，即因消费者职业、收入、文化、年龄、性别、区域、个性、喜好、心境等方面的差异，市场成了无数的碎片。因此，各品牌商要针对不同的"碎片群落"，细分市场、细分产品，乃至进行媒体细分性的选择，以求对消费者需求予以相对应的满足。根据碎片化需求"细分"服务固然是大势所趋，但现代生产又具有规模性、集约性，即需要在生产、营销、传播上具有规模性。新媒体广告的品牌信息聚合性由此产生。

随着互联网主流媒体地位的确立、消费者网上互动意识的增强以及品牌主新媒体广告投放力度加大，以"大互联"为基准的品牌传播演变出一种鲜明的信息"聚合"模式。品牌聚合传播，描述的是一个"散-聚"的基本事实：一头"碎散"在单个的消费者或客户中，另一头则聚合在商品品牌中，且可以即时性地沟通互动。这种模式被形象化地称为"孔雀开屏模型"（图 1-2）。[①]

在图 1-2 中，单一的消费者或客户所接触到的品牌信息，都是经由品牌通过广告、公关、新闻、营销等企业行为所派生出的内容，通过各种新媒体终端的展现与推送达成的遇合。而在双向互动中，任一客户又总是可以通过新媒体的终端链接，迅速进行品牌社交账号的访问，深入认识品牌。此时，品牌最真实的体现已经不是品牌总部，也不是品牌标志，而是品牌社交账号。以至于在客户心目中形成这样的认识：品牌社交账号代表着品牌，品牌

---

① 舒咏平：《品牌聚合传播》，武汉大学出版社 2008 年版，第 122—123 页。

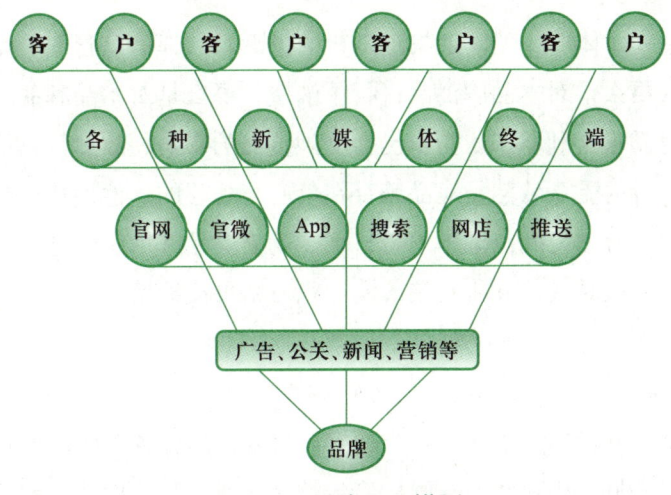

图 1-2　孔雀开屏模型

最权威、最集中的体现即其社交账号。在这一模型中，单一客户与品牌信息终端的接触总量取决于品牌传播的范围领域大小，越是国际性的著名品牌，其接触总量越大，形式也更为多样。但可以肯定的一点则是：品牌只能是聚合为一的。如此，便形象地构成一个"孔雀开屏模型"：品牌成为孔雀的头冠，而扇状散入客户的接触点则成为孔雀开屏所张开的美丽尾翼。在 Web 2.0、Web 3.0 时代，品牌聚合传播演绎的就是这样的一个"孔雀开屏模型"，借此，品牌信息的聚合性得到鲜明的体现，新媒体广告深度信息传播服务的优势也得到凸显。

六、信息管理的即时性

我们在认识新媒体广告之时，一定要有一种颠覆传统广告的心理准备：新媒体不再仅仅是一种静态的品牌或商品信息的存在方式，而是互动的、由消费者可以主动掌控的品牌或商品信息的获得方式。因此，新媒体广告应根据具体受众（而不是泛大众）的具体需要进行相应的信息供给。而个性化的信息供给，不但需要前文所述的各类深度信息的聚合传播，还需要即时性的信息管理。这种即时性的信息管理主要体现为：

1. 个体咨询答疑

个体咨询答疑即对个体消费者在接触品牌主的新媒体广告信息之后，以评论、私信、互动框等方式发来的有关咨询，进行即时、真实、坦诚的沟通答疑。应该说，倘若不断有个体消费者来咨询问题，恰恰说明了新媒体广告有了前导性效果。因为消费者如果没有关注到新媒体广告上的品牌信息，没有对品牌信息进行深度了解，没有产生对品牌产品消费的意向，他是不可能花宝贵的时间去咨询问题的；而品牌的信息管理员针对消费者所咨询的问题进行答疑沟通，无疑是新媒体广告效果的有机组成部分。

2. 受众投诉处理

面对受众通过新媒体广告的沟通渠道进行的投诉，品牌信息管理员需要明确两点：其一，该投诉的受众要么是对本品牌商品进行了消费，要么是对本品牌的信息进行了深度的关注，且结合自身需求与利益，认为自己会受到负面的影响，故此就具体问题或信息提出投诉；其二，该投诉的受众依然是对品牌存在信心与希望的，他期待着品牌针对投诉进行相应的改进与完善。有如上两点基本思考，那么就需要品牌信息管理员即时性地与投诉者沟通，获取详情，采取对策，并将对策落实过程与结果反馈给投诉者，从而使得品牌获得良好的新媒体广告口碑。

3. 受众意见管理

这里的受众意见，指的是受众在各类新媒体上对于品牌各个角度所形成的各种倾向的意见信息。而任何意见，均存在对新媒体广告的品牌或产品正面或负面的传播效应。如在品牌的官网或网店的互动栏，会有潜在消费者咨询该品牌的详细信息，这就需要品牌信息管理员热情且权威地回答，且回答需具有很强的说服力，要用品牌事实来回应受众存在的疑虑。而大量散布在微博、微信平台上的受众意见，则需品牌官方账号有选择性地出面，给予合理而客观的回应。显然，品牌信息管理员应具有品牌的大局观，科学地进行受众意见管理；即使存在激愤性的负面意见，也需冷静对待，在采集其中有益成分后，再以负责任的态度来进行回应。新媒体环境下，受众意见处理不当往往会酿成具有更大负面影响的品牌危机，这就需要品牌公关人员利用新媒体快速反应，表明态度，采取对策，及时与消费者及公众进行沟通。显然，若没有新媒体广告信息管理即时性的特点与功能，及时化解品牌危机要困难得多。

如上各种信息管理需要秉承公开、透明、公正、坦诚等原则，具体对策固然要因事而异、因时而异，但有一个基本的原则是需要坚守的，那就是"即时性"。因为新媒体广告所依赖的新媒体本身可以迅速放大信息，是一个既可造成负面影响也可产生正面效应的"即时通"媒体网络，所以品牌在信息管理中遵循即时性原则，有利于把握新媒体广告的品牌传播主动权。

第四节　新媒体广告的形态

新媒体广告建立在新媒体基础上，按理其形态分类也应对应于新媒体的形态。但目前新媒体自身多种多样，至今没有统一的标准，如广告主与消费者已经离不开的品牌网店、品牌官网、搜索引擎、智能推送、微信、微博、App、二维码、网络视频、门户网、口碑集合、电子报、电子杂志、数字电视、网络游戏、手机游戏等，仔细推敲，可以发现它们并不在同一层次，且多有交叉。如换一思路进行推敲，则又可以发现它们实际上是通过宽

第四节　新媒体广告的形态

带网、电视网、(移动)通信网的"三网合一",而在同一网络空间形成融合。显然,新媒体广告的形态无法简单地以新媒体本身的形式为标准分类,而需另辟蹊径。这里,我们以广告主如何以新媒体广告信息作用于消费者为标准,将新媒体广告的形态分为如下七类:

一、自有媒体广告

在数字媒体尚未诞生之前,广告主所拥有的企业报、企业杂志、宣传册等虽然属于"自有",但一直未赋予其大众媒体色彩。目前的广告主自有媒体特指官方层面的网络平台资源,比如企业官网、企业微博、微信公众号、App、品牌二维码等,它们均担负着传播品牌、促进营销、沟通客户的功能。如广告主的官方网站作为自有媒体,是广告主进行品牌对外宣传、信息和产品发布的窗口,其主要功能如下:一是产品展示,这是企业官网的最主要功能,企业官网要向消费者展示企业的产品和服务,使消费者了解企业概况;二是信息发布,及时更新企业新闻、行业动态,宣传有利的企业形象信息;三是互动服务,企业利用官方网站开展网络营销,利用信息交流的功能进行在线交流、意见反馈等,与消费者进行沟通,根据用户需求,完善公司产品及服务,增进企业与消费者的关系。可口可乐公司的官方网站就主要包含公司的基本情况、公司年史、企业文化、品牌列表、管理投资、对外媒体等栏目,提供公司400多种品牌在世界范围的分布情况及网站服务,着重介绍公司在美国的分布。而针对中国市场,可口可乐建设了中文网站(coca-cola.com.cn),讲述可口可乐品牌进入中国市场的品牌历史故事,很好地展示了品牌文化。

对于企业官网,美国公共关系学家迈克尔·莱文曾说道:"在1995年,为宣传品牌而开设一个网站是一个难以想象的事情,而如今这却是必不可少的一项措施。如果一个品牌没有网络宣传,它就不会被人认真对待,没有网络形象的产品或服务,根本不可能变成一个品牌。消费者一般也会这样认为。如果一家企业没有网站,消费者就不会认真对待它。"[1] 企业自媒体成功地逆转了传统广告与品牌管理投入费用高、系统庞杂、实施周期长的局面。企业自媒体的各种优点使其成为一种最方便、最有效的广告传播方式之一,企业不需要担心时间、空间、客户数量等问题;更重要的是"自有"让企业的媒体使用更便捷、准确,且成本与效果可控。

二、社交媒体广告

社交的主体是个人,而社交媒体又通常被称作社会化媒体,如QQ、微博、微信、短视

---

[1] [美]迈克尔·莱文:《品牌化世界——公共关系与品牌塑造》,庄晖等译,格致出版社2008年版,第139页。

频、论坛等。虽然社会化媒体也对包括广告主在内的各类组织开放，但一旦有了官方色彩，则是我们上面所介绍的广告主自有媒体。而我们这里所阐述的社交媒体，则是指个人尤其是企业员工个人注册使用的账号，以及产品人格化账号。因为，它们呈现的是鲜明的个体化色彩。当新媒体层出不穷，一个最显著的趋势就是碎片化，"碎"到每个个体、每次所发的微信息。由于广告主的每位员工均以个人信誉为各自的媒体担保，其发布的内容更加真实可信；而诸多社交媒体形成传播矩阵，且与广告主的自有媒体形成互补，其广告效果往往不可小觑。如图1-3的"小米"微博矩阵图。

图1-3 "小米"微博矩阵图

从图1-3中我们可以看到，互联网手机品牌"小米"善于使用新媒体，不仅把官方微博拆分为诸多的产品微博，针对目标受众或"粉丝"进行广告信息发布，而且其创始人团队的个人社交媒体也构成了广告传播的个性化阵地与渠道，两类微博俨然构成广告传播相辅相成的矩阵。当"小米"品牌业绩迅速提升，市场影响力蒸蒸日上，我们是否能想到："小米"并没有过多地做传统大广告，其品牌传播更多地依靠新媒体进行，其中的社交媒体广告，无疑起着重要的作用。

还需指出的是，新媒体环境下人人都是传播者，人人都在使用社交媒体，并在有意无意地进行着广告传播，如商品评价、消费分享、口碑传播等。此时，在某个特定领域或社群中有一定影响力的人便成为社交媒体中的KOL，如各类博主、主播，甚至是明星艺人等，他们在粉丝群体中拥有着巨大的传播力，品牌可以付费与其合作，在内容产出中植入广告进行产品推广，吸引潜在受众获得转化，同时进一步提升品牌知名度。

三、搜索服务广告

所谓搜索服务，指的是以搜索平台为核心的、各类可供受众进行信息搜索的信息服务。自1994年雅虎等分类目录型搜索引擎诞生后，搜索引擎网络获得飞速发展，并

第四节　新媒体广告的形态

已获得各大企业的广泛认可，成为企业进行品牌推广的重要手段之一。作为信息聚合平台的搜索引擎，既是受众"触网"的第一入口，也是广告主进行品牌传播的重要平台与端口。搜索引擎作为信息聚合器，在满足网民获取信息需求的同时也聚合了搜索背后的消费需求，为广大商家实现精准营销提供了更广阔的平台。搜索平台凭借其强大的搜索聚合功能，将搜索用户所需的品牌相关信息精准展现在他们的面前，改变了以往品牌信息传播无的放矢的状况。搜索平台这一强大的功能满足了广大商家精准传播的需求，同时，又凭借其成本低、传播形式多样、传播效果可测量、性价比较高的传播优势，受到广告商的欢迎。不仅是搜索平台，就是各类网络站点也往往提供搜索框，供受众进行信息搜寻。于是，搜索服务广告应运而生，并形成基于新媒体的"搜索满足"广告传播模式。

"搜索满足"广告传播模式的出发点，是视受众为主动的——消费者受众出于消费信息的需要，不再只是被动地、主要依凭无意识接受来获得广告信息，而是主动进行搜索，且在搜索中不断比较、求证各类品牌信息，以满足消费决策最基本的信息需求（见图 1-4）。

在图 1-4 中，我们可以看到，一方面消费者搜索品牌信息不仅是主动的、理性的，而且是以"满足"为标准、为旨归的；另一方面，消费者与品牌信息的相遇并非一种随机性的邂逅，而是他在新媒体的信息世界中自主搜索到诸多信息，且进行了多方比较、咨询，甄选出来的，甚至是获得双向性互动反馈的。也就是说，这里的"品牌信息"本质就是满足受众搜索需求的信息服务广告。

四、智能推送广告

如果说，通过搜索引擎上的信息提供服务还是以受众主动行为作为前提的，那么根据受众或消费者潜在的信息需求，在新媒体上向他们进行个性化的、具体的、点对点的产品信息或服务信息推荐，则属于智能推送广告。智能推送广告的雏形是数据库营销，它不仅仅是营销工具，而且还代表着"消费者导向"的营销理念，更是新媒体广告的定向传播方式。美国学者克斯等人曾经提出一个分析框架：发展新客户的边际收益应该等同于保持现有客户的边际收益。这种边际收益的产生，主要体现在产品信息传播的精准与有效性上。随着新媒体发展，立足大数据与云计算技术，对具体到受众个体的信息需求进行基于人工智能的分析与精准信息推送，这无疑是人性化的广告形式。这一智能化的信息服务背后是复杂而庞大的技术整合，包括云计算、大数据挖掘、语义识别、深度学习、人工智能等诸多前沿科技。如百度已经在向具体信息搜索者进行智能化广告推送。如消费者搜索"海外旅游"，除了出现相应的网络信息，更在网页右边呈现智能推送的广告，有相关网站、旅行社以及相应的景点等（见图 1-5）。

图1-4 "搜索满足"广告传播模式　　　图1-5 有关"海外旅游"的智能推送广告

五、信息提示广告

在新媒体广告中，只有信息提示广告最具传统广告的特点，即在受众容易关注的网络特定空间与时间进行产品或品牌信息的发布提示，以引起受众的注意及好感。由于它们的呈现是数字化的，且能引发互动沟通，因此归属于新媒体广告。

信息提示广告即狭义的网络广告，包括网站中的横幅广告、按钮广告、旗帜广告、电子贺卡、标题广告、商业广告动画等。它既具有广告信息创意性、简短性发布的特点，又因为前面所述及的链接性，而具有鲜明的即时互动性，即接受者可以对自身感兴趣的网络广告进行点击，层层深入，逐次浏览，看到其他的新媒体广告形式，如品牌网站、网上商店、内容植入等。需说明的是，新媒体上的诸多新闻稿、图片、视频，其标题往往很抢人眼球，也会引发受众进行点击观看，这些类似于新闻、娱乐的信息，也可以归于信息提示广告。

六、内容植入广告

内容植入广告，指的是充分利用新媒体自身的特点，在不妨碍人们进行相关信息接受的前提下，巧妙地植入有关品牌信息、产品信息，以对受众进行无意识的熏陶与影响，从而达到品牌传播效果的广告。内容植入广告的表现空间十分广阔，在影视剧、娱乐节目、网络游戏、vlog短视频、图文推送中均可以各种方式进行广告信息的植入。常见的广告植入信息有品牌名称、品牌商品、品牌标识、店面招牌、品牌产品包装、企业吉祥物等。例如，抖音 App 将产品宣传、购买链接等嵌入短视频中，伴随着用户对信息的主动获取，完成品牌形象和产品功能的传播，从而影响用户的消费意向，甚至直接驱动用户消费，达到"带货"的目的。以往仅仅是得到曝光的产品植入广告，随着新技术的发展，将转化为可以随时暂停，并通过链接而展示的新媒体广告。这将为影视中所有的道具物品提供植入广告的载体，且由点击链接而实现收费，甚至影响影视投资与盈利的模式。

七、网店体验广告

美国经济学家约瑟夫·派恩等人把"体验经济"看作一种经济的新形态，因为"一方面技术的高速发展，增加了如此多的体验；另一方面，因为竞争越来越激烈，商家们不断追求独特卖点。但是最有力的原因在于经济价值的本身，以及它趋向进步的本性——从产品到商品再到服务"[①]。体验经济是从消费者的心理感受出发，为消费者设置特定的体验场景，使消费者在实际产品消费体验中完成购买。比如星巴克咖啡厅、耐克运动城、宜家家居、全聚德老店、谭木匠等各种主题终端层出不穷，它们以新奇、个性的情景设计，独特、生动的氛围营造刺激消费者的感官，带给消费者与众不同的情感和心理体验，产生着巨大的终端吸引力和消费力。而网店体验广告，则是利用新媒体可以营造虚拟、逼真的消费场景的优势，使消费者能更多地获得广告产品的真切体验，从而导向相应的消费。如在美特斯邦威的官方网店上，既有由各款展示产品、模特穿着效果、设计理念、面料质地说明、标价等构成的体验空间，同时还有可供消费者进行互动沟通的评论空间，从而形成一个立体虚拟性的体验性场景。一般来说，网络购物往往就是以网店视觉体验为基础，辅之以店主的介绍、沟通、让利等过程。

实践部分

1. 复习思考题
   - 新媒体广告的内涵是什么？
   - 新媒体广告如何演进？
   - 新媒体广告有哪些特点？
   - 新媒体广告形态有哪些？
2. 案例讨论

西湖边的温馨"快闪"

2014 年 2 月 14 日，是个情人节和元宵节"撞节"的日子，下午一点左右，在杭州西湖边，一场别具一格的快闪活动突然上演：开始是身穿古装长袍的许仙与撑着油纸伞的白娘子在断桥

[①] [美]派恩二世、吉尔摩：《体验经济》，夏业良等译，机械工业出版社 2002 年版，第 12 页。

相会；紧接着，《中国好声音》学员王洪迪唱着红遍网络的神曲《老子明天不上班》出场；随后，伴随着《最炫民族风》《幸福拍手歌》《甜蜜蜜》等音乐，一群仿佛是路过的年轻人旁若无人地跳起了街舞，一些六七十岁的银发老人也加入舞蹈……数千位错愕不已的围观游客，不禁被温情与欢乐感染，也加入了大合唱。一时间场面热闹非凡，众人纷纷拿出手机拍下这美好的一刻，并立即在微博、微信上转发分享。十多分钟后，人群迅速分散消失。但很快，隐蔽拍摄的快闪视频上线了。

原来这是中国电信浙江公司主办、中国红娘网协办的"西湖美好快闪"活动，其背后的广告诉求是推广天翼4G的正式商用。活动的主办方——中国电信浙江公司负责人表示，天翼4G希望不只是带给大众更便捷的沟通体验，而是彻底融入大众的生活，将美好通过全球覆盖的极速4G网络传递给每一个人。"快闪"是一种具有公共性、参与性、互动性、娱乐性的行为艺术形式，可以吸引到大量的围观者参与互动。品牌给受众带来的美好体验与新媒体形式相得益彰，会产生明显的口碑效应，使广告诉求得到全方位的传播扩散。

请讨论：

这则发生在情人节、西湖边的温馨快闪活动，是如何运用新媒体形式的？你如何从新媒体广告的角度来看待这个活动？

3. 讨论话题

（1）新媒体广告与我们习惯中的"广告"完全不是一回事，像企业网站、网上商店、员工的微博微信、转发抽奖也成了"广告"，大家怎么看？

（2）超市在中午的时候人流量和销售量总是很低，于是韩国Emart超市别出心裁，在户外设置了一个非常有创意的"隐形"二维码装置，只有在正午时分，阳光照射到装置上产生相应投影后，这个二维码才会正常显现。而此时扫码，消费者可获得超市的优惠券。这个新奇的营销方式引起了消费者的注意，该超市中午的销售额大增。

请你思考：二维码在这个案例中起到了怎样的广告作用？

第二章　新媒体广告的整合和管理

导入部分

1. 学习要点
   - 把握不同新媒体平台的特点
   - 知晓新媒体选择的影响因素
   - 了解新媒体广告管理的特点和方式

2. 学习要求

结合自身媒体接触与使用的经验，把握不同媒体平台的特点和主要受众之间的差异，尤其需认知如何优化媒体组合，实现广告媒体效果最大化。在此基础上，整体性地把握新媒体广告选择和组合的影响因素，以及新媒体广告管理的办法。

3. 关键词

新媒体　新媒体平台　新媒体广告管理

4. 先导案例

凭着一套营销组合拳，元气森林强势出圈

2016年创立的元气森林，短短4年时间，在一片红海的饮料战场中，借助互联网的力量，创下年销售额10亿元的战绩，2019年双十一当天，元气森林爆卖226万瓶，拿下水饮品类销量第一名。2020年双十一，元气森林又以总瓶数超2 000万销量，稳居天猫、京东水饮品类目第一，一举成为最受瞩目的互联网创新饮品品牌。元气森林作为一家"互联网+"的饮料公司，主打生产无蔗糖、低热量的产品，它无疑已成为当代年轻人的新宠。品牌的出圈速度，不断地刷新着历史的记录。

作为饮料界的网红品牌，元气森林获得成功，广告渠道层面的创新打法功不可没。内容分发、营销多渠道并行，提高内容推送到达率也成为元气森林的发展模式之一。线上线下同步进行宣发，占据多渠道完成流量注入。

线上渠道方面，在微博、小红书等社交媒体平台持续发力，通过与明星合作、平台广告推送打响口碑后，元气森林利用KOL、关键意见消费者（KOC）进行进一步有效推广，确保知名度的全面铺开。在广告投放的过程中，元气森林不局限于美食博主，同时关注主打健康饮食、健康生活类博主以及做饮食知识类科普的博主，将广告信息精准推送到可能的受众群体。

在综艺娱乐营销上，元气森林同样不遗余力：从签约摩登兄弟、植入综艺节目《我们的乐队》《乘风破浪的姐姐》，到在金鸡百花电影节上亮相，不断扩大品牌曝光度。元气森林还选择与年轻人喜欢的 B 站合作，冠名赞助了美食纪录片《人生一串》《生活如沸》等，助力品牌成功打开年轻市场。

在线下渠道方面，元气森林投放公交站牌、地铁、电梯、户外大屏等广告，同时，大面积占领城市连锁便利店，如 711、全家、罗森……从而实现产品的大面积铺售，完成了"线上种草，线下拔草"的闭环。

可以看到，多维度营销重塑，一套大开大合营销组合拳，让元气森林在激烈的竞争中势不可当，是业内一种全方位、多层次、宽领域的创新性突破。

从如上案例中可以看出，元气森林不局限于单一的方式进行广告投放和营销，而是线上线下相结合，通过社交媒体 KOL 推广、赞助综艺、跨界联名等多种方式进行品牌传播和营销，搭建媒体品牌传播矩阵，使广告媒体效果最大化。那么应如何科学系统地选择广告媒体，搭建传播矩阵呢？这是本章要讲的重要内容。

第一节　媒体选择的影响因素和组合

不同的媒体有着各自不同的特点和影响力。因此，要使广告效果得到真正发挥，就需要分析不同媒体的作用和特点，科学系统地选择广告媒体。在广告媒体的选择中，对复杂的媒体环境做出判断，进行媒体的优化组合，是使广告媒体效果最大化的有效途径。

一、影响广告媒体选择的因素

媒体选择是指通过比较各类媒体的特征，找出适合广告目标要求的媒体，使广告信息通过所选择的媒体送达广告主的目标市场。媒体选择的目标是以最低成本选择最适合传达广告的目标媒体，实现最大的传播效果。在整体广告运动中，媒体选择是将广告信息传递给大众的重要环节，具有科学性和计划性两个重要特征。

影响广告媒体选择的因素是多方面的，尤其是影响广告媒体渠道组合的因素更为复杂，下面仅就影响广告媒体渠道选择的若干重要因素，概述其要。

1. 产品特性因素

广告产品特性与广告媒体渠道的选择密切相关。广告产品性质、品牌调性如何，具有什么样的使用价值，质量如何，价格如何，包装如何，产品服务的措施与项目对媒体传播的要求等，这些对广告媒体渠道的选择都有着直接或间接的影响。因此，必须针对产品特性来选择合适的广告媒体渠道。例如奢侈品手表（见图 2-1），常常需要展示产品的高奢品

第一节　媒体选择的影响因素和组合

质及佩戴效果,就需要借助具有强烈色彩性和视觉效果的宣传媒体,诸如杂志、电视媒体等就比较合适,而广播、报纸等媒体就不宜采用。广告媒体渠道是否适合产品特性,是制订媒体计划时必须审慎考虑的。

图 2-1　帝浪手表在 CCTV2 台投放的广告

2. 媒体受众因素

广告媒体受众指广告信息的传播对象,也就是接触广告媒体的阅听众。它是影响广告媒体渠道选择的重要因素。媒体受众在年龄、性别、民族、文化水平、信仰、习惯、社会地位等方面的特性如何,以及经常接触何种媒体和接触媒体的方式等,直接关系到媒体的选择及组合方式。例如,广告信息的传播对象如果是上班族,那么地铁上的显示屏作为这一受众群体经常接触到的媒体,就是理想的媒体选择之一。新媒体平台如资讯、视频、短视频、音频、直播等,这些平台的传播内容、月活跃用户数、用户标签等都各有特点。了解平台的调性才能更有利于我们对新媒体平台的选择进行判断。例如,头部麦片品牌王饱饱麦片主要受众定位为年轻、时尚的女性消费群体,主打健康和口味。因此,品牌在广告媒体的选择上定位小红书、哔哩哔哩、微博等年轻群体常用的平台,选出与产品调性吻合的网红,如美食博主、健康饮食、健康生活类博主以及做饮食知识类科普的博主等,并借助其已经积累的粉丝量进行产品的定向营销,提高了产品用户的转化率并最终达到销售盈利的目的。

3. 营销系统的特点因素

广告主的市场营销策略与特性,直接影响着广告媒体渠道的选择与组合。产品究竟以何种形式销售:是批发给经销商,还是直接向消费者或用户推销?营销范围有多大?营销的各个环节如何配合?全面了解各个系列营销系统的特点,是确保所选择的广告媒体触及目标对象并促进产品营销的前提。一般来说,在拉式营销策略下,广告主就会选择较多的大众广告传播媒体;在推式营销策略下,广告主就会选择较多的促销广告媒体。

4. 竞争对手的特点因素

竞争对手的广告战略与策略，包括广告媒体渠道的选择情况和广告成本费用情况，对广告主（或广告代理）的媒体渠道策划也有着显著的影响。如果没有竞争对手，那么广告主就可以从容选择自己的媒体和安排费用；如果竞争对手尚少，不足以对广告主构成威胁，就只需要重视交叉的广告媒体；如果竞争对手多而强大，广告主在财力雄厚的情况下，可与之正面交锋，力争在竞争媒体上压倒对方，在财力有限的情况下，就采用迂回战术，采用其他媒体渠道。总之，广告主要针对竞争对手的特点来选择适合自己的媒体渠道。

5. 政治、法律、文化因素

对于国际广告媒体而言，所在国的政治法律状况、民族特性、宗教信仰、风俗习惯、教育水平，对广告媒体渠道的选择也有重大影响。在进行广告媒体渠道策划时，媒体所在国国家政权是否稳定，社会经济文化是否繁荣，法治建设是否健全，尤其是国家对广告活动的各种法规限制和关税障碍，广告宣传是否符合宗教礼仪与禁忌等方面的情况，必须全面虑及。

二、广告新媒体选择的优化组合

在媒体类型组合策略的选择上，品牌首先遇到的是采用单一媒体策略，还是多媒体组合策略的问题。单一媒体策略，其做法就是采用单一媒体做持续性广告发布，它是一种集中进攻型广告发布策略，例如在杂志的每一期都做全页广告。这样虽然到达率有限，但是暴露频次和持续性都相当高，比较适合于那些经常出现在购物单上的日常消费品，如卫生纸、食品等。它可以起到一种提醒作用，对销售有较大影响力。多媒体组合策略在当今的多媒体时代常见且有用，以下是一些主要的媒体类型组合策略。

1. 视觉媒体与听觉媒体的组合策略

视觉媒体指借助于视觉要素表现的媒体，如报纸、杂志、户外广告、招贴、公共汽车广告等，听觉媒体指主要借助于听觉要素表现的媒体，如广播广告、音响广告。无论是视觉媒体或听觉媒体都有其明显的传播局限性。视觉媒体更直观，给人以一种真实感，听觉媒体更抽象，可以给人丰富的想象，二者组合能带来互补作用，强化受众的印象和记忆。因此，视听组合互补可以提高传播效率。

2. 瞬间媒体与长效媒体的组合策略

瞬间媒体指广告信息瞬时消失的媒体，如广播、电视等媒体，长效媒体一般是指那些可以较长时间传播同一广告的印刷品、路牌、霓虹灯、公共汽车等媒体。由于瞬间媒体的广告一闪而过，信息不易保留，因而要与能长期保留信息，可供反复查阅的长效媒体配合使用。例如美妆品牌"花西子"（见图2-2），以"东方彩妆，以花养妆"为理念，从2017年到2020年短短三年间就完成了超过40亿的销售额，成为新锐国产彩妆品牌中增速最快的品牌。花西子品牌的成功营销便得益于瞬间媒体和长效媒体的组合传播策略。

第二节 新媒体广告的管理

图 2-2 花西子在美国纽约纳斯达克大屏的广告

3. 大众媒体与促销媒体的组合策略

大众媒体指报纸、电视、广播、杂志等传播面广、声势大的广告媒体，其传播优势在于"面"。但这些媒体与销售现场相脱离，只能起到间接促销作用。促销媒体主要指邮寄、招贴、展销、户外广告等传播面小、传播范围固定，具有直接促销作用的广告，它的优势在于"点"，若在采用大众媒体的同时配合使用促销媒体，能使点面结合，起到更好的促销效果。

4. 可控制媒体与不可控制媒体的组合策略

不可控制媒体是指需花费金钱才能传播广告信息的媒体，一般是大众媒体，如报纸、电视等。可控制媒体则是自己创办、设计制作并由自己负责传播的媒体，如品牌微博、微信公众号、短视频号、邮寄广告等。可控制媒体一般传播范围较窄，但能对顾客产生直接促进作用。可控制媒体与不可控制媒体结合使用，便能取得更佳的传播效果。大众传媒具有权威性，但不能控制其传播范围和覆盖人群，可将其传播的信息通过自办的可控制媒体进行多次扩散传播。

5. "跟随环绕"消费者的媒体组合策略

这种媒体组合策略就是随着消费者从早到晚的媒体接触，安排多种媒体以跟随方式进行随时的说服。例如，消费者清晨时使用广播、电视，出门时收到手机推送，到公司后接触到电梯间广告等，以多种媒体类型形成环绕立体传播效应。

第二节 新媒体广告的管理

媒介融合和众多新媒体形式消解了广告业原有的界限，新媒体广告运作日益复杂，管理的挑战也日益凸显。新媒体广告管理具有跨学科、泛学科、多学科的特征。因此，新媒体广告管理需从如下四个方面进行。

一、广告主的自律管理

"淘宝"的创始人马云曾说道:"我们害怕的是不透明的竞争、不诚信的竞争、不公平的竞争。"[①] 作为新经济时代代表的网商企业,诚信、开放、透明、分享成为淘宝信奉的价值体系,因为只有这样,网商才能成为进步积极的力量。基于这样的认识,信用构成了淘宝网的核心竞争力。我们可以看到淘宝上面,每一个好评,每一个差评,对一个卖家来说都至关重要。淘宝的信用体系逐渐建立了"信用=财富"的等式,以诚信为旨归的"淘宝",启示新媒体广告的所有广告主:唯有自律管理才能占据竞争的主动地位。

新媒体的诞生及蓬勃发展促使媒体格局改变,使得企业对于传统媒体广告投放的依赖减少,而包含自有媒体在内的新媒体广告比例则大幅提高,如此必然催生品牌传播。品牌传播的本质目标是"品牌信誉的建构"。英国学者布莱克斯顿认为,成功的品牌关系都具有两个因素:信任和满意。其中,信任受风险、可信度和亲密性的影响,而满意是主动性和支持性的函数。[②] 也就是说,品牌价值最核心的是"信用",而这种以信用为核心的品牌价值,显然不可能以"忽悠"式的宣传、单向度的广告来建立,而只能是以高品质产品为事实基础,通过持续的营销、消费、服务、沟通来验证、来建构。因此,担负企业"品牌传播"重责,且向市场进行以信任为导向的新媒体广告,需要广告主进行以"品牌信誉"为核心的自律管理。而且在新媒体广告体系中,企业自有的新媒体往往占据着较大比重,新媒体广告传播往往就是广告主自身的行为,一旦出错,毫无理由可以推脱。因此,广告主的新媒体广告在理念层面、组织层面、制度层面、文化执行层面,均需形成严格的自律管理。

其中,企业成立"品牌传播中心",下设品牌管理部、公关拓展部、媒体管理部,统筹性地进行新媒体广告自律管理,已经成为信息时代必要的企业组织建设取向。

二、新媒体广告的行业自律与管理

在广告主自律基础上的新媒体广告的行业管理十分重要。因为,与广告法规的被动性、有限性、固定性相比,广告的行业自律要主动、宽泛、灵活得多。新媒体广告的行业自律有如下重要性:首先,新媒体广告行业自律是弥补立法、行政监管不足的重要手段。其次,新媒体广告行业自律是广告业良性发展的需要。行业组织在广告合法性上为广告主提供审查咨询服务,降低违法广告的经济成本,而自身也可建立声誉,实现良性的可持续发展。最后,新媒体广告行业自律可减少违法违规或者虚假广告给消费者造成的伤害,促进社会和谐和市场经济发展。

---

① 张笑恒编著:《马云的说话之道》,浙江人民出版社2018年版,第196页。
② 舒咏平、陈丽娟:《"品牌传播"内涵之辨析》,《现代广告》2012年第12期。

第二节　新媒体广告的管理

涉及新媒体广告传播行业管理的组织主要有：（1）2007年成立的中国广告协会互动网络委员会，该委员会的《中国互动网络广告行业自律守则》（以下简称《守则》）是中国互联网广告界第一部自律守则。《守则》提出在新媒体广告机遇和问题迭出的新形势下，决定建立客户信用等级评估体系、建设中国互动网络行业的权威数据体系、规范互动网络广告数据测评体系，以逐步建立互动网络广告的行业标准体系。（2）中国互联网协会，该协会也公布了《中国互联网行业自律公约》，目前全国约有2 000多家互联网企业签约。协会曾与百度、腾讯、新浪、搜狐、网易、凤凰网六家互联网企业共同发起成立"中国互联网协会网络诚信推进联盟"，推进网络诚信建设。2021年7月6日，中国互联网协会互联网互联互通工作委员会（以下简称"工作委员会"）成立大会暨第一次全体会议在北京召开。该工作委员会是中国互联网协会下属非独立法人的二级分支机构，由中国信息通信研究院联合多家企事业单位共同筹建，旨在建立一个具有重大影响力的互联互通的行业性多面平台，即形成政府与行业沟通平台、行业与发展服务平台、新技术新业务创新引领平台、国际沟通交流合作促进平台，工作委员会初期以新型互联网交换中心等为主要工作内容。

在我国，新媒体广告行业呈高速发展状态，但由于自身发展不成熟、管理制度不完善等原因，新媒体广告也存在一些问题，例如：弹窗广告、虚假广告众多，可信度低；内容单调，格调不高；粗制滥造，缺乏创意；网络基础有局限等。目前，新媒体广告的清晰标注、新媒体广告发布实名制、第三方权威机构监管、自律惩戒机制等均未到位，新媒体广告的行业管理任重道远。

三、政府的法规管理

政府的法规管理有两个层面，一是立法，二是执法。从目前国外状况来看，对新媒体广告监管立法走在前面的是美国。从政府层面看，负责网络广告的法律法规指导和执行的主要是美国联邦贸易委员会，它们制定了《网民保护法》《电子信箱保护法》等相关的法律文件，通过法案、消费者检举和判例法等来判决广告违法与否，其中涉及诸多关于新媒体广告监管的条目。我国也相继出台了一系列法律法规和规章，如《规范互联网信息服务市场秩序若干规定》《电信和互联网用户个人信息保护规定》《关于加强移动智能终端管理的通知》《关于进一步联合开展短信群发设备专项整治行动的通知》《关于实施宽带中国2013专项行动的意见》等；而2015年4月修订的《广告法》也对网络广告呈现形式、发送方式予以了相应的规定；2018年再次修订的《广告法》，对法律、行政法规规定禁止的内容等进行了更为详细的规定。

由于互联网等信息网络具有公共性、匿名性、便捷性等特点，一些不法分子将信息网络作为新的犯罪平台，恣意实施诽谤、寻衅滋事、敲诈勒索、非法经营等犯罪活动，我国最高人民法院、最高人民检察院联合发布了《关于办理利用信息网络实施诽谤等刑事案件适用法律若干问题的解释》，主要规定了以下八个方面的内容：明确了利用信息网络实施诽谤犯罪的行为方式，即"捏造事实诽谤他人"的认定问题；明确了利用信息网络实施诽谤行为的入罪标准，即"情节严重"的认定问题；明确了利用信息网络实施诽谤犯罪适用公诉程序的条件，即"严重危害社会秩序和国家利益"的认定问题；明确了利用信息网络实施寻衅滋事犯罪的认定问题；明确了利用信息网络实施敲诈勒索犯罪的认定问题；明确了利用信息网络实施非法经营犯罪的认定及处罚问题；明确了利用信息网络实施诽谤、寻衅滋事、敲诈勒索、非法经营等犯罪的共同犯罪内容；明确了利用信息网络实施诽谤、寻衅滋事、敲诈勒索、非法经营犯罪与其他犯罪的数罪问题及其处罚原则。其中，更具体规定了诽谤信息被转发达500次可判刑、网络诽谤严重危害社会秩序和国家利益可公诉、网上散布谣言起哄闹事可追究寻衅滋事罪、发布真实信息勒索他人也可认定敲诈勒索罪、违反规定有偿"删帖""发帖"可认定非法经营罪。这就为新媒体广告执法提供了法律依据。

国家市场监督管理总局是我国广告管理的执法部门，已将广告发布量大、在全国有影响的综合门户类网站、视频类网站、电子商务类网站、团购类网站以及新闻类网站纳入监测监管的范围。监测分析显示：一些互联网网站未建立广告承接登记、审核把关、档案管理等广告经营管理制度，广告审查员没有发挥"守门员"的作用，给虚假违法广告提供了可乘之机；而广告违法突出表现在链接广告中被链接的网页存在违法广告内容。由于新媒体遍布，新媒体广告又缺乏统一的形态与标准，这必然给新媒体广告识别、管理带来挑战与难度；因此，整合设立新媒体广告监测中心，变人工监管为智能监管、系统监管，多职能部门联合行动形成合力进行新媒体广告的整合管理将是发展的趋势。

举例而言，产自海南的椰树牌椰汁是个老品牌，2019年品牌更换了新包装，发布了新广告，由于内容低俗，被网友认为"辣眼睛"，并迅速被媒体热炒。2月13日，海南省海口市工商局通过微信公众号"海口工商"对外表示，海口市龙华区工商局已对海南椰树集团涉嫌发布违法广告的行为立案调查。市场监管部门将严格依法依规查处违法广告，切实维护健康有序的市场秩序，保障消费者的合法权益。国家广播电视总局微信公众号3月18日发布消息称，椰树牌椰汁部分版本广告片面追求感官刺激、宣扬低俗内容，存在违背社会风尚等问题，自即日起停止播放。

四、新媒体广告的公信力管理

新媒体广告由于具有泛主体、社会化的特点，因此在自律与法治管理的基础上，广告管理还需与舆论监督有机整合。法治是底线，更具震慑力，法治标准就是法律法规，立法执法本身就是一个信息公开的过程。而舆论是信息透明的体现，信息透明、体现舆论真相乃是新媒体与生俱来的优势。因此建立公众参与式的舆论管理，提升公信力，乃是新媒体

第二节　新媒体广告的管理

广告管理的必由之路。

可以说新媒体广告的"公信力"导向，就是对新媒体广告传播链上各环节主体利益与责任的一个最为充分的兼顾与整合。这可以从图 2-3 得到体现。

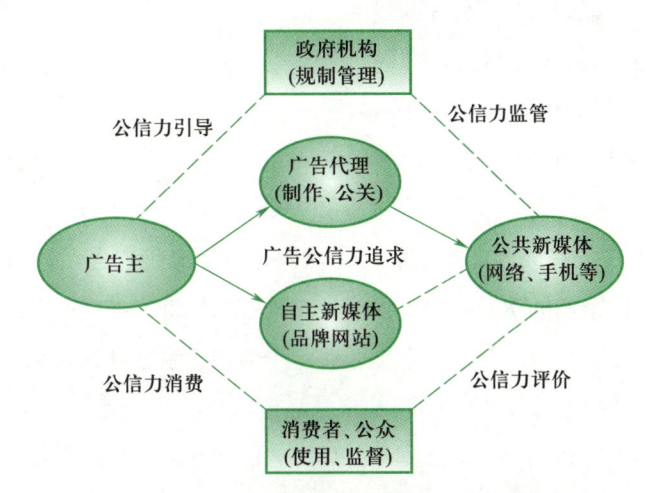

图 2-3　公信力导向的新媒体广告传播模型

在此模型中，政府机构一方面是就新媒体广告动向制定规制进行以公信力为导向的监管，另一方面是对广告产业进行公信力理念引导。也就是说，履行监管职责的政府机构所依凭的法规制度是具有公信力的，他们首先需要据此进行守法引导以及违法必惩的震慑，如此才可能进行监管执法。

消费者与公众，同时扮演新媒体广告使用者与监督者的角色，由此一方面按照公信力标准在消费、使用新媒体广告，另一方面则必然按公信力理念进行评价与监督。也就是说，消费者与公众既是公信力导向的新媒体广告的最终消费者与受益者，同时又是最权威、最广泛、最具有力量的监督者，以及舆论力量的生成与构成者。①

而就处于中间的广告产业链而言，一方面按传统代理模式广告主、代理公司、大众新媒体构成广告传播链，另一方面广告主又拥有自主的新媒体广告使用权；但受上下两端的引导、监管、消费、评价，"广告公信力追求"乃是其必须遵循的理念以及自律的准则，是产业链各环节主体各方面利好的体现。

该模型的上、下端，即政府机构与消费者、公众构成强大的市场制约力量，引导、制衡着广告产业链按照"广告公信力追求"的理念与路径进行着新媒体广告的实践与发展，并因此而组成一个菱形矩阵，构成了公信力导向的新媒体广告传播模型。根据以上理论模型，政府、消费者与公众、新媒体广告产业链三方面的主体均需在互动中以广告"公信力"为基本追求，进行主体行为的调适与优化，从而将新媒体广告推上健康、良性发展的轨道。

---

①　舒咏平：《新媒体广告传播》，上海交通大学出版社 2015 年版，第 342 页。

> 实践部分

1. 复习思考题
   - 影响广告新媒体选择的因素有哪些？
   - 广告新媒体选择的优化组合有哪些？
   - 新媒体广告的管理可以从哪些方面入手？
   - 如何对新媒体广告进行公信力管理？

2. 案例讨论

抖音的新生代用户正在成为商家们的目标对象。百度竞价广告后，如何优化头条系广告的投放又再一次成为商家们的难题。始终强调生态繁荣的抖音，在广告产品布局这件事上也是不遗余力。电商广告主、品牌广告主、中小企业、个体户、线下商家乃至创作者、多频道网络（MCN）机构都是生态中的一员，拥有各自的广告路径。

抖音的广告位可以分为四大类，分别是开屏广告、信息流广告、搜索广告和其他广告。开屏广告就是用户打开抖音后第一眼看到的画面，属于典型的品牌广告，拥有最佳的位置，只要打开抖音就可以看到，虽然价格较贵，但结合抖音最近公布的 6 亿日活跃用户数量（DAU），曝光量一定不俗，是资金充裕的品牌广告主的首选。信息流广告是最常见、最常用，也是体系最庞大、操作最复杂的广告类型。所谓信息流广告就是融入视频推荐页中的视频广告内容，我们所说的 DOU+ 和 FEED 直投直播间都属于信息流广告的范围。搜索广告，自 2018 年起就有，但是抖音一直没有重点去推。2019 年，随着抖音 DAU 节节攀高，抖音搜索用户数量甚至一度超过了今日头条的搜索用户，搜索广告就逐渐被列入了官方优势资源。

请讨论：

如果你是一位 MCN 机构的市场部经理，结合本案例说明你将会选择哪种广告投放路径？

3. 讨论话题

（1）请思考抖音的广告产品体系。

（2）请试着说明抖音各类广告的特点及投放路径？

第三章　大数据时代的用户分析

导入部分

1. 学习要点
   - 了解大数据的内涵
   - 熟悉大数据时代的品牌用户分布
   - 掌握大数据时代用户行为挖掘
   - 知晓大数据时代用户分析和报告撰写方法

2. 学习要求

在了解大数据内涵的基础上，熟悉大数据时代用户的分布，包括用户类别与特点，掌握大数据时代用户行为挖掘的方法，能够自己设计方案，借助合适的工具和渠道，获取需要的数据并进行分析，确定用户特征，完成用户分析与报告。

3. 关键词

大数据　品牌用户分布　用户行为挖掘　用户分析与报告

4. 先导案例

用数据解析热播影视剧的观众群体

美国视频网站 Netflix 自行制作的电视剧《纸牌屋》在 2013 年大火，这部基于大数据分析拍摄的电视剧如今已成为大数据效用的经典案例。《纸牌屋》的成功让人们意识到数据分析对影视创作的价值，包括剧本、导演和演员的选择，以及拍摄、后期处理和营销宣传等。美国新闻网站 Salon.com 曾这样描述，用户只要登录 Netflix，其每一次点击、播放、暂停甚至看了几分钟就关闭视频的行为，都会作为数据被放入后台分析。这样一来，Netflix 可以精准地定位观众偏好，如果大量用户快进或者退出，则表明这类情节让观众感觉无趣，需要改进或减少使用；如果某个情节被用户反复观看，则表明很吸引观众，以后类似情节可以重复使用和加强。

国产电影《小时代》系列的拍摄同样利用了大数据，该系列电影每次上映在网络上都产生大量的话题，引起人们的广泛关注。上映期间，它还对同档期的其他影片表现出了极强的票房竞争力。究其缘由，大数据运用正是这一票房奇迹背后强大的幕后推手，大数据的运用将以往影视业对数据的"事后推导"转变为"事前预测"，主要体现在两个方面的运用：一是指导电影的营销策略；二是定制影片内容。电影在拍摄前，出品方就通过对同名原著的点击量、点击用户等关键数据进行调研，分析电影的目标消费人群并预测影片的热度，以此来吸引投资方出资。电影内容上则主动迎合受众的兴趣和口味，通过分析受众的特征、心理等，在作品中去构建满足受众需求的情节。同时，在电影排片时，发行方首次尝试通过数据去说服影院增加排片量，最终拿下上映首周 40% 的场次占比。最终，电影以 2 000 万元的成本，取得了近 5 亿元的票房。

从微博、视频网站的角度对《小时代》系列观影人群进行数据分析，结果表明：在年龄构成上，目标受众的年龄在 20 岁左右，以学生群体居多；在性别构成上，目标受众以女性居多，超过 80%；在区域分布上，积极参与话题讨论、传播甚至争论的目标受众主要集中在湖北、四川、浙江、江苏、江西等地，在北上广等一线城市偏少，因此影片宣传应该倾向于二三线城市；超过 80% 的目标受众关注影视明星，有 40% 的目标受众关注了芒果台主持人的微博，因此上《快乐大本营》等节目宣传的命中率更高。通过了解受众对故事情节和演员的评价，后续电影对场景、角色戏份进行调整、增减；通过了解受众热衷讨论的名牌服饰，在系列电影中使用超过 7 000 套相应服装。

《小时代》作为一部粉丝电影，通过大数据分析，成功抓住了目标受众的特征、心理，在电影制作和宣传中满足这些需求，吸引了原著和主创人员的大量粉丝，打开了电影主要面向青年女性的消费市场，最终影片上映后大获成功。

《小时代》的例子展示了大数据潜藏的巨大价值。在传统广告中，信息被推送给受众，覆盖面广，但往往容易被忽略，因此广告实际的到达率不高。在新媒体时代，信息的传播常采用对话的形式，用户有了主动权和参与的机会，通过分析用户的回复、反馈，企业可以掌握用户的特征和心理，有针对性地制订营销方案，甚至个性化地推送消息，这样目标受众定位更精准，成功率也更高。因此，面对新媒体背景下产生的大数据，我们需要了解大数据时代的用户分布，学会利用合适的工具去挖掘用户的行为和特征，熟悉如何分析用户与撰写报告，这就是我们本章要学习的内容。

第一节　大数据与用户

"大数据"是近年来比较热门的一个概念，广泛地被人们谈论、传播、使用，也正在悄悄地改变着我们的生活。自进入互联网时代以来，用户在网络上的各种行为、操作等都被记录下来，这就形成了数据。随着智能手机和可穿戴设备的出现，用户的位置、活动及身体状态等变化也可以被记录，每个用户都可以通过数据呈现。而通过分析数据，我们可以了解用户的特征、心理、习惯、爱好、社交关系等，精准地为用户推送有价值的内容，这就是大数据为我们带来的改变。

一、大数据的概念

关于大数据,一般理解是数量庞大、信息量巨大,但这只是大数据的字面含义。美国研究机构 Gartner 对大数据的定义是:大数据是需要新处理模式才能成为更强的决策力、洞察发现力和流程优化力的海量、高增长率和多样化的信息资产。该定义强调了大数据是一种信息资产,说明大数据的意义不在于庞大的数据本身,而是分析、处理这些数据,挖掘出有价值的信息并加以合理的利用。概言之,大数据是一种通过传统的思维方式、技术手段无法处理加工和取得效益的数据,但其中蕴含着重要的价值。

大数据分析相比于传统的数据仓库应用,具有数据量大、查询分析复杂等特点。目前,普遍将大数据的特点概括为 4 个 "V"(Volume,Variety,Velocity,Value)。第一,数据体量巨大。从 TB 级跃升到 PB 级,具体而言,1PB 的数据量相当于全美国图书馆 50% 的藏书量。第二,数据类型繁多,包括了图片、视频、文本、地理位置等众多类型。第三,处理速度快。不同于传统的数据处理手段和技术,大数据处理要求可以从各种类型的数据中快速获得高价值的信息,适用于秒级定律,要求能够在按秒计算的时间内给出需要的结果,这样才具有价值。第四,价值密度低。但只要合理利用数据并对其进行正确、准确的分析,就可以带来很高的价值回报。

简言之,大数据就是从各种类型的海量数据中快速获得有价值信息的技术,核心的价值在于对海量数据进行存储和分析。

二、消费者和用户

在传统行业,我们将企业的受众定义为消费者(或客户),这群人可能购买或使用企业的产品或服务,而企业的目标就在于吸引他们的注意,通过各种广告手段刺激他们的消费欲望,引导购买行为发生。在新媒体时代,我们习惯使用"用户"的概念,它泛指产品或服务的使用者。那么消费者与用户有什么区别?在大数据时代我们选择使用哪一个概念更合适呢?

首先,消费者通常指"收费类产品或服务"的使用者,如某品牌手机的消费者。用户一般指"免费类产品或服务"的使用者,如 QQ 的用户。这一点体现了互联网等新媒体与传统行业的区别,互联网更多的是提供免费的基础服务,在此基础上,通过增值服务、广告等增加收益,传统行业则是直接售卖产品或服务获得利益。

其次,相较于用户,消费者往往是一个更加被动的角色。在传统环境下,企业通过电视、报纸等媒体发布广告来吸引消费者,消费者只能被动地接受信息或选择忽略,不能与企业进行交流、讨论。在新媒体时代,用户不再显得被动,相反,权利被放大。企业不再只是向用户发布信息，还需要与用户交流互动，用户可以对产品的使用体验进行反馈，提出自己的建议，甚至还可以参与产品研发。这样一个双向的交流对话过程平衡了企业与用户间的关系，可以很好地增加用户忠诚度。

最后，在传统行业里，企业也会对消费者进行调研，了解消费者的使用习惯、爱好、心理等，然后有针对性地去改进产品或服务。在新媒体环境下，企业往往通过与用户的交互等数据记录，分析用户的特征，迎合他们的需求，这样做不仅成本更低，而且精准性更高、效果更好。

在大数据时代，我们的数据来源是多方面的，不仅仅是企业自己的产品、平台，也有企业与用户在其他平台的数据，这些数据比传统的调研数据更加丰富，包括使用者的行为、位置、观点、态度等。因此，我们使用用户的概念，而不是传统行业的消费者概念，这样与新媒体、大数据等更为贴近。

第二节　品牌用户的大数据聚合

在了解大数据和用户概念的基础上，我们将进一步熟悉大数据时代的用户分布和用户数据获取——通过哪些渠道、平台获取用户数据，以及用户类型划分。大数据时代用户数据来源丰富，用户类别多样，企业要善于获取各种数据，并识别用户类型，这是用户分析的前提。

一、大数据时代用户数据分布

我们可以将用户数据从形式上分为线下数据和线上数据两个大类：前者主要是通过传统渠道获得的数据，如实体店的销售记录、摄像记录、电话记录等；后者是指网络平台的用户数据，包括官网、App、微博、微信等自媒体平台的用户数据。表3-1详细说明了用户数据的各种来源。

表3-1　用户数据类型划分

数据类型	说明	实例
线下数据	企业内部数据，通过传统方式、渠道获取	实体店记录、传感器记录、销售数据、客服数据等
线上数据	第一方数据，企业自己线上媒体平台记录的数据	官网浏览数据、App使用数据等
	第三方数据，企业在第三方平台的数据记录，包括社交数据、电商数据等	电商交易数据、社交数据、搜索数据、广告点击数据等

1. 线下数据

在线下数据中，实体店记录是用户在线下实体店铺的交易、退换货、体验、评价等数据，这些数据反映产品的受欢迎度，以及店铺运营情况，是改进产品和调整运营方案的重要参考。传感器主要有摄像头、扫描仪、交互媒体和体验式产品等，这些数据记录了用户的行为和操作，可以帮助分析用户特征、习惯、心理，提升用户体验。WiFi 数据是顾客连入 WiFi 后被监测记录的数据，包括用户位置、停留时间、访问记录等。销售数据、客服数据、库存数据、产品数据、市场数据等都是相对传统的数据，如图 3-1。

	门店访客					
线下购物	进入门店	逛来逛去	在多个场所停留	WiFi上网	消费购物	离开门店
数据分析	-哪个门进来 -来店交通方式 -来店的时间点 -来店日期 -顾客活跃度	-逛店动线 -停留时间 -来店伙伴	-消费取向评估 -消费能力评估 -关联销售分析	-个人信息 -兴趣评估 -社交网络	-电子会员卡 -消费金额 -消费品类 -顾客忠诚度 -顾客价值评估	-哪个门离开 -潜在销售机会
经营决策	店招/入口决策	动线设计决策	业态/租金决策	精准营销决策	促销/运营决策	延伸销售决策

图 3-1　线下商业消费者客群大数据及使用[①]

2. 线上数据

对于线上数据，根据数据来源分为第一方数据和第三方数据。其中，第一方数据是企业自有平台的数据和记录，自有平台是企业自己开发的，包括企业的官网、App 应用、公众号、小程序等。第三方数据是企业从第三方开放平台获得的数据和记录。第三方平台由其他产品和服务提供商开发，供企业免费和增值付费使用，包括微博、微信、电商平台、短视频平台等，如图 3-2。

（1）第一方数据。第一方数据是企业自有数据，一定程度上反映了企业运营情况和营销效果，可以指导企业调整现行方案，如官网、App 等。

官网，即企业官方网站，是企业对外形象的展示，帮助推广品牌、产品，传播文化价值。官网访问量、点击量、搜索记录、反馈意见等数据反映了企业网站知名度。近年来，智能手机、平板电脑等移动设备逐渐普及，移动互联网迅速发展，许多企业纷纷开发自己的 App 应用和手机网站等移动端平台，用户通过移动设备访问时产生的数据和记录也是第一方数据。

---

① 图片来源：《线上商业和线下商业的客群大数据比较》，联商网专栏，2022 年 5 月 18 日。

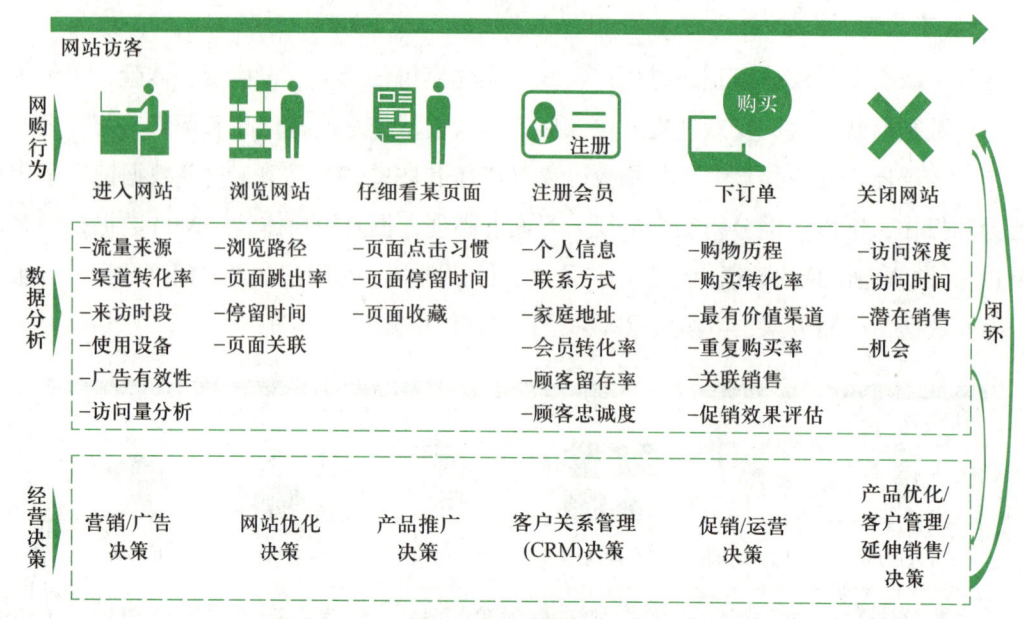

图 3-2　线上商业消费者客群大数据及使用①

（2）第三方数据。第三方数据主要指企业在第三方平台上产生的数据。图 3-3 依据核心社会化媒体、复合媒体、衍生社会化媒体等对媒体平台进行分类，展示了目前中国的社会

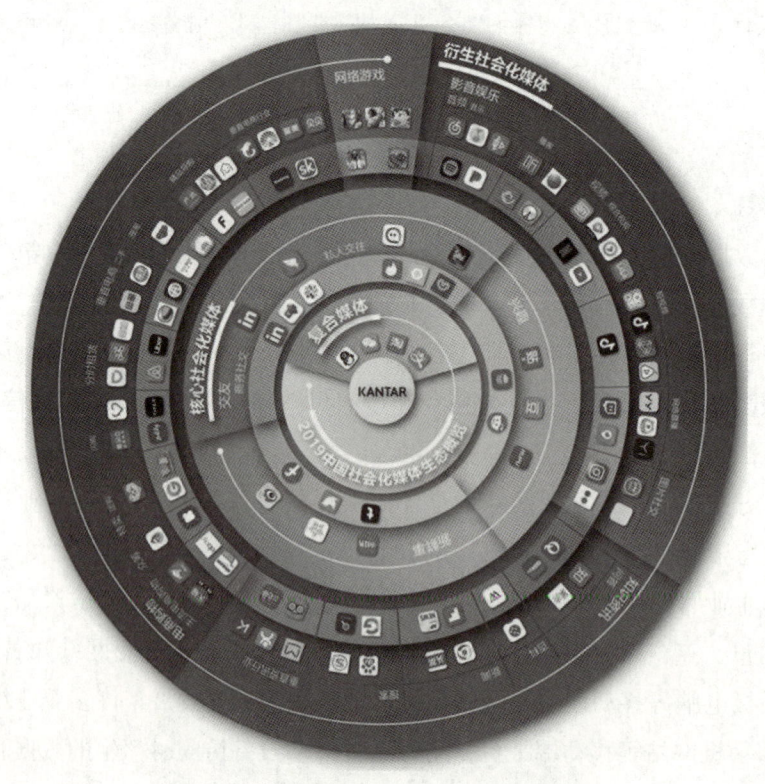

图 3-3　我国社会化媒体生态格局概览

---

①　图片来源：《线上商业和线下商业的客群大数据比较》，联商网专栏，2022 年 5 月 18 日。

第二节 品牌用户的大数据聚合

化媒体生态格局,包括微博、微信、QQ、短视频等。在社会化媒体上,企业注册官方账号,用于宣传品牌、产品和服务,把用户转化为粉丝,与之实时互动,增进企业和用户之间的关系。社会化平台的社交关系、用户信息和行为数据等,可以用于分析用户特征、心理、习惯等,如根据社交关系中用户的资料、简介等,可以知道企业产品最受哪些群体的欢迎,方便企业迎合该群体的喜好、特征,有针对性地制订营销方案;又如,企业可以根据用户对于一条广告信息的反应,评判营销效果,找出缺点和不足,调整营销方案等。

微博、微信等是目前品牌营销广泛应用的社会化平台,这些平台拥有庞大用户基数,活跃用户多,交互及时。企业在社会化平台进行品牌营销活动,可以通过用户转发、分享等多级传播,基于社交关系网络扩大影响范围,同时,在与用户交互的过程中,科学挖掘用户特征,找到目标用户,进行精准式营销。

微博,是一种基于社交关系的信息获取、分享、传播平台。微博提供 WEB、WAP、客户端等访问接口,用户可以开通个人账号,发送 140 字以内的文字信息,上传图片、视频,即时分享生活中的新鲜事,通过关注其他账号和话题,接收感兴趣的信息;企业、媒体等可以注册官方账号,用于传播企业信息,开展营销活动,打造品牌知名度。微博起源于美国,Twitter 是最早也是最著名的微博网站,国内微博经历了早期的过渡后,2010 年进入爆发期,用户数不断增长,现阶段随着腾讯、网易等公司减少微博的投入,国内微博以新浪微博一家独大。截至 2022 年一季度末,新浪微博月活跃用户达到 5.82 亿,日活跃用户达到 2.52 亿。① 因其即时性、互动性、广泛性,微博成了品牌营销的常用平台。微博品牌营销中,企业一般会建立微博矩阵,包括企业官微、产品官微、高管微博、员工微博等,通过账号连接增强竞争力。戴尔、小米、诺基亚等是国内外微博营销的成功案例。而新浪微博蓝 V 是非个人用户(机构、企业、媒体等)的认证标识,图 3-4 为小米公司的官方微博。

图 3-4 小米公司官方新浪微博截图

---

① 《微博一季度月活用户 5.82 亿 同比净增 5 100 万》,北京日报客户端 2022 年 6 月 1 日。

微信是腾讯公司在 2011 年推出的一款即时通信服务程序,支持跨运营商和跨操作系统发送语音短信、图片、文字、视频,提供公众号、朋友圈、消息推送等功能,并集成了基于地理位置的"摇一摇""附近的人"等服务插件。微信完善的应用功能及强大的用户聚合能力,使其表现出巨大的商业价值。微信品牌营销,常见的有公众号营销、朋友圈营销、位置营销等。星巴克、1号店、招商银行等是国内微信营销的成功案例。图 3-5 是星巴克"用星说"活动的微信截图,该活动是星巴克和微信双方联袂打造的社交礼品体验活动,微信用户可以在微信上赠送朋友饮品券,并附上定制祝福语和杯身图案,星巴克成功地利用微信的社交属性进行了品牌营销。

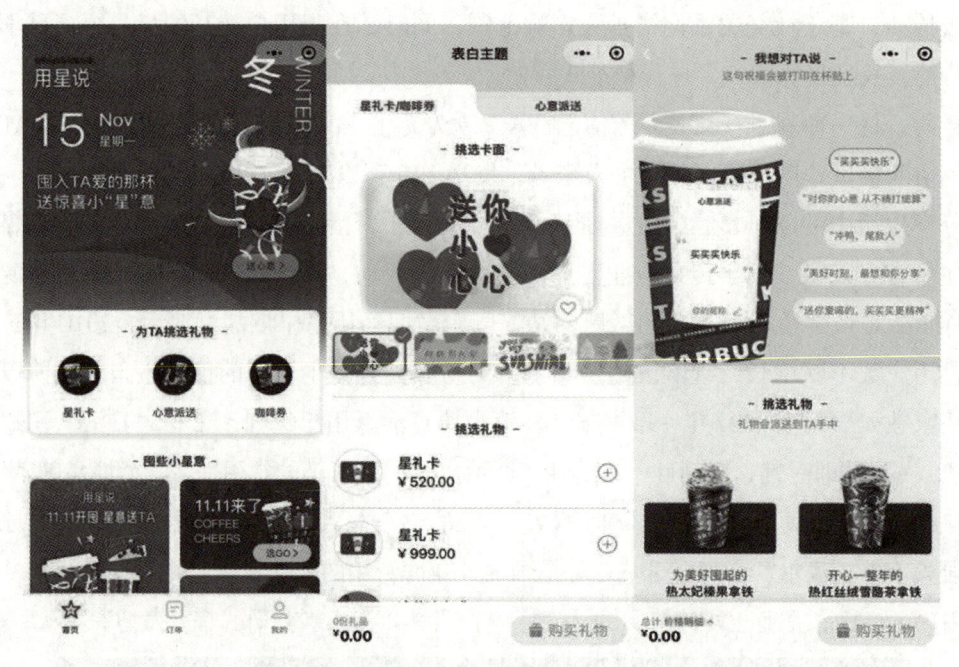

图 3-5 星巴克"用星说"活动微信截图

基于视频分享也形成了一类社会化媒体平台,其内容不是由视频网站上传,而是网民将自己拍摄、制作的视频上传供其他用户观看、分享。在先导案例中,Netflix 视频网站很好地利用大数据分析,通过记录用户观看过程的操作,分析用户对内容的态度、偏好。企业在进行品牌营销中,可以利用视频分享网站发布广告、宣传片等,视频的点击量、评论、分享等也是社交数据。国内外比较有代表性的视频分享平台有抖音、快手、哔哩哔哩、YouTube 等。社会化媒体平台上的视频分享可以产生病毒营销的效果,创新有趣的视频可以吸引用户转发分享,在自己的社交圈中二次传播,不断扩大影响范围,这种病毒营销具有成本低、效率高、速度快、范围广等优势。

社会化媒体平台形式众多,是企业品牌营销活动的重要阵地。社会化媒体平台有互联网上最大、最活跃的用户群体,企业要重视这个庞大的消费群体,其蕴含着巨大的商机和海量的数据。通过对社交数据的分析,企业可以制订有针对性的品牌营销方案,实现更精准的营销，影响目标用户及其周围的潜在用户，促进产品、服务的销售，提升品牌形象。

电子商务数据是企业在线上交易平台的数据，其中，在第三方电子商务平台的数据是第三方数据（企业在官网、手机网站提供交易服务获得的数据也是电子商务数据，但属于第一方数据）。表3-2统计了国内主要的第三方电子商务交易平台。电子商务数据包括交易数据、行为数据等。交易数据是商品的购买数据，包括成交量、退货量、换货量、交易用户信息、评论、举报等数据。行为数据是用户在第三方电商平台的使用数据，包括浏览、搜索、收藏、喜欢、加入购物车、分享等记录，平台可以对用户进行精准的信息推送。另外，社交电商、团购等都集成了社交功能，其上的社交数据也是电子商务数据的一部分。社会化电子商务（Social Electronic Commerce）是电子商务的一种新的衍生模式，其借助SNS等网络媒介的传播途径，通过社交互动、用户自生内容等手段来辅助商品的购买和销售。

表3-2　国内主要电子商务交易平台

平台电商		手机淘宝、京东商城、天猫、苏宁易购、1号店
垂直电商	美妆	唯品会、聚美优品、丝芙兰
	二手	闲鱼、转转
	母婴	贝贝、孩子王精选、蜜芽
	家电/电子	苏宁易购、国美、华强北在线
	医疗	平安好医生、新氧、1药网
	生鲜	盒马、每日优鲜、叮咚买菜、美团买菜
社交电商	拼团类	拼多多、京东拼购
	社区团购类	兴盛优选、美团优选、盒马鲜生
	内容类	小红书、抖音、快手、得物
跨境电商		网易考拉海购、洋码头、达令全球购

二、大数据时代的用户类别

在传统行业，消费者又称客户，企业一般会根据客户的属性特征，即社会属性、行为属性和价值属性来对其进行有效性识别与差异化区分，也就是客户分类。最基础的客户分类包括非客户、潜在客户、目标客户、现实客户、流失客户等，在此基础上，再依据客户价值进行分级细分，可分为重要客户、主要客户、关键客户、普通客户等，企业会对不同级别的客户应有针对性地开展不同的营销活动。在大数据时代，我们应该如何对用户进行分类？

大数据通过将用户信息标签化，收集用户的社会属性、消费习惯、偏好特征等各个维度的数据，进而对用户或者产品特征属性进行刻画，抽象出用户的信息全貌。通常情况下，根据标签的不同性质，可以用两类标签对用户进行画像分类。

第一种是静态标签，这类标签往往是用户与生俱来的，或者是很少发生变化的，是用户的常态化属性。如根据性别，将用户划分为男性用户、女性用户；根据学历，将用户划分为高学历用户、低学历用户；根据用户所在的城市，将用户分为一线城市用户、二三线城市用户及其他城市用户等。

第二种是动态标签，相对静态标签而言，动态标签是不稳定的、活跃变动的，包括基于用户的浏览搜索行为、购买情况等形成的标签。例如根据用户的活跃程度，将用户划分为活跃用户、边缘用户；根据用户是否开通会员等增值服务，将用户划分为会员用户、非会员用户；根据用户的操作熟练程度等，将用户划分为初级用户、普通用户、高级用户。当然，还有很多种其他的分类方式，在不同的应用场景下，设定的用户画像分类都是不同的。

可以发现，以上的用户分类都是从一个维度或两个维度进行划分的，这样一种分类方法可以重复地套用，但是分类的精确度不够。每一个用户都可以根据实际情况被判定为初级用户、普通用户和高级用户中的一种，但是描述用的特征信息只有操作频率和计算机技能水平两个维度，这样不是很精确。因为在实际情况中，用户的特征信息包含很多，其中任何一个特征因素不同都会导致用户有所不同，比如年龄、性别、学历、收入水平、计算机水平、职业、地域、网龄，所以在用户分类时需要从多个维度的特征因素去考虑如何划分用户。

在大数据时代，用户数据丰富，品牌可以根据需要从多个维度去区分用户，找出不同的特点进行用户画像，这是企业应用大数据的根基，是定向广告投放与个性化推荐的前置条件，为数据驱动运营奠定了基础。只有精准地针对每一类用户去制订不同的营销方案，开展营销活动，企业才能实现更高的用户到达率和转化率。

第三节　大数据时代的用户行为挖掘

用户的网上交互行为有很多种，例如在先导案例中，用户在视频观看中的行为就有暂停、快进、重播、退出等，而每一种行为都带有隐藏的信息，即用户对视频内容的态度和观点。在大数据时代，我们的目的不仅在于获取用户的各种交互行为数据，更重要的是从数据中挖掘用户行为的信息，去指导、改进产品或服务。

一、大数据时代的用户行为分析

用户行为分析主要包括两方面：一是用户视觉行为分析，二是用户操作行为分析。前

第三节 大数据时代的用户行为挖掘

者是用户在视觉上对内容的感知、态度和评价，可以通过第一感觉测试和眼动仪测试等方式进行，对改进页面布局、导航、热点内容显示等有帮助。后者是用户在页面上的各种操作，通过这些操作，用户完成想要达到的目标。至于二者的关系，视觉在很大程度上会影响用户的操作。在大数据时代，用户行为分析主要指的是后者，一方面视觉很难量化地测量，另一方面，用户的操作更能代表用户的心理、想法、态度等。通过分析这些操作行为，我们可以推测用户的想法，更精确地给用户推送想要的信息。下文中，用户行为分析特指用户操作行为分析。

在分析用户行为前，首先要熟悉用户行为包括哪些。简单来说，用户与页面的所有交互都属于行为，包括登录、退出、搜索、阅读、浏览、发表、删除、分享、评论、点赞、聊天、私信、评分、加入购物车、移出购物车、比价、购买、退货、收藏、播放、暂停、快进、重播等。用户行为的类型众多，下面我们以用户行为分析在电子商务中的应用为例简单说明。

在传统门店销售中，店铺只能得到最终交易的相关信息，包括购买、退货、换货、折扣、返券等，这些数据虽然可以很好地说明一款产品的受欢迎程度，但是没法预测消费者的购买意向，一款产品可能广受欢迎，或者销量不高，它们的潜在消费者也不一样。在电子商务平台上，可以收集到大量的用户购买前的行为信息。据不完全统计，一个用户在做一个重要购买决策前，平均要浏览 5 个站点、36 个界面，在社会化媒体和搜索引擎上的交互行为也多达数十次。如果把所有可以采集的数据整合并进行衍生，一个用户的购买可能会受数千个行为维度的影响。但是，正是这些购买前的行为，可以深度地反映潜在用户的购买心理和意向。

比如客户 A 连续浏览了 5 款电视机，其中 4 款来自国产品牌 S，1 款来自国外品牌 T；4 款为 LED 屏幕，1 款为 LCD 屏幕；5 款的价格分别为 4 599 元、5 199 元、5 499 元、5 999 元、7 999 元。这些行为某种程度上反映了客户 A 对品牌的认可度及倾向性，如偏向国产品牌、中等价位的 LED 电视。而客户 B 连续浏览了 6 款电视机，其中 2 款是国外品牌 T，2 款是另一国外品牌 V，2 款是国产品牌 S；4 款为 LED 屏幕，2 款为 LCD 屏幕；6 款的价格分别为 5 999 元、7 999 元、8 300 元、9 200 元、9 999 元、11 050 元。类似地，这些行为某种程度上反映了客户 B 对品牌的认可度及倾向性，如偏向国外品牌、高价位的 LED 电视等。

通过对这些行为信息进行分析和处理，电子商务平台可以为客户提供个性化的信息推荐。在上面的例子中，客户浏览了多款电视机却没有发生购买行为，平台就可以在一定的周期内，把适合客户品牌、价位和类型定位的另一款电视机的促销信息以消息形式主动发送给客户。再如，当客户再一次回到平台，对电冰箱进行浏览行为时，可以在网页上给客户 A 推荐国产中等价位的冰箱，而对客户 B 推荐进口高档价位的冰箱。

这样的个性化推荐服务往往会起到非常好的效果，不仅可以提高客户购买的意愿，缩短购买的路径和时间，通常还可以在比较恰当的时机捕获客户的最大购买冲动，降低传统的营销方式对客户的无端骚扰，还能提高用户体验，是一个一举多得的好手段。

通过上面简单的例子，可以看出用户在页面的一些操作都隐藏着用户心理、态度、意向等信息。在大数据时代，我们不仅需要获取用户的行为数据，更要能很好地解读这些信息，推测用户的心理、态度、意向，这才是数据真正的价值所在。

二、大数据时代的用户行为挖掘工具

工欲善其事，必先利其器。要分析用户行为，首先需要通过合适的工具挖掘用户行为数据，然后通过数据分析，获得我们需要的信息。下面介绍几种使用较广泛的工具，它们可以有效提高用户行为挖掘的效率。

1. 百度统计

百度统计是百度推出的一款免费的专业网站流量分析工具，能够告诉用户访客是如何找到并浏览用户的网站以及在网站上做了些什么，这些信息可以帮助用户改善访客在用户的网站上的使用体验，不断提升网站的投资回报率。如图3-6所示，百度统计除了网站统计外，还有推广分析、移动统计等工具，以及百度站长平台、数据市场、流量研究院等网站数据服务，这些在挖掘用户行为时都可以使用。

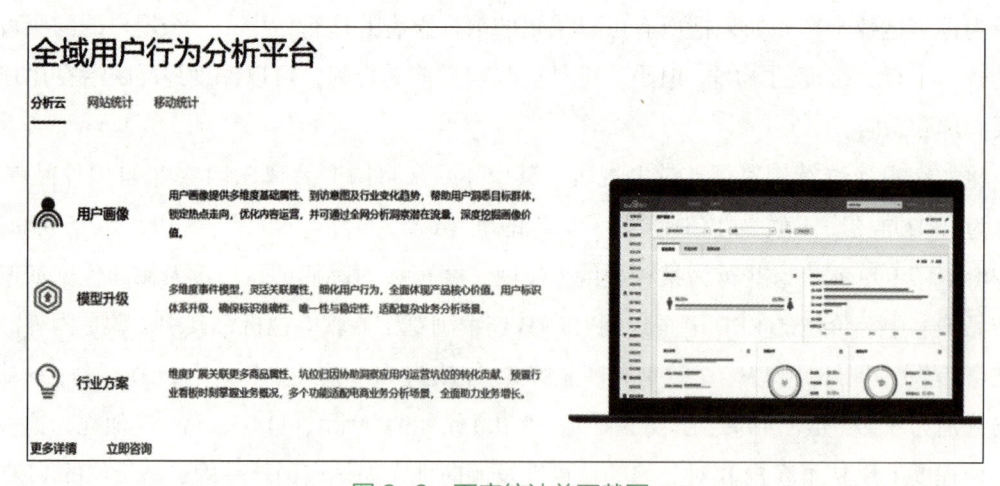

图3-6 百度统计首页截图

2. 站长工具

站长工具是站长之家网站下的一款网站综合类查询工具，如图3-7所示，通过输入网站的域名就可以查看网站的综合信息、网站权重、网站访问量（ALEXA排名）、友情链接、同IP网站等情况。站长工具建立相对较早，发展也很成熟，可以按照需要分类查询到各种信息，查询信息比较完整全面，准确度比较高，友情链接查询也很完整。用户体验良好，查询速度快，广告也很少，但不足是查询的分类较多，填写较费时。

图 3-7　站长之家首页截图

3. CNZZ

CNZZ 是目前国内很有影响力的流量统计网站，专注于为互联网各类站点提供专业、权威、独立的第三方数据统计分析。同时，CNZZ 拥有互联网数据采集、统计和挖掘三大技术，专业从事互联网数据监测、统计分析的技术研究、产品开发和应用，如图 3-8 所示。CNZZ 目前的产品体系较完整，涵盖统计系统、内容推荐和广告运营等，成功案例有 7k7k 小游戏、爱丽时尚、马蜂窝等。

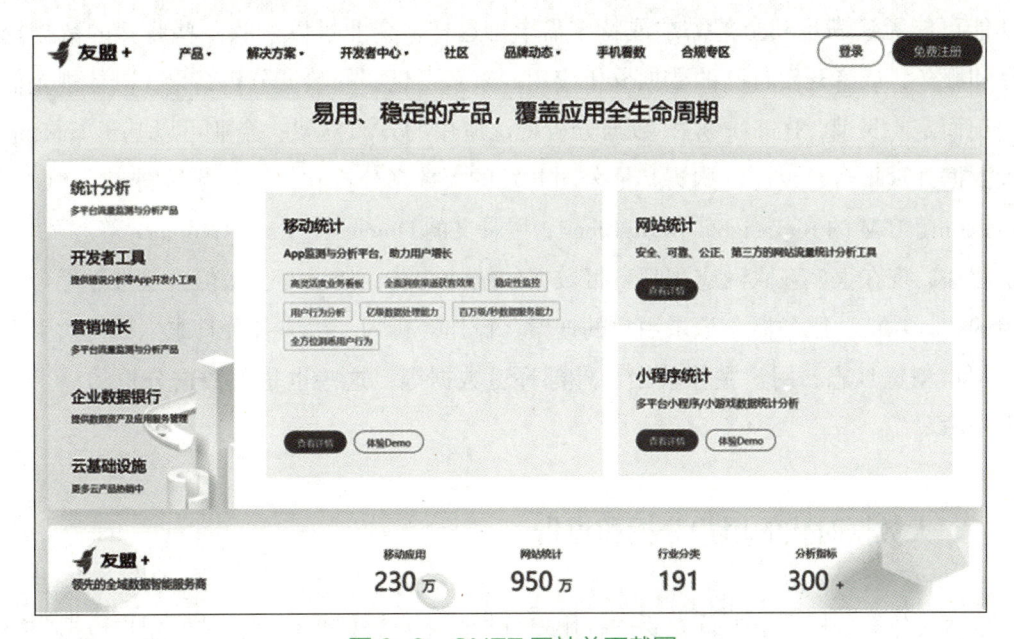

图 3-8　CNZZ 网站首页截图

4. 51.LA 网站统计

51.LA 是一款免费的网站访问统计和分析工具，也是目前国内用户使用最多的网站统计工具之一，提供全面完整的常规功能，包括点击量、客户端、流量源、关键词、被访页等，还有一些独有功能，如排名、升降榜、引用等。

5. GoStats

GoStats 网站统计是北美目前最有影响力的免费网站流量统计分析服务提供商之一，致力于统计分析服务，通过收集大量数据并加以归类、统计和分析，深度分析搜索引擎机器人抓取规律，发现用户访问网站的规律，并结合网络营销策略，提供运营、广告投放、推广等决策依据。网站除了普遍采用的页面浏览量、IP、独立 Session 等度量外，还按时间段增加了平均值统计，包括平均访客停留时间、平均 Session、平均 IP 访客数等专业数据。GoStats 网站现已全面对中国用户开放。

6. Google Analytics

Google Analytics 是谷歌（Google）公司推出的一款免费的网站数据统计和分析服务，自诞生以来，广受好评。Google Analytics 功能非常强大，用户只要在网站的页面上加入一段代码，就可以得到丰富详尽的图表式报告。Google Analytics 可以对整个网站的访问者进行跟踪，并能持续跟踪广告的效果，包括关键词广告（adwords）、电子邮件广告，以及任何其他广告，还可以了解关键词作用和用户为何退出。整体来说，Google Analytics 虽然是免费的，但功能十分全面、强大。

上面介绍的主要是一些第三方的数据统计工具，这些网站的服务基本都是免费的，而且功能相对全面，可以满足一般企业的需要。但是，对于一些要求更高的企业，这些通用的功能可能无法满足其全部需求或特定需求，这样，企业可以购买一些收费的数据挖掘产品和服务，或者开发自己的数据分析应用，来获得想要的数据分析结果，具体视企业内部情况而定。目前，Hadoop 是大数据分析广泛应用的开源框架，企业可以基于 Hadoop 开发大数据处理平台，也可以购买其他公司开发的大数据分析软件，包括易安信（EMC）的 Greenplum、IBM 的 BigInsights 和 BigCloud、甲骨文的 Oracle Big Data Appliance 等。

此外，现在很多互联网应用都自带数据的统计功能，如微博、微信公众号等平台都有简单的统计功能。服务器会记录用户的搜索、操作等行为，生成各种日志，如搜索引擎日志、用户浏览日志、用户主体数据、外部环境数据等，这些也是大数据分析的一个重要数据来源。

三、大数据时代的用户分析和报告

撰写大数据分析和报告首先要进行用户分析。用户分析是根据具体的用户数据，挖掘出大数据中有价值的信息，如用户特征、产品反馈、品牌营销效果等。用户特征可以帮助企业确定目标对象，进行精准营销；产品反馈可以指导产品的改进，提升用户体验；品牌营销效果可以指出营销不足，调整、改进营销方案。比如腾讯公司即时通信软件 QQ 中国地区的"亮点"地图，实时提供 QQ 同时在线人数和分布。在这个实时动态页面中，QQ 在线者光彩熠熠，不断变化。点击图片左下角播放按钮，可以查看过去 24 小时内 QQ 在线人数的变化。从图片可以看出，腾讯 QQ 活跃用户主要集中在我国地图的右半部分，这背后的原因就需要去思考和分析了。分析人员应把用户数据分析的结果以报告的形式规范地呈现出来，企业可以根据存在的问题，提出改进的方案。

由于用户分析和报告是数据驱动的，不存在固定的格式和模板，企业需要结合数据的实际情况来撰写。大数据报告是对数据分析的高度总结，需要结合具体的数据，借助图表等帮助分析和呈现结果，除了分析结果，还要找出问题和特征，提出指导性的意见和建议，这才是报告的价值所在。大数据分析和报告的建议可以帮助指导品牌营销策略，例如，在社会化媒体平台上，指导精准化营销，与目标用户实时互动；在电子商务中，向用户推荐其可能感兴趣的产品，以及在用户聚集的地方投放广告，提升点击率和购买率。（本部分选取了两个基于大数据用户分析的报告作为案例，供读者点击二维码参考学习。）

实践部分

1. 复习思考题
   - 大数据的内涵是什么？
   - 为什么使用用户的概念？
   - 用户经常使用的新媒体平台有哪些？
   - 大数据时代如何分类用户？
   - 大数据时代的用户行为有哪些？如何分析用户行为？
   - 如何分析和报告大数据时代的用户数据？

2. 案例讨论

大数据在网易云音乐中的实践

网易云音乐于 2013 年 4 月正式上线，上线不到两年的时间，网易云音乐便依托于歌单、社区、音乐人以及个性化推荐算法和音乐生态社区，跻身音乐平台领先者之列，占据音乐平台市场一席之地。相较于其他音乐 App 而言，网易云音乐诞生的时间并不长，但是在很短的时间内就积累了超过 8 亿用户，这离不开一次次线上线下的营销刷屏。但刷屏的背后，正是它通过大数据对音乐市场的用户洞察。

一方面，网易云音乐基于用户的音乐喜好，用大数据做个性化音乐推荐。在每日推荐的上方，有这样一句话"根据你的音乐口味生成，每天 6：00 更新"。你可能会问，"它怎么知道我喜欢什么样的歌"？这便是大数据分析带来的巨大营销价值，企业可以采用数据驱动营销策略打动更多用户。网易云音乐通过分析用户的实时行为，如收藏、分享、跳过等，分析出用户行为背后实时的意图，针对用户进行短期兴趣建模，分析出用户的人物画像，再比对乐库，进行精准匹配和推荐。大数据改变了音乐产品模式，让"人找歌"变成"歌找人"。网易云音乐打造了歌单、乐评、动态、云村社区等创新功能，用数据和算法让好歌曲通过更多方式精准地"找到人"。

如今，网易云音乐已经形成一套行之有效的推歌模型，通过歌单、乐评、动态、云村社区等个性化方式精准地将内容推送给用户，不断推火新人和新歌的同时，也激活了沉睡曲库，释放了大量长尾歌曲的价值。

另一方面，网易云音乐在2016年首次推出了大数据支持下的网易云年度音乐总结，既记录了用户一年中听歌的数量、类型和时间，也记录了用户所听歌曲中出现频次最高的歌词等。这一年度总结立刻刷爆朋友圈，大大提升了网易云音乐的知名度，同时收获了大量的用户群体。年度总结为什么这么火？有趣好玩的背后，是其利用大数据挖掘，满足了用户个性化价值观和"被关注"的体验需求。它借助云时代大数据技术，记录和统计用户的行为习惯，描摹出每个人不同的生活场景和审美情趣，这种差异化催生了个人的分享欲，让网民的音乐收听行为具体可感，并促成了分享和音乐意义上的交流。

网易云音乐副总裁表示，音乐传播正全面进入大数据时代，网易云音乐希望让数据服务于内容，让好的、优质的内容拥有更好的数据表现，真正用大数据服务音乐传播。

请讨论：

在上面的例子中，网易云音乐是如何挖掘数据进行用户行为分析的？如何让大数据更好地服务于企业的品牌营销？

3. 讨论话题

（1）企业大数据分析与传统数据分析有哪些区别？两者的关系是什么？

（2）以亚马逊、淘宝网等为例，简单分析电商平台对大数据的利用，以及它们是如何向潜在消费者推送匹配信息的。

第四章　品牌传播的内容设置

导入部分

1. 学习要点
- 认识品牌传播的内容体系
- 把握传统品牌内容体系与新媒体环境下品牌内容体系的差异
- 了解品牌在搜索系统中的内容设计方法
- 掌握品牌在社交分享媒体中的内容设计方法
- 掌握适应新媒体传播的品牌话题的设计方法

2. 学习要求
结合对传统品牌内容体系的回顾与总结，了解新媒体环境下品牌内容体系的变化与特征，总体上把握新媒体环境下品牌内容的设计思路，掌握搜索系统中的品牌内容设计、分享社交媒体中的品牌内容设计以及新媒体环境中的品牌话题设计的方法和要点。

3. 关键词
品牌传播内容　　搜索型　　分享型　　话题型

4. 先导案例

中国李宁的社交媒体逆袭

2021年3月19日，国内体育品牌李宁发布2020年业绩报告。截至2020年12月31日，李宁有限公司收入上升约4.2%至144.57亿元人民币，公司权益持有人应占净利润为16.98亿元，同比上升13.3%。中国李宁——这家由"体操王子"李宁本人所创立的体育用品公司成立至今已有31年。十余年来，中国李宁从亏损企业成为"国潮之光"，靠的不只是自身的努力，也有机遇。2021年3月，"新疆棉事件"爆发，耐克、阿迪达斯、H&M等知名品牌因抵制新疆棉以及对中国劳动人员错误的认识引发了广大群众的不满，与此同时，一直以来坚持使用新疆棉的中国李宁再次走入人们的视野，"国货之光""支持李宁"等正面评价覆盖微博、抖音、微信朋友圈等社交媒体，行情渐入佳境的李宁再一次迎来了巅峰。

新媒体，尤其是社交媒体，只要品牌内容能够打动人心，就可以凭较小的投入实现较大的产出。虽然并没有详细数据可以显示中国李宁在这场舆情中是否投入了广告费，但是通过传播效果来看，品牌收效肯定远远超过了投入。许多人不仅在社交平台上主动转发正面评价，还强烈要求自己的朋友一同支持品牌。

品牌要在新媒体中实现逆袭，品牌内容与消费者形成互动是很重要的，需要找一些时事热点，或者贴近消费者生活的素材，然后通过一些辅助，比如群众的自发宣传，或者利用明星效应等来制订宣传策略，通过不同的形式和渠道把自己产品和品牌的特点表现得淋漓尽致。这样的内容，消费者自然愿意自主转发。这就是中国李宁能在 2021 年再次火起来的原因。新媒体时代，制作内容的成本应该比传播的投入更大，因为没有人愿意传播毫无价值的东西。当然，好的内容也需要配合精准的传播渠道，才能达到最佳的传播效果！

品牌传播活动从本质上讲是一种劝服性的信息传播活动。在数字传播时代，品牌传播的信息内容与传统媒体时代有着很大的差异，如何利用数字传播媒介的特点，设置有效的品牌传播内容，是本章介绍的重点。

第一节　新媒体环境中的品牌传播内容体系

尽管新媒体的发展为品牌传播的"形式"提供了无数的可能，但是品牌传播的"内容"依然是品牌与消费者沟通的重要层面。在新媒体背景下，传统的品牌传播内容体系呈现出新的特点。

一、传统的品牌传播内容体系

品牌传播是指通过广告、公关、新闻报道、销售等传播手段，提高品牌在目标受众心目中的认知度、美誉度、和谐度。作为一种信息传播行为，品牌传播的过程是将特定的信息传递给目标消费群，这里的"特定信息"，指的就是品牌传播的内容。

"现代营销学之父"菲利普·科特勒这样描述品牌："品牌是一个名称、术语、标记、符号、图案，或者是这些因素的组合，用来识别产品的制造商和销售商。它是卖方做出的不断为买方提供一系列产品的特点、利益和服务的允诺。"[①]我国学者韩光军认为："品牌是一个复合概念。它由品牌名称、品牌认知、品牌联想、品牌标志、品牌色彩、品牌包装以及商标等要素构成。"[②]对品牌的界定构成了品牌传播的主要内容：产品、品牌名称、品牌视觉识别系统、品牌理念与文化、代言人和代言物等。

1. 产品

产品是品牌传播的重要内容，毕竟消费者最终使用的是产品本身。在传统的品牌传播

---

① ［美］菲利普·科特勒等：《市场营销导论》，俞利军译，华夏出版社 2001 年版，第 212 页。
② 韩光军：《品牌策划》，经济管理出版社 1997 年版，第 1 页。

内容体系中，产品信息的传播占有非常重要的地位。产生于20世纪50年代的独特的销售主张（USP，Unique Selling Proposition）理论，就是强调寻找产品的独特卖点，并传递给消费者。

在品牌传播中，跟产品有关的内容，通常包含以下两项：

（1）产品名称。产品名称通常与品牌名称有着密切的关联，例如"蒙牛早餐奶"，这里"蒙牛"是品牌，"早餐奶"是品类，加起来就是这个产品的名称。产品名称传递给消费者的是关于品牌的具体信息，是对一类产品的具体指称，帮助消费者在品牌传播过程中顺利抓住重点。

（2）产品特性。产品特性通常指这个产品的物理特性，如功能、包装、色彩、产地等。产品特性的传播能够帮助消费者对产品本身有更加清楚的了解。例如农夫山泉的广告中强调，农夫山泉坚持在远离都市的深山密林中建立生产基地，全部生产过程在水源地完成。每一瓶农夫山泉水，都经过了漫长的运输线路，从大自然远道而来。该广告传播的是关于产品产地的内容，这也是其主要卖点。

2. 品牌名称

品牌名称是消费者对品牌印象的第一反应，是品牌传播内容的起点。现代企业通常都比较注重品牌名称的传播。首先，品牌名称通常会被赋予特殊的含义，如与产地有关、寓于情感色彩等，目的是在传播过程中引起消费者的关注，让消费者产生联想，形成记忆。例如"金利来"，能够让人产生利润滚滚而来的联想，对品牌产生好感。再如被认为是Coca-Cola翻译得最好的品牌名"可口可乐"，形象地表现了一种饮料能够给人带来的物质和精神的双重享受，在传播过程中能很好地激发消费者的好感。

其次，作为首要的品牌传播内容，品牌名称还应具有易传播性，即品牌名称应易于认知、易于口头传播，例如"999感冒灵""宝马"等。

将品牌名称传播给消费者，使其喜爱、信赖、记忆，是品牌传播内容的终极目标。品牌名称是消费者记忆品牌的重要依据，是产品同质性和一贯性的保证，同时也是品牌内容的概括和体现。所以品牌名称会以多种形式出现在品牌传播过程中。

3. 品牌视觉识别系统

品牌视觉识别系统（Visual Identity System，简称VIS），是品牌传播内容的重要组成部分，是通过标准化、规范化的形式语言和系统化的视觉符号，将企业理念、企业文化运用整体的传达系统传播给社会大众，具有突出企业个性，塑造企业形象的功能。

视觉是人们接收外部信息的最重要和最主要的通道。品牌视觉识别系统，是将品牌转化为静态的视觉识别符号，以无比丰富多样的应用形式，在最为广泛的层面上，进行最直接的传播。品牌视觉识别系统能够激发消费者的视觉感知，让消费者对品牌拥有更加直观、更加具体的形象记忆，帮助消费者有效识别品牌和产品。

品牌视觉识别系统的基本要素包括：标志、标准字、标准色彩、象征图案、组合应用和标语口号、产品包装等。品牌视觉识别系统是消费者识别不同品牌的重要视觉符号，可以有效地传达品牌的丰富内涵和个性品格。例如可口可乐的 logo 和标准红，能带给消费者充满活力和激情的感受。

产品的包装是品牌视觉识别系统中的重要内容之一，它不仅可以充分展示商品的外在魅力，使消费者产生购买欲望，而且可以体现品牌的个性，展示品牌形象，传达品牌内涵。例如绝对伏特加的酒瓶、可口可乐的曲线瓶就是经典的案例，因其高识别度，让消费者产生深刻记忆，成为其品牌传播中的重要内容。

这些内容在品牌传播过程中反复出现，加深消费者对品牌直观的视觉认知，在消费者心目中树立明确的品牌形象，让消费者能够轻松地在商品海洋中辨识出该品牌产品。

4. 品牌理念与文化

品牌理念首先是品牌核心理念，即一个品牌的利益主张，它是品牌存在的根本意义，是一个品牌的灵魂，也是品牌传播中反复用精练的话语传达给消费者的理念。一般来讲，品牌传播中的广告语（slogan）是品牌核心理念的浓缩，是一个品牌与消费者沟通时简约却不简单的表达，是品牌能够给予消费者的核心利益，力求引起消费者的共鸣和好感。

例如，王老吉的"怕上火喝王老吉"，百事可乐的"渴望无极限"，农夫山泉的"我们不生产水，我们只是大自然的搬运工"，这些广告语从感性或理性的层面，阐述了品牌的核心利益主张，在消费者心目中留下深刻印象。品牌核心理念，是品牌带给消费者的心理认同，它可以使消费者产生一种心理和情感上的归属感，不仅仅是记住品牌，而且逐渐形成品牌忠诚。对于消费者来说，品牌核心理念体现为一种选择、一种品位、一种生活方式、一种价值观念。

围绕核心理念，成功的品牌均有一套体现企业文化的理念系统，如中华老字号"同仁堂"就有一套传承了 300 多年的理念，并成为企业的精神法宝，见图 4-1。

执行、体现品牌理念的则是无数的企业员工及其行为，诸多细节与故事就构成了企业文化。而这些恰恰是品牌得以成功的保障，也自然是品牌传播的重要内容。

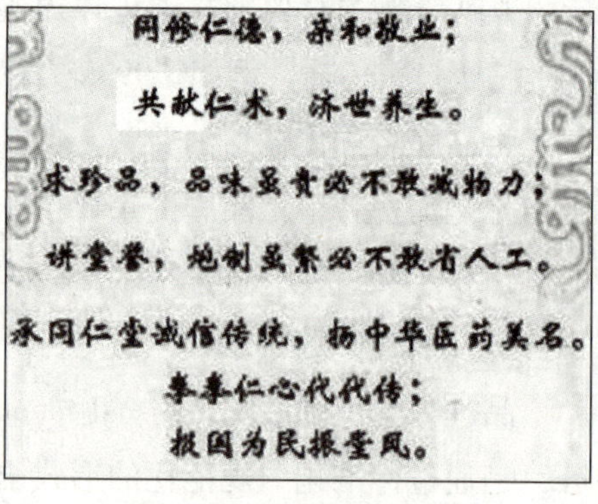

图 4-1 同仁堂的理念

5. 代言人和代言物

品牌代言人，是指代表品牌发言、传播品牌信息的个人、动物或虚拟物，是品牌所有者聘请或塑造的，能让人们通过对其形象、个性、品行的联想，对某个品牌产生美好印象的人物或形象。

为品牌代言的多为明星、专家、品牌领袖（如格力公司的董明珠）、典型消费者，也可以是品牌塑造的虚拟物，例如腾讯公司的 QQ 企鹅、麦当劳的麦当劳叔叔等。这些鲜明的形象是品牌传播的重要内容，能够帮助消费者识别品牌、增加销售数量、形成品牌个性、积淀品牌价值等。

二、新媒体环境下品牌传播内容体系的变革

在传统媒介环境下，品牌传播主要依靠传统媒体实现，是以"传"为主的一种行为。然而，新媒体给予了受众话语权，消费者不再只是被动地接受品牌内容的传播，他们也积极地参与到品牌传播的过程中来，这就使得传统的品牌传播内容体系发生了变革。

举例而言，不同于传统白酒企业大多依赖传统宣传模式和渠道模式，江小白酒业推出的"我是江小白"广告活动运用社区论坛、微博等社交媒体，结合线下的针对性传播，取得了不错的效果。

"我是江小白"

从这个案例中，我们可以明显地感觉到新媒体环境下品牌传播内容的变化。尽管品牌传播的主要内容仍然是品牌名称、产品、品牌视觉识别系统、品牌核心理念等这些元素，然而它们本身都发生了变化。

第一，品牌传播的内容从单向的、灌输性的信息转向消费者可参与的信息或话题。由于传统媒体本身的单向性，传统的品牌传播内容偏向于告诉消费者"品牌是什么"。而在新媒体环境下，互动成为媒介的主要特征，受众不再满足于被动地接受信息，而是想要参与到信息传播过程中去，参与传播内容的生成、改变，成为其中一位信息传播者。因此，新媒体环境下的品牌传播内容，逐渐变革为开放性的话题，允许、鼓励甚至是引诱消费者参与到品牌传播中来。例如上文提到的"我是江小白"的案例中，就设置了欢迎消费者参与的"遇见江小白"微博话题，而不是简单地告知消费者"江小白是什么"。

第二，品牌传播的内容不再完全掌握在品牌管理者手中，而是消费者可以参与改变的。在新媒体环境下，由于用户的可参与性，品牌管理者不再拥有对品牌传播内容的绝对控制权。例如上文提到的"我是江小白"案例，品牌管理者设置了"遇见江小白"的传播主题，但是具体内容却是由参与其中的消费者完成的，如网友以"一个人的行走范围，就是他的世界"参与语录征集活动，留言被选中印在江小白瓶身上，也成了品牌传播的内容之一。

第三，品牌传播的内容能激发消费者的主动二次传播。基于新媒体赋予的话语权，消费者越来越愿意成为传播者，而不仅仅是受传者。因此，品牌传播还应注重激发消费者的主动二次传播。例如某博主微博晒出"我是江小白"的奖品，以及消费者看到"我是江小白"在成都地铁发布的广告，把这个广告拍下来，分享给他想念的那个人，这都是消费者主动对品牌内容进行的二次传播。这种二次传播借用人际传播的渠道，在影响力上有着大

众传播不可比拟的优势。

第四，新媒体环境下的品牌传播，需要考虑对搜索引擎、博客、微博、微信、短视频等新媒体的整合使用，因此品牌传播内容必须具有方便搜索、有利于人际传播等特点。

新媒体的快速发展，为品牌传播带来了新的契机，也推动了品牌传播内容的转型。传统的推送式的品牌传播内容已经遭到消费者的厌弃，品牌传播内容逐渐转向搜索型、分享型、话题型。

第二节　搜索型品牌传播内容设置

新媒体环境下，媒介的形式越来越多。然而这么多的媒介形式并没有降低品牌传播的成本，反而增加了品牌传播的成本（这里的成本不仅包括广告的投放费用，还有广告内容的生产及管理等成本）。这是因为，媒介多了，消费者的注意力被多元化的媒介形式分散了。所以，最好的办法是让消费者主动来搜索品牌。

此外，消费者也不再愿意被动地接收信息，正如丁俊杰所指出的，"受众不再相信单一的信息来源，他们需要不断地'搜索''分享'和'比较'，从而获取自己更需要和更满意的信息"[①]。消费者出于消费信息的需要，不再只是被动且无意识接受来获得广告信息，而是主动进行搜索，且在搜索中不断比较、求证广告信息，以满足消费决策最基本信息的需求。

新媒体技术为消费者的主动搜索行为提供了渠道，谷歌、百度以及电商平台内部的搜索引擎具有强大的功能，能帮助消费者搜到他想要的信息和内容，很多消费者已然变身"搜索达人"。那么，留给品牌传播的问题就是，什么样的内容更容易被消费者搜索到？

一、设计关键词

人们在使用搜索引擎时，通常是有针对性地寻找某种东西，与通过其他方式获得的访问量相比，主动搜索带来的访问量更有价值，因为这是消费者主动地、有针对性地寻找某些东西（产品、服务或其他信息）的结果。因此，设计合适的关键词，让消费者更容易搜索到品牌，就是一个非常重要的工作。

关键词的设计并不是件容易的事情。在现代汉语中，新词语新说法层出不穷，即便是同样的说法，在不同的语境下，含义也会不同。

[①] 丁俊杰：《2008年，中国广告业的动力与动向》，《山西大学学报(哲学社会科学版)》，2008年第3期。

第二节　搜索型品牌传播内容设置

1. 选择关键词的标准

选择关键词主要有三个标准[①]：

第一，相关性。关键词的选择必须与品牌名称、品牌传播的核心理念有密切关系。同时，在挑选关键词时，应该将眼光放得长远一些，考虑到品牌未来的发展趋向。对于这些关键词，要思考它们不同的表述方法，以满足不同消费者的不同搜索习惯。

第二，预估搜索量。对于某些关键词，即便能够使其在搜索结果中排名第一，也不会为品牌带来太多的关注，因为这取决于有多少人会搜索这些关键词。因此，挑选合适的关键词，首先需要知道大概多少人会通过搜索引擎搜索这些词。

第三，排名难度。对于任何一个关键词来说，在搜索引擎中都会有成千上万的网页争夺排名，而首页的位置非常有限。这就意味着，选择一些所谓的"热词"作为关键词，可能面临排名无法靠前的命运。

挑选关键词时，需要在这三个因素之间进行权衡，而不能只看某一方面。例如，挑选具有非常高搜索量的关键词，但是由于排名难度过大而无法竞争上靠前的页面，就没有任何意义。同样，如果挑选难度很低，竞争不那么激烈的关键词，但是每个月只有数量非常有限的人搜索这个词的话，那它也不会带来太多流量。

2. 选择关键词的方法

品牌传播中选择关键词，首先要将与品牌相关的一些词语全部列出来，比如品牌名、产品特点、品牌核心理念等，然后判断各关键词的预估搜索量和竞争激烈程度。

在整理出候选的关键词后，还需要考虑消费者对品牌和产品的了解程度。如果消费者已经对品牌很熟知，那么他通过搜索引擎直接搜索该品牌的可能性就很高。但是如果消费者对品牌并不熟知，那么他可能是搜索一些类别词语，比如"室内装修"，这时品牌传播需要考虑的是如何在"室内装修"的搜索结果中排在前列。更多的时候，品牌传播需要站在消费者的角度，考虑消费者的搜索习惯，尽量选择消费者经常搜索的词语作为关键词。

要想设置精准的关键词，需要依靠经验的积累，一般来讲，开展下面这些工作，可以帮助品牌找到更适合的关键词：

一是研究不同媒体对不同新闻的报道习惯；二是研究不同领域消费者的语言习惯；三是从长期的报告中找规律；四是制作关键词案例数据库，便于工作交接、头脑风暴；五是时刻具备应对突发事件的意识。

最后一点是最难的一点，做到这点需要品牌管理者对很多潜在的以及流行的事件进行关注，去揣摩消费者的用词趋势。上述方法可以帮助品牌管理者寻找"热词"或者消费者的习惯用语，以帮助品牌的关键词更容易被搜索到。

---

① ［美］哈里根、沙哈：《网络营销 3.0：Google，社会化媒体和博客引爆的集客式营销》，侯德杰译，人民邮电出版社 2011 年版，第 53 页。

二、提升品牌关键词的搜索指数

品牌传播中，如何设置关键词很重要，同时，如何使关键词更容易被搜索到同样非常重要。下面我们以品牌关键词如何提高"百度指数"为例来解析如何使关键词更容易被搜到。

百度指数是指网民在某个时间段在百度对某个关键词的搜索次数。百度指数是当前最重要的统计分析平台之一，拥有趋势研究、需求图谱、人群画像等功能，可基于行业的整体趋势、地域分布、人群属性、搜索时间特征等进行分析。百度指数自发布之日起便成为众多企业营销决策的重要依据。

企业首先需要开通一个百度指数会员。以前这个会员是免费的，但是从 2014 年 5 月 14 日开始，百度指数会员针对创建新词开启收费服务，加词后，指数为该词提供 1 年的数据计算服务。当开通了新词服务后，企业就要对品牌关键词做宣传。百度指数是基于百度网站在某个时间段对某个关键词搜索的次数而形成的，也就是说任何搜索都会被百度所记录，所以百度指数也存在一定可作假的空间，例如人为安排的搜索行为。

一般来说，增加百度指数有四种方法：

一是新闻发布。发布一些促销或者事件类的新闻增加品牌词的曝光率和用户的搜索量，新闻类品牌词的曝光率相对来说比较大。

二是口碑传播。通过解决用户的提问并留下品牌词引导用户搜索。

三是信息推广。在各大平台做长尾关键词排名，带上品牌关键词，当用户在搜长尾词的时候看见了这个品牌关键词，如果想对品牌深入了解，就会开始搜索行为。

四是发布网盟广告。网盟广告不限于百度，其他广告联盟也可使用，通常以图片的形式来展示，增加对品牌用户的影响。这样，当用户有需要时就可以想到并搜索该品牌的关键词。

第三节 分享型品牌传播内容设置

新媒体环境下，人们已经不满足于被动地接受信息。搜索可以满足消费者主动获取信息的需求，而分享则是消费者在新媒体环境下另一个做得最多的动作。看到好玩的、喜欢的、感动的信息等，消费者习惯于通过微博、朋友圈等社交媒体进行分享。而对于品牌传播来说，这无异于免费的传播机会，而且消费者主动分享的信息更容易被点击和信任。

新媒体让人们陷入信息的海洋，分享则使传播效果大大提升。如果一篇与品牌传播有关的内容最开始有 1 万人阅读了，而其中有 1 000 人分享了，每个人分享的都有 100 人阅读，那么这个阅读量就达到了 10 万人，品牌传播的效果就放大了 10 倍。假如这 10 万人继

第三节　分享型品牌传播内容设置

续分享，这个效果将会呈几何倍数增长。这就是分享传播的病毒效应。

然而，不是每一个品牌传播的内容都能抓住人们的眼球，让他们心甘情愿地分享并成为主动的传播者。那么究竟什么样的内容才能引发分享，快速传播呢？宾夕法尼亚大学沃顿商学院市场营销学教授乔纳·伯杰（Jonah Berger）开设了一门课程，专门和学生探讨这个问题，该课程广受欢迎和好评，于是伯杰把其主要思想精华结集成书出版。在《疯传：让你的产品、思想、行为像病毒一样入侵》一书中，他提出了感染力6原则，即社交货币（Social Currency）、诱因（Triggers）、情绪（Emotions）、公共性（Public）、实用价值（Practical Value）、故事（Stories）。结合伯杰的观点，品牌传播的内容设置要引发消费者的分享传播，有如下几种方法。

一、设置专业性的内容

人们对于与自己专业相关的知识通常会有比较浓厚的兴趣和分享传播的意愿，因为这既可以增加自己的知识，也可以在与他人交流时显得自己更加专业。对于与自己专业不相关的其他专业知识，人们也会有好奇心，希望了解基本情况，让自己在与他人交流时显得更为博学。

如图4-2是一条健康知识科普，因其内容具有医学专业性，且以动画的形式表达，生动形象，能够激起人们分享的欲望。同时，这种分享行为能够为消费者带来存在感和满足感，既让朋友圈的朋友们看到自己很活跃，同时又让朋友们感觉自己是一个有专业追求或者专业水平比较高的人士，一举多得，何乐而不为。

设置专业性的内容，引发消费者对这类品牌传播内容的转发和分享，需要注意的是内容标题要显得专业且具有吸引力，如图4-3中，"实用office技巧，你肯定会用到其中一条！"的标题，就比较容易引起消费者的注意。另外，分享的具体内容，在行文上则应该深入浅出、通俗易懂，这样才有利于激发消费者的阅读欲望和分享欲望。

图4-2　微信朋友圈关于健康科普知识的分享链接

二、设置有价值的内容

越具有实用性和高价值的信息，越容易让消费者有在社交媒体上分享的欲望。没有实用价值的内容，消费者甚至看都不愿意看，更别说转发和分享了。人与人之间本来就有相互帮助的倾向，只要品牌传播的内容能够给消费者节省时间或者钱财，帮助他们个人提升，消费者就会大力帮助品牌传播。因此，品牌管理者应该首先搞清楚什么样的内容会让自己的消费者觉得有价值。

有价值就意味着要能对自己或他人有帮助。一是能够为消费者带来方便的内容，例如旅游攻略、什么样的防晒霜最好用等。这种内容就是典型的实用型内容，不仅读者需要，他（她）的朋友圈、同事圈、亲人圈也会需要这些内容，这就促成了分享行为。比如将要进入冬季时，那些冬季疾病预防大全、冬季注意事项之类的信息都是很有价值的，所以消费者乐于分享。

二是能够为消费者带来实惠的内容，例如打折信息、免费获取门票的信息等。如图4-4所示的湖北省消费券的发放信息，将优惠信息在传播中突出强调，很容易引发消费者在社交媒体上大量分享和快速传播，因为这种信息对消费者来说具有实用价值。

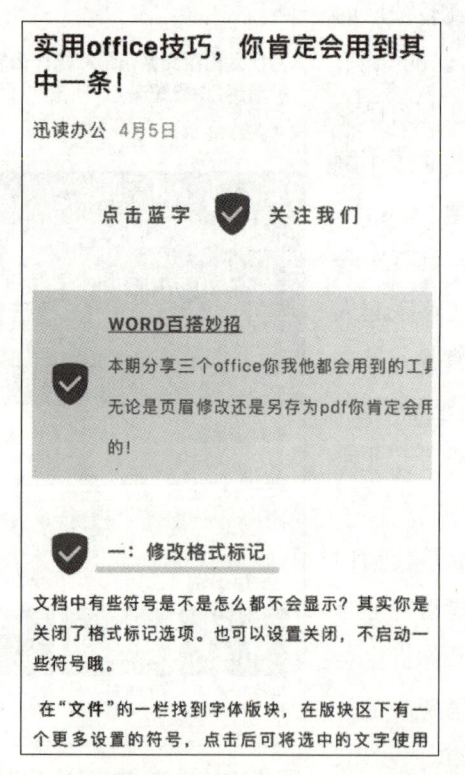

图4-3　微信朋友圈关于office技巧的分享链接　　图4-4　湖北省消费券的发放信息

三、设置激发情感的内容

消费者的分享行为本身就带有一定的情感因素，例如喜爱或心动等。品牌传播内容如果能够激发消费者深层次的情感共鸣，就更容易促使他们分享品牌传播内容。能够激起消费者情感反应的内容绝对要比对消费者情绪毫无影响的内容受欢迎，能够带来快乐情绪的内容又要比带来悲伤情绪的内容表现好，但如果激起用户的负面情绪足够激烈，比如非常愤怒和恐慌，它们被分享的概率会更高，当然，此类内容设置要非常谨慎，避免引起负面效果。

需要注意的是，有些激发情感的内容会增加人们的分享欲望，但是有些激发情绪的内容却会破坏人们的分享欲望。所以我们需要从中选择那些能激励人们积极分享的内容进行传播。

2021年4月8日，经过12个月的"战疫"，武汉迎来了"解封"一周年的纪念日，回首这一年，面对新冠肺炎疫情，武汉和全国各省携手共进，在抗击疫情的过程中，涌现了多少英雄人物，又有多少感人的故事在世界各地传颂。4月12日，外交部向全球发布视频《武汉，重出江湖》。视频从自然环境、人文教育、高新科技、核心产业、文化美食五个维度解读了W、U、H、A、N这几个字母，瞬间风靡微信群、朋友圈和微博，阅读量和分享率直线上升。看过这个视频的人都感觉自豪的心情油然而生，随手分享更成为必然之举。

四、设置独特新颖的内容

独特新颖的内容，总是容易得到消费者的关注，新闻和热点事件往往能够引发关注和激发分享欲。在社交媒体上，某人如果能够优先掌握很多独特新颖的信息，并分享相关内容，将会轻易获得成千上万人的关注，这通常能够给人极大的心理满足。简单地说，人们希望自己在朋友眼中"时尚、前瞻、有内涵、有趣"，因此品牌传播的内容要能迎合人们向身边朋友炫耀的需要，构建出他们渴望的形象，让消费者愿意跟品牌站在一起。

这种能够给消费者带来良好自我感觉的品牌传播内容，用一个名词来形容就叫作"社交货币"。社交货币的观点认为，个人在微博和微信上讨论的东西代表和定义着他自己，所以消费者倾向于分享和讨论那些使自己自我感觉良好的内容，例如某个最新鲜的资讯，某种看起来很酷的技巧等。因此品牌传播应该设置一些独特新颖的内容，让消费者将其作为谈资，满足他们争当"消息灵通的知情者"的需求，然后他们就会兴奋而主动地将内容分享给其他人。

2021年6月，华为公司的新品发布会正式召开，其毫无悬念地再一次成为热门话题之一。作为全球领先的信息与通信技术解决方案供应商，发布会的重头戏——"鸿蒙"操作系统也引起人们强烈的关注。就在发布会的4天前，微信朋友圈中一篇名为《鸿蒙，真的来了》的文章，迅速产生了10万+的阅读量。正如前面所说，人们希望自己在朋友眼中是"时尚、前瞻、有内涵、有趣"的，所以当消费者在朋友圈中分享这篇文章后，期待他的朋友会因为看到这篇文章把他和一个对最新技术潮流充满兴趣的前卫人士形象挂钩，消费者可以通过分享这个行为来提升自己在朋友圈中的个人形象。

五、设置有争议性的内容

有争议性的内容往往能获得关注，因为每个人的观点可能都不一样。消费者通过分享具有争议性的内容来表达自己的观点，既希望更多的人参与讨论，也希望获得更多支持自己观点的人的关注。因此在品牌传播内容中，可以设置一些具有争议性的话题，或者事实本身就是模糊不清的话题来吸引消费者关注、发表观点，并最终分享。

有争议性的内容还有另一层含义，就是大部分人不敢说出来或不知道该怎么说的内容。再看看微博上，很多"毒舌"博主很受欢迎，他们的内容分享扩散量往往比较有保证，究其原因，就在于他们替很多人说出了心里话，而且用语非常精辟。消费者本来苦于不知道怎么表达，而看完他们的吐槽，心里只能用一个字来形容，那就是：爽！在这种心理作用下，消费者会非常愿意转发分享相关信息。不过对于这种类型的品牌传播内容，在设置的时候一定要慎重，否则可能词不达意，反而陷入舆论的旋涡。

六、设置故事

有故事性的内容通常会受到消费者的喜爱。故事讲得越好，越能激发消费者的兴趣，分享率也就越高。故事比单纯的理论更具有真实性，更能打动人，并引发消费者的情感波动和好奇心。用有意思的故事，注入品牌传播内容，让消费者在津津乐道故事的同时，也不断传播品牌的信息。

比如，可口可乐曾煞有介事地宣布，可口可乐之所以风味独特，是因为其中含有一种"7X"的特殊物质，而其秘密配方，据说收藏在世界某地一家信用极佳的银行里，全世界只有 7 个人知道这家银行的地址，他们中有 5 位持有存配方的保险柜的钥匙，另 2 位知道密码。必须把 5 把钥匙同时转动，并对准密码才能开启保险柜。而这个被打造成"商业秘密"的营销故事在全世界得到大量的宣传和讨论，结果就是故事在被不断分享过后，可口可乐又一次获得了大量关注。

2017 年，滴滴出行发布了微电影广告作品《城市摆渡人》，讲述了一位老年妇女在寒冬街头寻找药店，一位滴滴司机发现此景后全程护送的温情小故事。当时，该作品通过叙事镜头引发了广大群众的共情。用"讲故事"的方式去传播品牌内容为广大消费者喜闻乐见，因而也就行之有效。

什么样的品牌传播内容会让消费者感兴趣？这必须以"共情"思维，站在消费者的角度思考。除了根据以上六个方面有意识地设置品牌传播内容之外，以下一些内容也是消费者愿意阅读并分享的信息：（1）分享经历。分享型的品牌内容传播，一定要包含经历，经历是最强有力的事实证明，它让品牌传播更具可信度，有利于激发消费者的分享欲。(2) 分享经验。经验通常是亲身经历后获得的感悟，分享经验，可以给人以帮助，增强消费者的好感度。(3) 分享生活。每一个人的生活在其他人眼里都是不一样的，分享生活中遇到的各种各样的事，可以激起消费者交流的欲望。(4) 分享成功。让他人也能感受到成功的喜悦和兴奋，更加有利于品牌内容的传播。(5) 分享失败。人们常说失败是成功之母，分享失败，让别人从失败中总结经验教训，让消费者在其中学习经验，激发消费者的好感。

第四节　话题型品牌传播内容设置

"话题营销"是近年来营销界比较流行的方法。话题营销主要是基于公众感兴趣或潜在的热点话题，运用媒体的力量进行话题的引爆、炒作和扩散，让广告主的产品或服务成为消费者谈论的话题，依托话题实现企业知名度和美誉度的提升，以达到营销的目的。

新媒体环境下，品牌传播可以采用话题营销的方式，从内容的角度来说，主要是设置具有话题性的品牌传播内容。既然传播内容与"话题"密切相关，那么这类传播内容的设置就必须具有"话题"的特性。

一、从热点新闻中发掘品牌传播"话题"内容

热点新闻事件通常是公众关注较多的，也是公众在某一时间段的兴趣点。品牌传播的"话题"内容与这些热点新闻事件相关，通常能够引起消费者的关注，引爆话题。

2019年，在台湾的一档政论节目中，主持人黄世聪评论称最近大陆居民连榨菜都吃不起了，所以涪陵榨菜的股价下跌了。他还在节目中错把"涪陵"的"涪（fú）"读成了"péi"。这段视频传出后，迅速登上了微博热搜。当事件发展到白热化阶段，涪陵榨菜站出来表态，称："感谢您以幽默、诙谐、自嘲的方式教授了汉语'涪'的读音，我们吃得起，也能让节目组人人吃得上。再次对您为中国千年榨菜文化的普及、汉语言文化的推广做出的贡献表示感谢！"并晒出寄往该节目组的快递截图。

台湾"名嘴"评大陆人吃不起榨菜，在当时本身是一个热点话题，如此"槽点"使很多人都有一吐为快的期待。而"涪陵榨菜的回应"话题在这个关键的时刻被抛出，既满足了大家对热点新闻的关注，又通过吸引受众参与话题淡化了等待的焦躁，同时又给予了受众吐槽的平台，当然更关键的是品牌及产品的有效植入，不但与热点事件密切相关，而且将产品特性展现得淋漓尽致，可谓一举多得。这样的话题内容自然会引发消费者的大量跟帖、评论和转发，带来品牌传播的狂欢。

二、借助已有"话题"传播品牌内容

如果在媒体上,特别是新媒体上,某个话题已被引爆,成为大众关注的热点,这时将品牌传播内容与其关联,通常能够借助已有话题的强劲传播力带动消费者对本品牌的关注。

2020年,中国宣布部分城市率先开放"夜经济",鼓励灵活就业,允许合理设定无固定经营场所摊贩管理模式。事件一出即上热搜,可让人想不到的是,在新风口上,率先出现在人们眼前的不是地摊,而是打着"人民需要什么,五菱就造什么"的五菱汽车。五菱在旗下的微信公众号这么写道:地摊经济的正规主力军,打开就能卖货,小本创业好选择(见图4-5)。同时,多家行业也围绕该热点开展了宣传活动。

借助已有"话题"来进行品牌传播,关键点在于要让自己的品牌与"话题"有关联性。例如图4-6案例中,腾讯在传播内容上也选择了使自己的品牌与"夜经济"积极互动的方式。这样贴切的传播内容,能够激发消费者极大的兴趣,引发关注、跟帖和分享。

类似的案例还有2021年,随着电视剧《三十而已》、综艺《乘风破浪的姐姐》《听见她说》等节目的热播,女性话题一时成了社会热点,太太药业旗下静心品牌,在母亲节发起了"了不起的我"品牌活动。静心邀请了4位来自不同领域的优秀女性代表,在抖音产出了一系列内容,其为女性发声的主题吸引了广大用户积极参与创作,用各种方式反击对女性的偏见,展现女性魅力。

图4-5 五菱专用车与"夜经济"话题

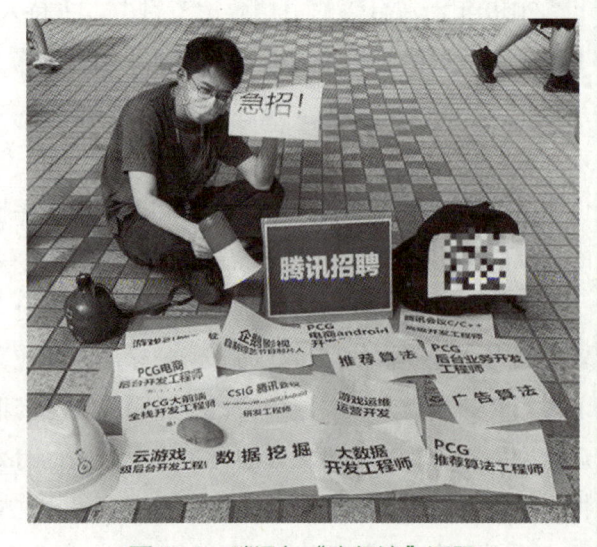

图4-6 腾讯与"夜经济"话题

三、与品牌营销活动相配合制造"话题"

与品牌的营销活动相配合，制造"话题"，能够使品牌营销和传播获得"双赢"。

"杨超越全网找人"是与品牌营销活动配合制造"话题"的一个成功案例。2020年12月1日杨超越在微博上晒出唯品会的订单截图（见图4-7），并声称要开始寻找唯品会的3亿会员，她的这一举动立刻迎来了诸多微博大V的积极转发，慢慢地，广东公共电视台的《DV现场》、重庆电视台的《大城小事》等节目，以及杨超越的粉丝和普通用户也参与其中，很快便掀起了一阵全民参与的热潮。这一由唯品会策划的微博话题最终收揽了24.1万次的讨论以及6亿的阅读量。"杨超越全网找人"的话题传播，与唯品会的营销相结合，加深了用户对品牌的印象。

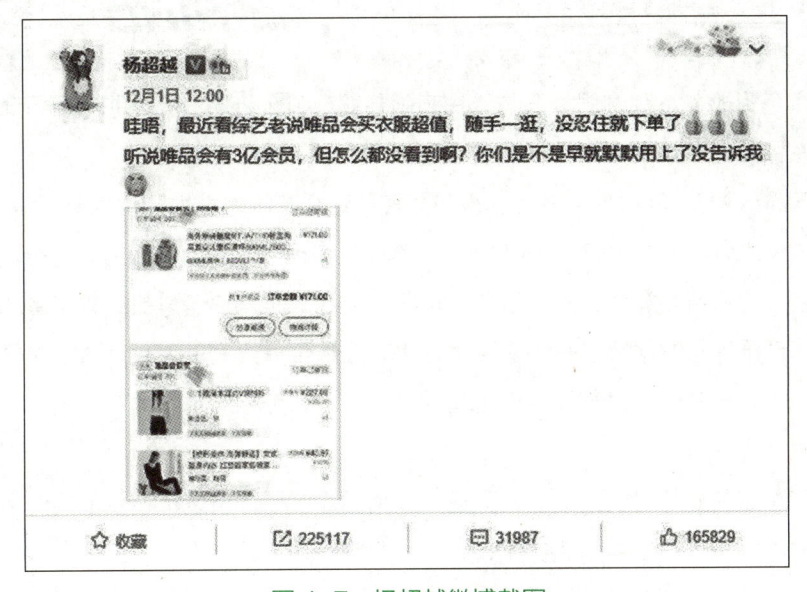

图4-7 杨超越微博截图

话题型的品牌传播内容设置，其关键点在于设置或关联一个具有传播性的话题，从而引起消费者的兴趣，吸引消费者关注、参与。话题的形式可以是多样的，幽默、适度恶搞、引发争议等，都是可以的。话题型的品牌传播内容，能够引发消费者的讨论，继而使其对品牌及其产品给予更多关注。

实践部分

1. 复习思考题
   - 传统的品牌内容体系包括哪些要素？
   - 新媒体环境下品牌内容体系的变化体现在哪里？

□ 品牌关键词如何设置才能提升在搜索中的曝光率？
□ 品牌如何撬动消费者的分享欲望？
□ 品牌话题如何借势？

2. 案例讨论

"李宁"是"体操王子"李宁先生于 1990 年创立的体育用品公司。自 2015 年开始。李宁开始紧随互联网发展的大趋势，把握住新媒体时代的机遇进行品牌转型，如今已通过跨界共创、社交媒体营销等方式，成功转型成为国产体育品牌中的典型代表。

"中国李宁"是李宁的一个支线品牌（见图 4-8）。2018 年"中国李宁"登上纽约和巴黎两场时装周，更多地将"国潮"元素融入品牌理念和设计中。"中国李宁"的出现是对消费时代下消费结构变化的顺应。在此之前，李宁签下《中国有嘻哈》冠军 GAI 并与之共同推出联名球鞋，与品牌 Neil Barrett 推出的联名运动鞋亮相米兰时装周，和汰渍联名发布"本色不改"系列潮服，还与人民日报新媒体、老牌汽车品牌红旗等展开合作，实现双赢。

图 4-8　李宁和中国李宁的 logo 标志

随着"三微一端"（以微博、微信、微视频和移动客户端为主力阵营的新型信息传播载体）展现出前所未有的舆论影响力和文化创造力，"李宁"开通了新浪微博账号，充分利用节气或节日、时事热点、行业新闻等话题发布微博，与网友互动。此外它还与品牌有关系的管理层、代言人、签约运动员等官方微博账号积极互动，实现品牌传播效果最大化。李宁在微信平台上开通了微信公众号，还开通了"查找附近店铺"的功能，它可实现用户的精准地理定位，为用户提供实时精准化服务。

李宁品牌紧跟新媒体时代的潮流，并逐渐开拓国际市场，用焕然一新的品牌面貌和产品设计接受年轻市场的考验，带动了国潮的发展。

请讨论：

李宁在品牌理念和品牌传播上是如何适应新媒体传播环境的。

3. 讨论话题

（1）新媒体背景下，品牌内容发生了什么变化？

（2）新媒体背景下，品牌如何适应互联网思维？

第五章　自媒体建设与运营

导入部分

1. **学习要点**
   - 企业自媒体的几种重要媒体平台
   - 企业自媒体传播与传统媒体传播的区别
   - "品牌接触点"的概念及其内涵
   - 企业员工自媒体对于企业传播的重要作用
   - 企业自媒体传播的运营与管理对策

2. **学习要求**

   掌握企业自媒体的概念与几种主要的企业自媒体平台，以及这些企业自媒体平台的不同作用；掌握"品牌接触点"的概念，以及企业自媒体作为重要的品牌接触点的作用；掌握员工自媒体对于企业传播的作用；掌握企业自媒体传播的运营与管理方法。

3. **关键词**

   企业自媒体　品牌接触点　员工自媒体　关系利益人

4. **先导案例**

   床褥公司的招聘广告

   丝涟床褥公司（Sealy）旗下的Sleepy's品牌，从来没有投入大量的推广预算去传播自己床褥的特色，更不要说请明星、名人当他们的品牌大使。他们的营销部想了一个活动，决定让普罗大众做他们的"品牌代言人"。他们在自己官方网站的一般招聘页面和Facebook的Sleepy's主页上刊登了一个广告，聘请"打盹儿总监"（Snooze Director）。这是一个兼职工作，时薪10美元，申请人必须在白天随时随地都能沉睡，而且要在自己的博客、Twitter和Facebook上发表自己的睡觉感受以及Sleepy's床褥带给他的感觉。

   很明显，很多人都觉得自己是适合的人选，有舒适的床褥，还可以拿工资，这份工作太好了。对品牌而言，少量的花费就能打造社交媒体热点，引发口碑传播也十分划算。这个特别的点子，得到了大量的转发和媒体关注，很多公司纷纷效法。

   如上案例可以看出丝涟床褥公司早在近10年前就已经不再局限于通过传统的大众媒体去传播企业的信息与广告了，而是通过自有的官方网站去传播企业想要传播的信息，并在此基础上借助普通大众的博客、Twitter 和 Facebook 等平台进行二次传播。这样做花费很少，传播的广度与深度却远远超过了传统的大众媒体。那么，企业自有的官方网站、短视频平台的官方账号、官方微博等自媒体平台，为企业的发展带来了哪些利好呢？这些自媒体平台上的广告与传统媒体上的广告又有何区别呢？

第一节　企业自媒体建设

一、企业自媒体的内涵

2003 年 7 月由谢因·波曼（Shayne Bowman）和克里斯·威利斯（Chris Willis）联合提出的"自媒体（We Media）"研究报告《自媒体：草根新闻，源于大众，为了大众》认为："We Media 是普通大众经由数字科技强化、与全球知识体系相连之后，一种开始理解普通大众如何提供与分享他们本身的事实、他们本身的新闻的途径。"[1] 而另一位学者丹·吉尔摩（Dan Gillmor）则认为"We Media"是指以博客为代表的个人媒体。戴尔·帕斯金（Dale Peskin）和安德鲁·纳金森（Andrew Nachison）也在《崛起的媒体重构全球社会》一文中对"We Media"这一概念做出解释，他们认为："'We Media'是一种将超越机构对新闻和信息控制力的力量。"[2]

在此概念的基础上，企业通过自有的官网、微博、微信、官方短视频账号等平台发布信息，这些企业的自有媒体平台应该如何界定呢？企业自有的媒体是否应该被列入"自媒体"的行列？不同学者有不同的看法。有学者指出企业的自有媒体应视为"他媒体"，是站在企业官方立场对所报道的信息进行选择、过滤、把关、引导的大众传播媒体，是相对于个体的"自媒体"的一个概念。但莫维斯（Mirvis）等人于 2006 年提出了企业公民理论，该理论把企业看成社会的一部分，认为企业同个体公民一样，既拥有社会公民权益，也承担对社会的责任。从这个角度来看，企业也是"普通大众"的一员。传统时期的企业依靠大众媒体发布各种信息，现代企业则自主掌控和运用发声平台，随时随地用文字、声音或图像在互联网上传播信息，传播方式已经发生"质"的转变，完全符合"自媒体"的传播特征。因此企业的各种官方媒体也应纳入"自媒体"的行列，其广义上包括：品牌官方网站、官方微博、官方短视频账号、品牌管理者微博、企业部门微博、官方微信、企业报、企业杂志、企业宣传册、企业宣传片、企业终端、企业网上商城或官方旗舰店、品牌互动

---

[1] Shayne Bowman, Chris Willis, "We Media: How Audiences Are Shaping the Future of News and Information", The Media Center at The American Press Institute, 2003, pp.7—60.

[2] Peskin D., Nachison A., "Emerging Media Reshape Global Society", *Global Issues Media Emerging* eJournal, The Bureau of International Information Programs of the US Department of State, 2006, pp.4—7.

平台等多种媒体形态的信息传播载体。

日本电通公司将企业自身拥有的网络平台资源，比如企业官网、企业博客、官方 App 等媒介平台称为"企业自有数字媒体"。很多学者在研究的过程中，直接把企业自有数字媒体简称为"企业自媒体"，如朱平豆的《数字时代的企业"自媒体平台"》、陆垂莲的《论如何办好企业自媒体》与《企业自媒体策划初探》、杨扬的《电网企业"自媒体"平台传播现状分析与品牌建设思路研究》、陈万里的《"多中心治理"的企业现代网络自媒体管理模式探讨》等。2014 年 7 月 18 日，由南方报业传媒集团和中山大学联合主办的"2014 中国企业自媒体峰会"在广州召开。峰会揭晓了中国企业自媒体 TOP 500 榜，并发布了《2014 中国企业自媒体发展蓝皮书》和首个企业自媒体整合运营解决方案——发现@WE 平台。截至 2021 年 3 月，知网上检索主题"企业自媒体"，共有相关论文 268 篇，其中 212 篇发表于 2015 年之后。可见，"企业自媒体"的概念已经逐渐被学界与业界认可。

二、企业自媒体的功能

我们首先需明确的是，企业自媒体是品牌传播体系中重要的品牌接触点。"接触点"的概念是由纳维亚航空公司的前任董事长杰·科尔森提出的。他管理这家公司的时候，意识到公司和消费者的某些互动（接触点）对于消费者下次是否继续选择本航空公司有很大的影响。他把这些接触点叫作"真理之时"，包括航班准时起飞和降落，公司员工细心的行李搬运、与消费者的友好互动等。他还发现这些接触点所传达的信息远比公司在其他的营销传播中传达的信息有力。换句话说，主要的品牌接触点乃是决定消费者品牌印象好坏的关键。

整合营销传播理论的创始人唐·舒尔茨教授多次在公开演讲中表示，营销者应为企业找到目标消费者与品牌接触的接触点，并针对不同的接触点提供有效信息。[①] 按照舒尔茨等人的定义，凡是能够将品牌、产品类别和任何与市场有关的信息等资讯传输给消费者或潜在消费者的"过程与经验"，都可称为接触。品牌接触点是消费者可以接触到企业产品和品牌信息的任何时空点，包括商品的陈列、促销、广告，企业或产品的新闻，生活圈的口碑相传，企业员工等。也就是说，品牌的传播运作并不仅仅是一种战略层面的观念，更多的是具体的、能与每一位消费者相遇的品牌接触点。在整合营销传播观念的基础上，奥美又提出"360 度品牌管理"，强调在品牌与消费者的每一个接触点上实行传播管理。全球最大的单体广告公司——日本电通公司提出了接触点管理（Contact Point Management，CPM）的一整套方法，用来应对日趋复杂的品牌传播管理的现实。以有效的方式甄别不同的接触点并科学地加以管理，这是接触点管理理论的核心，也是近年来整合营销传播理论一直强

---

① ［美］唐·舒尔茨、海蒂·舒尔茨：《论品牌》，高增安、赵红译，人民邮电出版社 2005 年版，第 172 页。

调的内容。

任何品牌接触点都可能影响消费者对品牌的认知。对于企业而言，面对碎片化的众多媒介，它们无法对所有的沟通环节平均用力，只能尽量合理优化配置媒体参与平台，把那些会对品牌产生重要影响的地方作为管理的重点。在媒介泛滥的时代，哪些媒介才是最有效的"品牌接触点"呢？

随着网络经济的不断发展，原有的 AIDMA（Attention 注意、Interest 兴趣、Desire 欲望、Memory 记忆、Action 行动）消费者行为模式已经被 AISAS（Attention 注意、Interest 兴趣、Search 搜索、Action 行动、Share 分享）消费者行为模式取代。如今，消费者行为研究越来越多地集中在消费者在注意商品并产生兴趣之后的信息搜索（search）以及产生购买行动之后的信息分享（share）两个重要环节上。也就是说，如今消费者走近品牌商品最便捷的方式，不是去品牌总部，也不是直接购买，而是依凭一定的媒介进行搜索，从而实现与品牌的接触。消费者的意见与抱怨，亦不需要与企业直接联系，通过网络媒体直接进行分享就行了。

邓肯在《品牌至尊：利用整合营销创造终极价值》一书中指出，品牌接触点是指顾客有机会面对一个品牌讯息的情境，此接触点是品牌信息的来源，若非人为的，就是自发的。人为的品牌接触点是指大部分经过设计的信息，诸如广告、促销等对外发布的信息。自发的品牌接触点则是指顾客因购买产品或服务等过程中自动生成的情境，举凡大部分的产品（如功能、外表等）、价格、设计以及销售场所提供的服务都包括其中。[①] 与传统媒体相比，这些企业自媒体是消费者"自发性"的"品牌接触点"。一般消费者愿意关注一个企业的网站、微博、微信，多是基于对品牌广告、品牌活动、品牌新闻等企业行为产生了兴趣，想要深入认识了解品牌而进行的搜索行为。同时，由于消费者的信息搜索和信息分享等互动行为使得企业的营销效果和品牌影响力呈现放大趋势，从而使更多潜在消费者在实际消费者的关注、分享下转化为未来的实际消费者。此时，企业的各种自媒体，自然而然地成为最有效的品牌信息接触点与聚合点。品牌接触点概念的提出，为品牌信息如何通过更有效的传播渗透到消费者的心灵之中开辟了一个新的角度，而这一角度是从"传-受"双方着眼的，是双方均期许的信息相交点，也是品牌传播研究者所需关注的切入口。

很多小企业资金实力不足，不能像有实力的大企业那样通过传统的大众媒介做广告，以至于产品在市场上的推广范围有限。而网络媒体平台的出现，尤其是企业自媒体的出现转变了这一困境。越来越多的企业在品牌宣传投放时不再仅仅依赖以"围攻轰炸"为特色的传统媒体，而是开始更多地采用具有"互动""精准""定向"等特征的数字新媒体。事

[①] ［美］邓肯、莫里亚蒂：《品牌至尊：利用整合营销创造终极价值》，廖宜怡译，华夏出版社2000年版，第83—89页。

实也证明，自媒体的发展确实为现代企业的发展带来了不少惊喜。具体来说，企业自媒体的功能主要有以下几点。

1. 低价高效的品牌推广

利用先进的技术手段，企业自媒体可以实现图片、动画、文字和声音等形式的有效组合，使信息翔实生动地呈现出来，其内容不仅可以包括产品和价格信息，也可以包括相关的知识和文化信息，并且可以抛开时间、空间、地域、国别的限制，减少市场壁垒，排除市场扩展障碍，24小时不间断地、接近零成本地向消费者提供信息，且信息容量大大地超过传统媒体。这些优点都是传统的传播方式很难做到的。如2019年7月，雅诗兰黛以代言人杨幂的身份在用户的微信朋友圈里投放了一条广告。这条朋友圈中杨幂脸颊上挂着泪珠，并配以"给幂幂擦眼泪"的文字，用户可以通过滑动屏幕来帮助杨幂擦干面部的泪痕，这种互动形式最终收获的点击率高达行业均值的13倍，点赞评论率高出行业均值3倍，甚至有用户表示"一不小心就给幂幂擦了二十遍眼泪"。

企业建立自媒体只要申请一个账号或建立一个网页即可，相对于传统的宣传模式，企业自媒体宣传变得更加灵活。数字技术的发展，使企业品牌传播的可控性不断加强。利用自媒体，企业可以将大量的品牌及产品信息放到网上，使企业拥有一个属于自己的品牌家园，更好地进行品牌推广。客户也可以利用企业自媒体随时随地根据自己需求有选择性地了解企业的各种信息，这可以增进客户对企业的了解。自媒体成为企业对外宣传品牌形象的新原点。

2. 高效的客户关系管理

传统客户关系管理项目投入费用高、系统庞杂、实施周期长，因此客户关系管理在不少人的意识中成为"奢侈品"，人们普遍认为只有实力强大、资金雄厚的大企业才能实施客户关系管理。广大中小企业由于普遍存在资金匮乏、管理水平不足、技术人才缺乏、内部业务流程不规范等问题，难以承受客户关系管理高昂的成本，以及系统运行、维护和升级所需要投入的大量人力物力。企业自媒体的出现，成功地逆转了这一局面。

企业自媒体的各种优点使其成为一种最方便、最有效的与客户沟通的方式，根本不用担心时间、空间、客户数量等问题，这样既节约了客户的货币成本、时间和体力成本，也从根本上提高了客户的满意度，为企业与客户建立亲密的品牌关系提供了有效的保障。企业可以通过自媒体在了解客户的需求的同时了解市场、细分市场和锁定市场，最大限度降低营销费用，提高对市场的反应速度。

通过全球消费者行为分析工具Touchpoints，人们发现：相比传统的"付费媒体为中心"的方式，采用将用户体验作为品牌营销核心的"自有媒体优先"方式能引发更多的消费者互动。

3. 灵活多变的营销方式

现实中昂贵的店铺租金、有限的销售区域、高额的经销商返利，常常成为制约企业销售的困境。而网络平台的出现，尤其是官方旗舰店、官方微信的出现，使企业可以很轻易地就建立起自有的店铺。不仅如此，自媒体营销由于没有时间和空间限制，可以到达过去依靠传统销售所不能到达的任何市场，这样就实现了企业商品的销售渠道从有限的实体店面延伸到全国各地几千个市县，为企业创造了更多的市场机会，大大改进了其营销决策和营销执行的效率。如果企业产品得到消费者认可，消费者又会通过自身的社交媒体账号对企业产品进行再次宣传，其营销威力大大超过了依靠企业内部有限的销售人员产生的力量。

企业自媒体不仅可以跨越时间与空间限制去销售产品，还可以通过"预约"销售来帮助企业更好地制订产品计划。如某航空公司根据微信平台的特性与旅客的需求推出了微预约产品：微选座、微预约。如果旅客想去普吉岛或者清迈，他可以预约某一个时间段的机票，把信息提前登记。公司工作人员看到有 200~300 人在预约这个时间段的机票，就会跟市场部进行沟通，以相对比较低的价格去市场上投放机票。

4. 打造全新的商业模式

将众多的企业自媒体功能结合起来，就能形成一个较为完整的品牌营销与服务链条，甚至打造一种全新的商业模式。例如，当一个用户对一个品牌感兴趣的时候，可以上网直接搜索到其官方网站，了解品牌的详细信息；抑或用户在对品牌、产品一无所知的情况下，通过企业自媒体渠道获取了相关产品的内容推荐，对产品产生了兴趣，进而产生了需求。例如于 2021 上半年走红网络的化妆品品牌"花西子"，通过在各大短视频平台的品牌官方账号上投放其中国风精美包装的产品宣传视频的方式获得了巨大的关注度，弥补了自身缺乏品牌知名度的劣势。

品牌自媒体与品牌旗舰店的互通，还可以实现消费者的直接购买。消费者在使用之后如果有什么满意或者不满意的地方，可以直接通过交易客服、售后评论、企业意见平台或者企业微博、微信等交流平台进行反馈。同时，互联网交易可以实现企业从产品质量、服务质量到交易服务过程的全程监控。企业还可以通过自媒体改造传统的企业管理组织结构与运作模式，建立企业内部的社群、"朋友圈"，降低企业管理中的各种成本费用，最大限度地提高管理效益。总之，企业自媒体正逐步在企业的内部与外部形成一种全新的商业模式。

三、企业的自媒体平台

现在的企业传播不仅依赖于营销策略的选择，也越来越多地依赖营销媒介。没有"媒介"，再好的信息也无法传播出去。良好的媒介，又会使传播的效果事半功倍，媒介使用的好坏直接关系到企业的发展。因此，一套完整的企业自媒体体系，应包含以下几种主要的媒体形式。

第一节　企业自媒体建设

1. 企业官方网站

1995年，霍夫曼（Hoffman）、诺瓦克（Novak）与查特吉（Chatterjee）联合提出"Internet Presence Site（IPS）"这一名词，代表"所有各类型的企业在因特网中所设立，代表该企业本身及提供其产品、服务的网站"[①]，这一企业网站的概念一直为后续研究者所沿用。根据这一概念表述，企业网站代表了该企业在网络的虚拟世界中的存在。企业的网站一般由以下几个主要板块构成："企业信息"板块——主要提供企业的一些核心信息，包括企业的历史背景、发展现状、获得的荣誉以及组织架构等，目的是让访问者对企业的总体状况有一个大致的了解，最重要的是让外界对企业的性质和实力有一个明确的认知，从而为企业创造更多的商机；"产品与销售"板块——主要目的是推介产品，促使消费者购买；"互动"板块——是为访问者提供各种形式的信息服务以及互动服务，是获得第一手市场资料的有效手段。在以互联网为主导的信息时代，企业的官方网站（如图5-1），是企业品牌传播战略中的重要内容之一，是用户参与品牌体验的直接窗口，是企业品牌战略数字营销中最基础的环节。

图5-1　红星二锅头官方网站

2. 企业官方微博

企业官方微博同样是一家企业"主动发声"的信息平台，企业可以通过自有账号发布企业信息、进行产品宣传、回复消费者意见、制造话题进行讨论等。微博的信息传播有几大特点：发布内容简短、成本低、互动性高、传播速度快、效果回馈迅速。微博宣传是一种投入少、见效快的方法，对企业的发展起到很好的帮扶作用。一条完整的企业微博矩阵往往由企业微博群（可以是以企业名或产品名命名的微博、企业员工微博）和意见领袖微博群（可以是企业代言人的个人微博、情感依赖型用户微博，或者与企业有密切联系的名

---

① Ghose S., Dou W., "Interactive Functions and Their Impacts on the Appeal of Internet Presence Sites", *Journal of Advertising Research*, Vol.38, No.2, 1998, pp.29—43.

人微博）构成，它们在一定程度上代表了企业品牌，承担了品牌信息传达或与用户沟通的职责，如图5-2。

图5-2　红星二锅头官方微博

3. 企业网上商城和官方旗舰店

由于电子商务发展迅猛，传统线下商家大量转战线上贸易，带动了相关产业蓬勃发展。平板电脑、智能手机以及其他的移动终端等设备的迅速普及，使得移动端用户数量不断增大；同时，相关支撑体系亦得到不断健全完善，支付宝、微信钱包、云闪付等移动支付平台亦获得普及。这些技术与服务的改变也促使消费者的消费习惯发生了转变，最大的特点就是消费者不再拘泥于空间和时间的局限与定式，开始随时随地享受购物的乐趣。

在电子商务网站上最常出现的一种模式就是B2C（Business to Customer），也就是商家通过互联网直接面向消费者销售产品和服务。这种形式的电子商务网站一般以网络零售为主，为消费者提供一个新型的购物环境——网上商城。企业的官方电子商务平台，一般被称为"官方旗舰店"，基于其形式属性，官方旗舰店可以被分为"品牌自建线上商城"（也包括官网的纵向延伸）和"基于电商平台的官方旗舰店"两种。品牌自建线上商城需要的建设和维护成本较高，且需要引流才能实现访问量和购买量的提升。基于电商平台的官方旗舰店开设门槛相对较低，但要想实现盈利，同样需要广告、营销活动等方式来引流。无论是哪一种形式，它们都为消费者购买产品提供了新的渠道选择，亦保证了产品来源的可靠，在线购买的客户均可足不出户，便享受到与线下店铺同等甚至更优的销售与服务。

在一个功能完备的网络官方旗舰店中，用户可以通过搜索发现所需要的商品；进行同类产品的比较；为购买产品下订单、撤销和修改订单；能够对订单的状态进行跟踪；对已购商品进行评价。而对于商家来讲，则可以了解客户的注册信息；进行商品信息发布；发布和管理网络广告；处理客户订单；完成客户选购产品的结算，处理客户付款；进行商品库存管理；跟踪产品销售情况；实现和物流配送系统建立接口，与银行之间建立接口；实现客户关系管理；对客户进行售后服务。

总之，企业的官方旗舰店承载着品牌体验以及产品或服务销售的双重职能。企业的官方旗舰店不仅要追求销售业绩，也要兼顾"品牌塑造、产品展示、商务沟通"的功能。但无论哪种职能，与销售相关的"服务"都是企业线上销售平台非常重要的内容，如图5-3，海尔线上商城就建立了完整的在线服务体系。

图 5-3　海尔线上商城

4. 企业网上社区

网上社区是基于互联网强大的连接功能而建立的虚拟社区。根据 Internet 先驱瑞格尔德（Rheingold）在其著作《虚拟社区》中的定义，虚拟社区的根本在于有意义的人与人之间的关系。[①] 网上社区与传统的以地域为特征的社区的主要区别就在于，网上人与人相互之间的交流是以网上的聊天室、留言板及论坛来实现的，而不是面对面的沟通。

在数字时代，企业营销行为的最大特征便是互动性，而企业的网上社区正成为企业与用户互动的最佳渠道，越来越多地受到企业重视。一些企业，如"海尔""完美日记""小米""泡泡玛特"等纷纷建立自己的网上社区，通过这些社区来了解消费者对产品或服务的意见，为企业的发展创新提供帮助。要让企业网上社区发挥作用，一个首要前提是拥有大量的社区忠诚用户，所以，社区管理员必须引导粉丝们积极互动，才能使社区充满活力，

---

① Rheingold H., *The Virtual Community: Homesteading on the Electronic Frontier*, New York: Basic Books, 1993, p.2.

像滚雪球一样为社区积累大量的忠诚用户。

与企业的官方旗舰店一样，企业的网上社区也可以作为企业官网的组成部分出现，也可以独立于企业官网之外单独运营。然而，目前很多企业的自媒体体系中，网上社区常常是建设最薄弱的一个平台。导致这种结果的原因一方面是很多企业并未充分认识到企业网上社区在企业传播中的重要价值；另一方面是网上社区的用户运营压力较大，企业往往担心无法很好地建设与经营社区而不敢尝试。

小米的网上社区是比较成功的案例，它凭借其优质的粉丝服务产生了理想的粉丝黏性。除了探讨硬件、软件之外，小米的粉丝还在小米社区积极分享摄影作品和生活点滴。小米的这种类"朋友圈"的运营成功地将社区打造成了用户分享生活的平台，如图 5-4。

图 5-4　小米社区

5. 企业官方微信

微信，英文名是 WeChat，是一款由腾讯公司开发的为智能终端提供即时通信服务的免费应用程序，支持 Android、iOS 等多种操作系统，支持跨通信运营商，使用者仅需要消耗少量的网络流量，就可以快速地发送语音短信、视频、图片和文字等信息。

微信以移动智能手机为载体，凭借免费、移动、便捷等其他媒介平台难以企及的综合优势迅速受到市场热捧，成为月活超过 12 亿的热门应用。它直接与手机通讯录、QQ 通讯录匹配，加上"好友推荐""附近的人""附近的店铺"等功能，同时打通了"生活圈""工作圈"和"社交圈"，使其快速拥有了庞大的用户群。企业可以在微信上完成从市场调研到客户关系管理、销售支付等多重工作。2013 年 8 月，微信升级到 5.0 版，推出"扫一扫"、表情商店、微信游戏、微信支付等新功能，为企业进行品牌传播带来了更多便利。用户可以通过扫描二维码关注企业的公众号，也可以在微信上通过"添加朋友"的功能直接搜索添加。同时，企业公众号被分成订阅号和服务号，消费者可以根据自己的需要选择是订阅企业信息还是选择企业服务，这样就使得企业的信息服务更加人性化。企业还可以通过"表情商店"添加"微信表情"，向用户群发送更为有趣的信息内容。相对于其他自媒体平台，微信的私密性更强一些，能够实现企业与消费者之间一对一的交流。而消费者通过微信对企业进行的关注、产品信息查询等行为数据，又可以通过信息技术传递给企业；企业通过智能分析这些数据，形成用户的特征描述，并存入CRM数据库，为后续传播、营销打下基础。在消费者的眼中，他所关注的公众号只是他的另一个好友而已，其与公众号的互动不会被其他人看到。这样相对私密的关系，使得微信公众号成为企业理想的客服场所，如图5-5。

图5-5　肯德基官方微信公众号

6. 短视频平台的官方账号

电视广告成本高，网络视频贴片广告、弹出广告又难以被受众接受，企业需要更加丰富的宣传手段来传播企业的产品与品牌，于是，品牌在短视频平台建立官方账号投放短视频广告成为一种新的选择。

2018年是短视频爆发的一年，诸如快手、抖音等短视频App在短时间内成了爆款应用。在投放传统的电视广告和视频网站片头广告时，企业都需要购买相应的广告位，支付高额的投放费用，而且广告的拍摄和制作也需要大量财力物力，成本非常高。如果将广告做成短视频投放到视频网站，那么就和一般的用户生成内容上传的门槛一致，基本上毫无成本。当然，如果想要在短时间内得到一定的热度，企业也可以购买热搜、阅读量、推荐位等，但这和广告位相比，成本也仍要低很多。因为上传门槛低，在投放渠道上，短视频广告几乎可以投放到任何允许上传视频的平台，多平台、多渠道的发布，让企业内容有机会在全网大面积扩散。例如，ThinkPad抖音官方账号就进行了一些品牌传播的新尝试（见图5-6）。它将品牌IP人格化为职场人小黑，在短视频中潜移默化地树立IP人设和品牌形象，传递品牌价值观。ThinkPad打造了《小黑奇遇记》《全职高手》等短剧，更好地将品牌与生活场景相结合，新奇的剧情设置和生动的人物群像让大众重新认识了ThinkPad及旗下不同系列产品的适用场景。ThinkPad品牌通过短视频官方账号的运营，使品牌更具亲和力，让用户建立起对品牌的信任并提升了品牌好感度。

短视频的种种优势，弥补了传统视频广告的一些不足，让企业的推广意愿和消费者的观看意愿上达成了和解。融入了品牌理念的短视频广告开创了品牌传播的新形势，企业借助短视频平台的官方账号能够直接接触消费者，让广告更具有针对性和灵活性。

7. 企业电子杂志

电子杂志，又称网络杂志、互动杂志，它兼具了平面和互联网两者的特点，且融入了图像、文字、声音、视频、游戏等，将动静结合的信息呈现给阅读者。电子杂志通过网络平台进行制作发行，它可以借助计算机惊人的运算速度和海量的存储空间，以超链接、及时互动等网络元素为载体，在节约资源的同时，极大地提高了信息传播量。此外，电子杂志的搜索功能支持阅读者在信息的海洋中快速找到自己所需要的内容。

推出电子杂志无疑是企业拓展品牌知名度、提升品牌形象的新方法。相对于传统纸质杂志，电子杂志拥有巨大容量，可以针对企业的品牌特色、产品特征、文化底蕴等具体信息展开更为详尽的介绍；另外，合适的配乐音效与模拟翻阅形式，更容易被青年人接受，也更能吸引阅读者的眼球。电子杂志的另外一个优势就是，它所采取的网上发行方式、数据库的设计特点以及文件格式的选择，允许它在发行后还可以对其内容进行不断地更新和改进，及时的信息推送也能培养出特定读者的阅读习惯，增强消费者的品牌认知度。这种更新的巧妙应用使电子杂志优于传统的纸质杂志。但是由于长期更新出版压力过大，目前企业自建电子杂志的还比较少。

图 5-6　ThinkPad 抖音官方账号主页

8. 应用软件（App）

App 是英文 Application 的简称，就是手机等移动设备中广泛使用的各种类型的第三方应用软件。随着移动终端的普及，手机 App 也成为企业进行品牌推广无法忽视的一个平台，越来越多的企业选择开发适合产品或服务的移动应用软件，并吸引消费者安装。如丰田汽车的"Backseat Driver"、泡泡玛特的"葩趣""西门子时尚厨房"等 App，在推广企业品牌的同时也充分满足了用户追求便利、实用、娱乐等需求。应用软件不仅能够在移动设备上翔实生动地展示企业推出的产品或服务，实现虚拟产品体验，帮助用户决策，还可以通过一些实用、有趣的方式增加消费者对品牌的好感与关注。

例如，为提升亲子互动，丰田制作的手机 App"Backseat Driver"搭载了这样的功能——只要开启手机定位（GPS）功能，小朋友就可以坐在后座和父母一起"驾驶"了，他们可以跟着实际车速旋转手机，在屏幕上以动画的方式感受道路的每一个转弯。每一趟旅途都会自动通过地图记录里程数，用户可以连上 Twitter 与朋友一起分享。同时这是一个把品牌延续到下一代的 App，等小朋友长大了仍然能回味起小时候和父母一起"开车"时的感受。

第二节　关键员工自媒体开发

经营共享充电宝的来电公司旗下王某以及另一名员工分别于 2018 年 7 月 15 日和 21 日在各自的微信账号上发布诋毁同行挚想公司的图文朋友圈，其中文字内容为"诺亚方舟集团对各大充电宝品牌进行检测，来电有足够自信面对各种安全检测……怪兽充电宝（挚想公司旗下产品）不灵啊"；配图包括两份无任何署名的文件，其主要内容为"诺亚方舟文化集团"要求"亚拉拉特公司"对来电、怪兽等四款充电宝进行检测，显示怪兽充电宝存在质量问题，禁止旗下场所使用，而来电充电宝可作为合格的合作品牌。事后经法律程序，法院判决来电公司赔偿挚想公司 12 万元并消除影响。[①]

从上述案例中可以看出，自媒体时代，每个人都可以通过自有的媒介去传播信息。企业员工对外传播的一些与企业相关的信息，一旦通过自媒体平台传播开来，就可能对企业造成深刻的影响。这种影响可能是好的，也可能是极恶劣的。

一、员工是企业的"关系利益人"

美国品牌学家邓肯提出"关系利益人"的概念，认为关系企业利益的不仅仅是企业的产品，还有企业之外的很多人、事、物，这就让企业传统的信息传播控制模式失效。[②]"自媒体"时代，每个人都是新闻源。毫无例外，企业的每位员工也是企业对外传播的重要信息通道。员工对企业的看法、议论、抱怨时刻都在发生，其传播威力远远超出企业的想象。这给"品牌"带来的好处就是每一位员工都是"品牌"的免费宣传员，可以通过自己的方式传播品牌；而负面作用就是每一位员工也可能是品牌的爆料者，甚至在某些情况下给品牌带来"灭顶之灾"。如上案例所述，来电公司员工发布的几条朋友圈，就给公司带来了巨大的损失。

"对于任何一个组织而言，要想完成计划和任务、达到目标，执行是上至最高领导者，下至门卫、清洁工都应该认真对待的工作。"[③] 奥美公司的营销理念认为：企业里的每一个部门的每一个人，都负有沟通的责任，他所做的每一件事与没有去做的每一件事，都可以

[①]　《员工在微信朋友圈诋毁公司竞争对手的责任承担——上海知产法院判决挚想公司诉来电公司等不正当竞争纠纷案》，中国法院网，2020 年 12 月 24 日。

[②]　[美] 邓肯、莫里亚蒂：《品牌至尊：利用整合营销创造终极价值》，廖宜怡译，华夏出版社 2000 年版，第 57—69 页。

[③]　陈浩：《执行力》，中华工商联合出版社 2011 年版，第 14 页。

传达出一个代表品牌的信息。企业员工作为企业的"关系利益人",他们对于企业的看法、见解等是影响力更大的"未经设计"的信息。未经设计的信息之所以具有一定的影响力,可以削弱或建立社会各界对一个企业的支持,是因为人们普遍认为,员工提供的是企业内部信息。

和其他品牌信息一样,未经设计的信息可能是正面的,也可能是负面的。预先了解每一个关系利益人对公司的看法,是对品牌形象的"内部检查",但很少有企业在意企业员工对于企业的想法和意见,更别提将品牌"关系利益人"的观点深植于每个公司的理念中。企业自媒体使企业生存在福柯描述的"全景敞视监狱"的媒介环境中,企业被360度地全方位展示在消费者面前,而专门的品牌传播管理部门的传播力量毕竟有限,这就需要企业加强对员工的品牌理念的培养,使员工成为品牌理念的传播者。

二、员工自媒体的开发

1. 实行全员化品牌管理

全员化品牌管理旨在通过沟通达成全员对企业品牌战略的共识,将全员对品牌战略的共识变成全员品牌建设的行动,最终形成品牌创建合力,让公司的一切组织、个人和资源为企业品牌创建活动做出贡献。因此,企业员工等企业关系利益人的"自媒体"也应该被纳入企业自媒体传播体系,形成渗透到整个组织层面的传播机制。这样不仅可以增加企业品牌传播的力量,更可以降低品牌传播的成本,毕竟专门的品牌传播管理部门的传播力量是有限的。

比如,一个顾客的咨询与投诉可能涉及不同部门,也涉及很多专业方面的知识,这种情况下,企业接受咨询与投诉的客服人员可能无法回答所有问题,而这些咨询与投诉经过很多部门与人员的流转之后,可能已经使消费者失去兴趣与耐心了。企业自媒体平台的出现,使企业各个部门的员工都可以担当咨询与投诉平台上的"客服"角色,他们可以以更专业的角度来解答问题。如"九阳"在企业内部推行"全员社会化营销"策略,鼓励员工开通微博、微信,走入社会化媒体的舆论场,影响他们身边的朋友、同学、亲戚,并利用碎片时间为消费者答疑解惑。据称一位员工曾创下了全年回答400多个网友问题的纪录,出人意料的是他并不隶属客服部门,亦非市场销售人员,而是一位基层管理人员。

2. 让员工成为品牌的代言人

让企业员工成为品牌的形象代言人,是一个宣传品牌的好主意,它不仅能够提升企业对外传播的能力,而且能够让访客在浏览品牌相关页面时感受到企业员工的团结友爱与朝气蓬勃,同时也体会到企业对员工的尊敬与重视,增加访客对企业的信任感。整个团队的共同参与能保证企业自媒体信息的丰富、多元、有趣。尽管员工的表达可能不太专业,但是对于访客来讲,这些内容的可靠性与真实性反而更高一些。

英国前卫酒店品牌 CitizenM 的电子杂志 Citizen Mag 是连接新生代旅行者和酒店的纽带。酒店鼓励员工分享自己的专业知识与经验，在社交网站或电子杂志上创作并分享内容。以礼宾部员工为例，他们通常对本地消费场所比较熟悉，并且总能找到新奇有趣的活动，酒店可以把这些信息编辑后分享到博客、YouTube、Twitter 上。让员工参与社会化营销的方法很多，也可以很简单。比如我国香港地区的文华东方酒店在其 Facebook 主页上就介绍了一位工作时间最长的普通员工。这位得到褒奖的员工自此对酒店更加忠诚，不遗余力地去维护酒店的信誉与品牌。

三、员工自媒体的管理

建立全员社会化品牌管理的组织体系，首先，要对企业员工进行内部培养，将"关系利益人"的观点深植于每个员工的理念中，提高他们的主人翁意识，让员工觉得为企业宣传是值得骄傲的事情。其次，应该尽量选择对社会化媒体工作有热情的员工，选择有观点、有想法、还能表达出来的人。这些人可以由部门领导推荐，也可以通过专门的培训来培养。企业应尽量将这个组织体系人性化、自由化，让员工可以心甘情愿地加入，也可以随时随地参与进来。

只有将企业员工等企业关系利益人的自媒体纳入企业的品牌传播体系，培养员工的"关系利益人"意识，让员工成为企业积极的品牌代言人，才算真正建立了完备的自媒体"传播体系"，才有望在形散神聚的聚合传播中，达到低成本、高效率的品牌传播效果。正如星巴克前首席执行官（CEO）奥林·史密斯所说，员工参与创造的"星巴克体验"才是让星巴克获得高额利润的源泉。星巴克挑选员工的原则，首先是文化上的认同以及对咖啡的热情。

第三节　企业自媒体管理与运营

一、建立品牌管理机构

建立包含自媒体管理的以品牌为驱动的传播机构，是企业进行自媒体管理的自主保障。这要求企业既要形成完善的品牌传播管理组织与流程体系，又要形成渗透到整个组织层面的传播机制。今天，很多跨国企业已经开始改革企业内部品牌管理机构，不断强化企业品牌管理职能与品牌战略管理职能。在企业内部建立完善的品牌传播管理组织与流程体系，是确保各个自媒体平台发出的信息与品牌的定位、形象相契合的基础。这样的管理组织可以整理、监测企业自媒体收集到的消费者反馈，并在此基础上适时调整企业的各项活动，尤其是宣传、营销和客户服务等部门的活动。这些部门也可以通过企业内部的自媒体平台，如企业内部的"QQ群""微信群"，互相交换专业的意见，形成畅通的信息网，提高企业活动的运作效率，同时对企业的各项活动进行跟进，保证活动的稳妥落实。建立专门的品牌传播管理部门并非不允许单一部门自行发布信息，只是更强调这些部门在发布信息时，能够时刻保持与品牌定位、品牌核心价值观的一致性。

举例而言，日本企业日昇（上海）品牌管理有限公司（以下简称"日昇上海"）于 2019 年 3 月 1 日正式成立，其业务主要是在中国地区开展动画影像著作权及版权的管理，以及推进 IP 相关事业的开展。对此，日昇上海表示成立该公司是为了更好地满足粉丝的需求，积极创作更优质的作品，并且拓展在华的授权事业。

日昇上海的成立，无疑是企业顺应信息社会大趋势的理性举措。我们知道，新兴的数字媒体为每一个人都安装了向社会喊话的"麦克风"，如此也必然容易造成大众围观、引发迅速与多样的意见表达。① 这就必然使得消费者不再是纯粹的消费者，还可能是企业正面或负面的宣传者。在广告主层面，企业若想实现多种媒体选择中的品牌营销传播，显然需要建立专门的组织机构。目前，我国大多数企业组织体系中往往只在营销中心建有市场部，但以营销业绩考核为取向的营销部门，一切都以当年的营销额和回款率为主，让其下属的市场部真正担负起品牌传播的战略功能是不现实的。因此，有些企业设置"品牌中心"作为品牌营销传播的组织保障。图 5-7 是一个企业的组织架构图，其"品牌传播中心"的建制无疑具有启迪性。

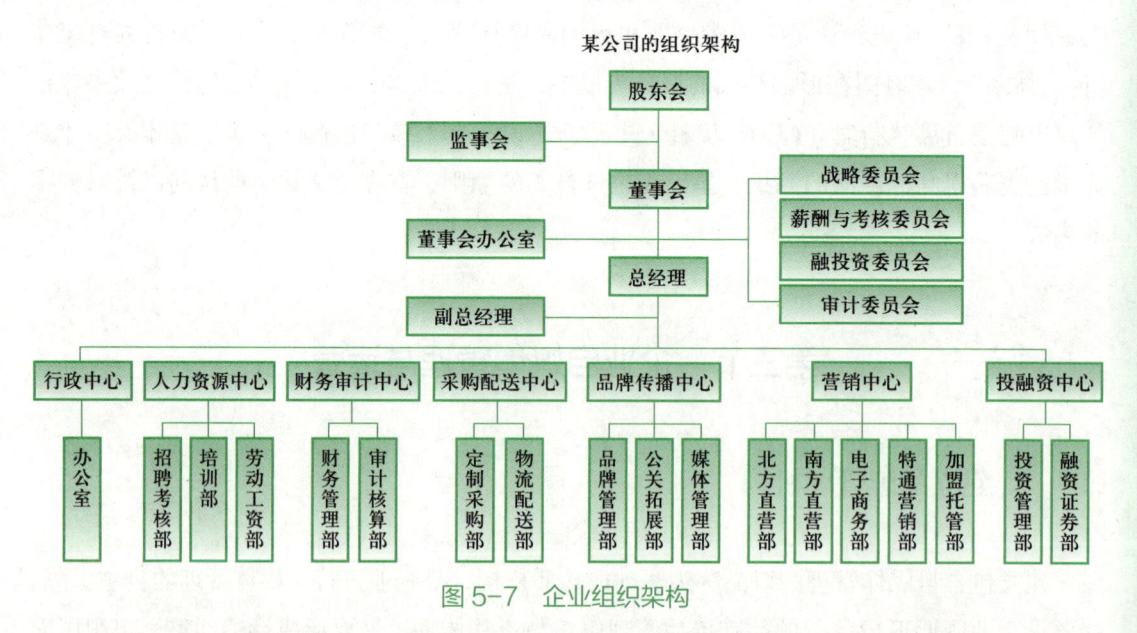

图 5-7　企业组织架构

"品牌传播中心"的运作还需要下设部门予以支撑，它的任何行为和活动都应该与企业的品牌发展战略目标息息相关，各部门应发挥各自优势，协调一致地支持品牌营销传播战

---

① 喻国明：《"关系革命"背景下的媒体角色与功能》，《新闻大学》2012 年第 2 期。

略目标的实现。具体到"品牌传播中心"部门之下，则可分设三个分部门或经理岗位，其职能分别如下：

（1）品牌管理部（经理）——负责监控市场、市场调查、品牌规划、品牌传播策略制订、品牌传播执行与督导；

（2）公关拓展部（经理）——负责线下公关活动执行、合作伙伴建立、危机事件处理；

（3）媒体管理部（经理）——负责线上品牌舆论监控、自媒体技术维护、自媒体内容发布、大众媒体关系维护、品牌数据库管理。

从以上企业组织架构中，我们可以看到媒体管理部的位置与职能，如此，企业的自媒体建设与管理才有了相应的组织保障。

二、企业自媒体的运营

1. 凸显"品牌"价值理念

IBM 公司在 1993 年之前把企业的广告业务交给了很多家不同的广告公司代理，从而导致了企业的广告信息五花八门。1994 年 5 月，公司新任总裁郭士纳提出了"一种声音"（One Voice）的核心传播策略，将 IBM 全球广告业务全部交给奥美广告公司代理，并因此取得了巨大成功。这个"One Voice"就是企业品牌的核心价值，也是品牌传播聚合的焦点。

品牌的核心价值是品牌的中心利益点与个性，是驱动消费者认同并喜爱一个品牌的主要因素，也是品牌的终极追求。核心价值必须成为一个品牌传播活动的原点，统率企业的一切传播活动。尤其是作为重要的品牌接触点的企业自媒体，从每一个界面的设计、每一条信息的发布到每一次意见的处理，都要演绎出品牌的核心价值。只有这样消费者才会在每一次与品牌的接触中感受到其核心价值所在。企业的自媒体运营，其中重要的一个部分就是传播活动。企业的传播活动传递出来的核心价值越一致，品牌在消费者心中的形象就越鲜明清晰，越容易辨识。同时，品牌核心价值的传递也是一个持续性的工作，企业必须始终不渝地坚持。总之，品牌成功的真正关键在于各个方面的协同合作，在于各种活动、产品和销售渠道等因素的整合，在于对品牌核心价值的聚焦坚持。

2. 建立自媒体管理制度

面对信息社会错综复杂的环境，担负企业生存发展重责的品牌传播不仅不允许出现任何可能引发"蝴蝶效应"的微小失误，而且需创新性地为品牌形象提升提供助力。这就需要建立科学规范的管理体系，其中涉及企业自媒体管理的有关企业制度均应属于建章立规的范畴，如建立"企业自有媒体内容信息发布与技术维护制度"，以对企业官方自有媒体以及以企业为其背书的企业高管的社交媒体之信息内容、发布方式以及技术维护等作出规定；建立"企业新闻宣传与广告投放管理制度"，以使自媒体接轨大众媒体传播，即对企业通过各类大众媒体、公共场合发布的新闻和广告投放，进行科学规范的管理；建立

"O2O 一体化的品牌传播与销售促进管理制度",以使企业自媒体在线上有机协调并辅助线下的品牌传播以及营销促进。总之,对自媒体进行科学管理,建立制度十分必要。

3. 注重以客户为中心的品牌关系管理

彼得·德鲁克(Peter Drucker)在他早期的著作中曾经提到,真正的营销,应该是公司整体的努力,是一个从消费者立场出发的全方位事业。随着社会的不断发展,产品与服务同质化现象日益严重,买方市场早已形成,市场面临的是产品过剩,依靠产品的差异化来获取竞争优势在某种程度上已经变得越来越困难。企业对客户资源的争夺日益激烈,"产品中心"已经向"客户中心"转化。与此同时,客户保持却越来越困难,很多客户流失严重。如果不能采取适当措施,不能有效实施客户获取战略,并获得良好效果的话,客户资源的逐渐萎缩将直接威胁到企业的生存。

在网络营销环境中,信息存在过剩现象,搜索技术的发展又助长了信息传播的个人化,消费者的信息自主选择性越来越强。因此,注重以消费者为中心的品牌关系维护,是现代企业在进行自媒体传播时必须要学会的。企业在自有的媒体平台上必须积极地与消费者互动,让消费者参与品牌成长;认真与消费者对话,让消费者感受到品牌态度;注重消费者细节感受,继而让消费者形成品牌忠诚。只有这样,企业才能与消费者形成良好的品牌关系,促进品牌的良性发展。

4. 打破营销短视,有效管理和发布内容

企业自媒体是在传统媒体的基础上衍生而来的,本质上仍有着传统媒体的特质。大多数企业在利用自媒体进行品牌推广的时候,总是设法提高信息的关注度:不是向客户进行信息"轰炸式"的宣传,就是依靠各种打折促销吸引客户,以至于偏废了企业自媒体的真正优势,传播的内容毫无吸引力。

人们上网是为了获取信息,无论是文本、图像、音频还是视频。很多人从不在网络上进行分享与评论,但这并不代表他们不会关注信息,不会关注企业做了什么。正如美国皮尤互联网研究中心(Pew Internet)的报告中屡次指出的那样,人们会参考网上的内容,以决定购买哪些物品。企业自媒体发布的任何信息都代表了企业的言论,甚至可以通过一定的形象和表达呈现出某种个性。如果信息内容表达恰当,让关注者觉得可信并且有价值,关注者与企业之间就可能培养出一种良好的关系,从而使信息内容产生一定的说服力。反之,则可能破坏与关注者之间的关系。富有影响力的内容能够温和而有效地引导人们进行选择,鼓励人们变得更加优秀与美好。比如,海尔建立的网上社区,提供了各种文字、视频等,鼓励人们选择并保持健康的生活方式。这种不带功利色彩的协助性信息在帮助人们做出更好的选择的同时,也为企业带来了商业上的成功。在一定程度上,这种双赢的局面得益于优秀的、富有影响力的内容。

5. 重视对企业自媒体平台的推广与配置

企业自媒体尽管是媒体,但在信息爆炸的时代,也需要精准的策划与推广。如果没有

第三节 企业自媒体管理与运营

消费者的关注,后期与消费者建立品牌关系,提升品牌美誉度都无从谈起。

对企业自媒体的宣传可以借助其他线上媒体,如社交网站、综合社区网站或者公众账号等平台;也可以借助企业自媒体平台的互通性进行推广,如在官方网站上设置微信公众号与微博账号的链接、设置对外的"关注与分享"方式;抑或通过制造话题引发关注等,如图5-8。

而线下的推广同样重要,企业可以采用一些基础的推广方式,如在公司的宣传册上、名片上印上企业的各种自媒体平台链接,或者借助传统的大众化媒体平台进行广告传播,抑或选取更新奇的推广办法,如在快递的外包装上贴附企业的自媒体联系方式等。

除了积极推广企业自媒体平台以吸引消费者关注外,企业还要合理配置企业的各个自媒体平台。每一种媒介都有各自的媒介特点与优势,如企业网站与企业微博等平台相对于微信、微视频等平台而言,具有信息容量大、传播范围广且转发快的优点;微信的优势则是品牌可以以聊天的形式与用户进行相对私密的对话,这种沟通方式体现了品牌对每个用户的重视与尊重,信息更容易被接纳;微视频在品牌价值与消费场景的传播效果上则优于前几个平台。企业可以投入的资金与精力有限,因此要根据媒介特点、营销价值大小、回报状况、目标客户

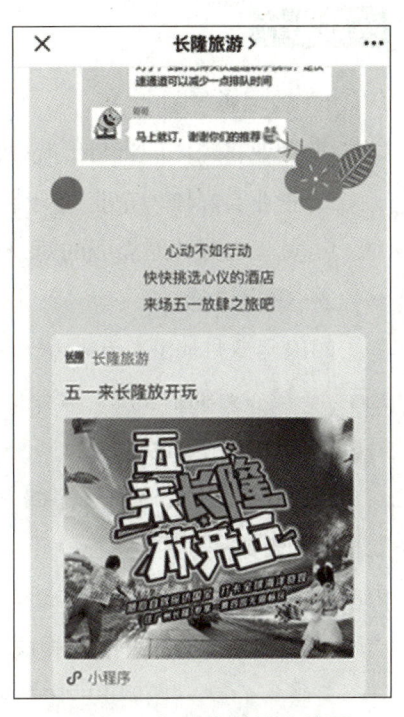

图5-8 长隆旅游推广截图

等因素优化配置企业的自媒体平台,有效发布和管理信息内容,并找准切入点,合理地借势营销。

6. 规范危机管理、维护品牌声誉

沃伦·巴菲特曾经对他人调侃道,一个企业建立声誉需要20年,毁掉它却只需要5分钟。如果你牢记这一点,可能就不会莽撞行事了。

危机管理是指企业为应付各种危机情境所进行的规划决策、动态调整、化解处理等活动,其目的在于降低甚至消除危机所带来的威胁和损失,因势利导,化"危"为"机"。企业自媒体的开放性使品牌的每一次亮相都处在成千上万的瞩目之中,哪怕是好心的一句话、一个声明,都有可能引发一场意想不到的危机。因此,企业必须以规范的危机管理来应对自媒体传播环境,维护品牌声誉。

提高企业自媒体的品牌危机管理能力,应遵循一个总体原则,即"预防为主,防疏结合,妥善善后",这样的原则设定主要是由品牌危机问题本身的特点决定的。首先,企业遭受品牌危机后,要消除其受到的危害,往往需要很长的时间,有些危害甚至是无法补救的。其次,企业遭受品牌危机后再对其进行治理疏导,一般要比采取预防措施所花费的代

价高。最后，品牌危机问题的产生，是企业产品、消费者和媒体相互作用的结果，如果企业在发展过程中重视品牌危机问题，采取预防措施，许多品牌危机问题是可以得到解决甚至避免的，即使出现问题，也可以把该问题限制在企业可控范围内。因此，自媒体时代，企业必须以规范的危机管理维护品牌声誉。

实践部分

1. 复习思考题
- 企业自媒体广告与传统媒体广告的联系与区别是什么？
- 企业自媒体为企业发展带来了哪些利好？
- 员工自媒体对企业的对外传播起着怎样的作用？

2. 案例讨论

2019年3月，格力电器再次启动"全员营销"计划。针对"格力电器每位员工年销售任务1万元，卖多有佣金奖励，卖少有考核"的报道，格力电器总裁办人士向媒体确认企业确实对每位员工下达了该任务，但他声称"卖少了没考核，但卖多了会有奖励"。

格力为每位员工都开通了微店，消费者可通过微店直接购买格力的相关商品，除空调、洗衣机外，店铺品类涵盖晶弘冰箱、大松电饭煲等家用电器，消费者可通过格力员工的店铺享受内部价格。据悉，董明珠身先士卒，亲自"披挂上阵"，在格力分销商城开了一家"董明珠的店"，甚至连她的微信头像都换成了网店二维码。

开张一个月，"董明珠的店"销售额就超过了200万元，甚至有记者采访完董明珠后就马上在"董明珠的店"里下单买了一个格力电火锅。董明珠，因此又有了一个别称——董店长！

请讨论：

董明珠的微店在格力电器的销售过程中起到了什么作用？企业的员工自媒体与企业领导的自媒体在企业营销过程中，又起到了什么作用？

3. 讨论话题

（1）企业自媒体可以完全取代传统媒体在企业传播中的作用吗？

（2）小陈中午要请同学们吃饭，但下午学校又要考试，为了节省时间，他通过手机微信下载了学校附近的一家饭店的点餐App，提前将大家想吃的菜下单，并告知店家自己与同学们会几点到达饭店。于是，等小陈与同学们在约定时间内到达饭店时，饭店已经做好了就餐前的全部准备工作，他们进店后就直接开吃了。

请思考：小陈的这种点餐方式体现了一种什么样的商业模式呢？

第六章 社交媒体开发与互动

导入部分

1. **学习要点**
   - [ ] 了解社交媒体基本内涵与发展历程
   - [ ] 认知社交媒体广告的基本内涵
   - [ ] 分析社交媒体广告传播功能实现策略
   - [ ] 知晓社交媒体平台口碑传播重要性
   - [ ] 把握社交媒体平台口碑传播效应产生维度

2. **学习要求**

   结合自己使用社交媒体的感受与经验，在把握社交媒体迅猛发展的时代背景前提下，充分认知社交媒体与传统大众媒体相比所具备的新特征，深入挖掘社交媒体平台可能具备的品牌信息传播功能，最终掌握在社交媒体平台中成功建构品牌信誉的原则与技能。

3. **关键词**

   社交媒体　社交媒体广告　口碑传播　品牌信誉

4. **先导案例**

   老乡鸡土味营销引爆社交平台

   餐饮业在新冠疫情冲击下受到重创，而不走寻常路的老乡鸡通过一连串土味营销组合拳，在社交媒体上引爆热议，赋予了品牌更多社会化内容，让品牌更接地气，也成了消费者热衷的流量巨星。

   老乡鸡的人格化运营提高了用户参与度。老乡鸡的官方微博就将人格化运营"融入灵魂"，每天发布"咯咯咯哒"的工作内容让网友直呼羡慕，更是以#见过最轻松的工作#话题登上热搜。面对网友"糊弄工作"的调侃，老乡鸡接梗迅速，在评论区和网友们插科打诨，和董事长论道互怼。个性化互动圈粉无数，有趣的人格化运营更是拉近了老乡鸡与用户之间的距离，让老乡鸡引爆社交网络。

   同时，企业家IP化，延续品牌流量。老乡鸡董事长借助趣味化内容的表达，以亲民形象收获大批粉丝，成功塑造出个人网红IP人设。作为董事长，束从轩与品牌的互动实现了企业家与品牌的捆绑，也借企业家个人魅力赚取了品牌流量。

   品牌与代言人搞笑互动，实现营销破圈。在未官宣代言前，老乡鸡和岳云鹏的互撩微博就引发了大量网友围观。在众多网友"请岳云鹏当代言人"的调侃中,老乡鸡顺理成章地官宣代言,并发布一组 80 年代土味年画风官宣海报,延续了老乡鸡土味风格的同时,也将岳云鹏"贱萌"人设表现得淋漓尽致。老乡鸡用最土味的官宣形式为品牌带来极大热度,实现了营销破圈。

老乡鸡的品牌调性决定了土味营销的适用性,对于老乡鸡来说,土味营销带来的并非只有"土",而是借助土味营销打造出品牌有趣、亲民的形象,为品牌带来正向价值的增值。每一次社交媒体营销动作都具备了充分的话题性,给用户新鲜感、参与感和实实在在的回馈。

老乡鸡品牌的成功传播,并不是单纯依靠广告创意俘获受众,而是在创意的背后找准了自身的品牌定位,以及深刻洞察了新媒体技术导致的受众信息需求与获取、分享心理与行为的变化。那么,我们该如何来解读类似于老乡鸡土味营销在社交媒体平台上的快速分享与传播行为呢?在社交媒体平台成为人类交流、认知外部世界不可或缺的手段之时,企业的品牌传播是否该搭乘这一列看似具有无穷营销潜力的快车呢?或者说当企业已经蜂拥而至,踏入各种社交媒体平台之时,我们是否该理性地思考,企业究竟应该以怎样的品牌信息内容和品牌传播技能出现在社交媒体平台上才不会招致受众对隐匿广告信息的反感,而是产生一种乐在其中、乐于分享的感受呢?

第一节 社交媒体的内涵与特征

伴随着互联网新技术和信息产业的迅猛发展,人们的学习、工作和生活方式发生了巨大的变化,人们不仅可以通过互联网迅速地捕捉到最新的资讯,还可以利用互联网随时随地地进行人际沟通与信息分享。赛博空间已经不再是 Web 1.0 时代的你说我听,而是 Web 2.0 技术支撑下开放的、互动的社会空间。社交媒体的迅猛发展进一步改变着媒介竞争格局,依靠强大的信息传播力和创造力成为热门话题的发酵地,我们要分析如何在社交媒体平台上进行品牌信息的传播,首先必须深刻理解社交媒体万变不离其宗的本质。

一、社交媒体的内涵

1. 社交媒体平台的技术背景

Web 2.0 是社交媒体平台的技术背景。Web 2.0 的概念产生于 2004 年,蒂姆·奥莱利(Tim O'Reilly)在与工作伙伴的脑力激荡中提出了此概念。全球第一次 Web 2.0 大会于 2004 年 10 月在美国旧金山召开,Web 2.0 概念由此迅速传播开来。狭义上,Web 2.0 具体类型主要包括论坛、博客、Twitter、BBS、维基、微博、视频共享或图片共享等应用。其与 Web 1.0 站点的本质区别是信息发布模式不同:Web 2.0 站点本身不生产和提供内容,只是一个信息交互平台,只提供框架和规则，信息内容由受众生成（User Generated Content，UGC）。站点运用特定的技术模块将受众生成的信息分类以对应其他受众的搜索和浏览行为，最终让受众与受众之间便捷地横向交流，即实现"所有人对所有人的传播"。广义上，Web 2.0 指代一种"互动共享"精神，"由原来的自上而下的由少数资源控制者集中控制主导的互联网体系，转变为自下而上的由广大用户集体智慧和力量主导的互联网体系"[1]。

Web 2.0 时代的互联网已经变得正如克莱·舍基在《未来是湿的》一书中所描述的那样，分享与合作的工具交到了普通大众的手中，打破了人与人之间原来的地域、学识、阶层等"干巴巴"的束缚，人们可以基于共同的喜好和经历等重新组成社会群体，分享信息、发起行动，可以凭兴趣聚合，形成一个"湿"的世界。"湿世界"颠覆了传统意义上的"受众"概念，网络受众超越了单一的信息接收者的客体身份，成了网络信息的生产创造者、聚合排序者与互动传播者，传统传播者的中心地位逐渐消弭，作为网络节点的受众正逐渐成为 Web 2.0 时代的新中心和新的逻辑起点。

2. 社交媒体的内涵

理解了 Web 2.0 的"互动共享"精神，我们再来认知基于 Web 2.0 技术的社交媒体，就更能够深刻地明白其内涵。

社交媒体领域的核心关键词是 UGC（用户生成内容）和 CGM（Consumer Generated Media，消费者产生媒体）。

2007 年安东尼·梅菲尔德在《什么是社会化媒体》一书中，将社交媒体定义为一种给予用户极大参与空间的新型在线媒体，它具有以下几个特征：参与、公开、交流、对话、社区化、连通性。梅菲尔德将基于 Web 2.0 的网络讨论版、博客、社交网络等新型媒体形态统称为"社交媒体"。无论形态和技术如何创新，社交媒体显著的特点就是赋予了每个人独立创造并传播信息内容的权利。

传播学者安德烈·开普勒和迈克尔·亨莱因对社交媒体的定义是：一系列建立在 Web 2.0 技术和意识形态基础上的网络应用，它允许用户自己生产和交流内容。[2]

然而，著名学者保罗·莱文森否定用社交媒体来代表 Web 2.0 技术支持下的信息互动传播趋势，他认为一切媒体都具有社会性，而用"社交媒体"专指当代最新的媒介不妥当。莱文森认为存在三种媒体，第一种是传统媒体（Old media），即电视、报纸、杂志之类的媒体，它们是空间和时间定位不变的媒介，其突出特征是自上而下的控制和专业人士的生产。第二种是新媒体（New media），即互联网上的第一代媒体，主要是指电子邮件、亚马逊网上书店、iTunes、报刊网络版、留言板等，其界定特征是传统媒体的时间和空间被打破，内容一旦上传到互联网上，人们就可以按照自己的时间空隙去检索和阅读信息。第三

---

[1] 李良荣：《西方新闻事业概论》第 2 版，复旦大学出版社 2006 年版，第 304 页。

[2] Andreas M.Kaplan, Michael Haenlein, "Users of the World, Unite! The Challenges and Opportunities of Social Media", *Business Horizons*, Vol.53, No.1, 2010, pp.59—68.

种是新新媒体（New new media），主要包括博客、YouTube、Myspace、Facebook、Twitter、微信等。其界定特征是信息消费者就是生产者；生产者多半是非专业人士；个人能选择适合自己才能和兴趣的新新媒体去表达和出版；新新媒体一般免费；新新媒体之间既是相互竞争又是相互促进的关系；新新媒体的服务功能远胜过搜索引擎和电子邮件；新新媒体没有自上而下的控制；新新媒体使人成为出版人、制作人和促销人。[①]事实上，保罗·莱文森所说的"新新媒体"从内涵和外延看，与我们所说的"社交媒体"高度一致。

总体而言，社交媒体是一种给予用户极大参与空间的新型在线媒体，它具有参与性、公开性、交流性、对话性、连通性和社区化等几个基本特征。社交媒体可以激发感兴趣的人主动地贡献和反馈，模糊了媒体和受众之间的界限，大部分的社交媒体都可以免费参与其中；人们评论、反馈和分享信息几乎没有任何的障碍（受保护的内容除外）；社交媒体具有双向对话的特质——传统大众媒体的传播方式是媒介向受众单向传播，而社交媒体的内容在媒体和用户之间双向传播，形成交流；社交媒体中人们可以很快地形成交流社区，并针对用户感兴趣的主题，例如摄影、政治、电视剧、诗歌等进行充分的交流；大部分的社交媒体都具有强大的连通性，通过链接，可以将多种媒体融合在一起。

3. 社交媒体的发展历程

社交媒体的概念是伴随着Facebook、Twitter和Myspace等社交网站的流行而渐渐被世人熟知的。从时间脉络来看，社交媒体的发展历史可以追溯到20世纪70年代产生的Usenet和BBS系统，但直到计算机和互联网在90年代得到迅猛发展，社交媒体才算是真正进入人们的视野，特别是2004年以后，Web 2.0概念兴起，社交服务网站开始蓬勃发展。表6-1列出了几大代表性社交媒体的诞生时间。

表6-1 几大代表性社交媒体的诞生时间表

诞生时间	社交媒体形态
1993年6月	博客网雏形生成，到1999年，定名为blog
2001年1月	维基（Wiki）上线
2003年8月	聚友网（Myspace）上线
2004年初	播客网（Flickr）上线
2004年2月	脸谱网（Facebook）上线
2004年12月	掘客网（Digg）上线
2005年2月	优视网（YouTube）上线
2006年3月	推特（Twitter）建立
2009年8月	新浪微博测试上线
2011年1月	微信（Wechat）上线

[①] ［美］保罗·莱文森：《新新媒介》，何道宽译，复旦大学出版社2011年版，第1—3页。

第一节 社交媒体的内涵与特征

中国社交媒体的发展大致经历了四个主要阶段：

（1）早期社交网络——BBS 时代。这个阶段的社交网络是从 Web 1.0 时代的 BBS 逐渐演变而来的。BBS 是一种点对面的交流方式，淡化个体意识而将信息多节点化，并实现了分散信息的聚合。1994 年 5 月，中国第一个论坛——曙光 BBS 成立，除了具有基本信息发布功能外，还显现出了现在的网络社区、即时消息、聊天室等多种常见的网络交流形式的雏形。论坛的诞生，打开了一种全新的交互局面，普通民众可以利用论坛与陌生人进行互动，而不仅仅是被动接受媒介信息。天涯、猫扑、西祠胡同等都是 BBS 时代的典型产品。

（2）休闲娱乐型社交网络时代。经历了早期 BBS 阶段，社交网络凭借休闲娱乐功能取得了长足发展。2004 年，复制线下真实人际关系到线上并进行低成本管理的 Facebook 诞生，社交网络正式迈入了 Web 2.0 时代。受到国际社交网络发展的影响，中国社交网络产品相继出现，它们形态各异，包括视频分享、SNS 社区、问答、百科等。

2005 年成立的人人网、2008 年成立的开心网，拉开了中国社交网络大幕。2006 年至 2008 年这 3 年，风险投资（Venture Capital，VC）和私募基金（Private Equity，PE）对此类网站进行了大幅投入，并于 2008 年进入缓步投入阶段。

（3）微信息社交网络时代。2009 年 8 月，新浪推出了微博产品，140 字即时表达，图片、音频、视频等多媒体支持手段的使用，转发和评论的互动性，使得这种产品迅速聚合了海量的用户，也吸引了众多同业者（如腾讯、网易、搜狐）的追随。2011 年，新浪微博用户突破 3 亿人，数十万企业在微博上建立了自己的企业主页，新浪微博的迅速发展引爆了中国媒体营销的社交化发展，新浪微博也成就了国内社交网络的一个高速发展期。

随着移动互联网的发展，微信息社交产品逐渐与位置服务（LBS）等移动特性相结合，相继出现了米聊、微信等移动客户端产品。2011 年 1 月 21 日腾讯公司推出了为智能终端提供即时通信服务的免费应用程序——微信，微信支持跨通信运营商和跨操作系统使用，用户可以通过网络发送免费语音、视频、图片和文字，也可以使用共享流媒体内容的"朋友圈"和基于位置的社交插件"摇一摇""漂流瓶"等服务插件。2012 年 3 月，微信用户数突破 1 亿大关，伴随着微信平台功能的日益丰富化、人性化，微信用户也与日俱增。进入"社交化＋本地化＋移动化"（SoLoMo，Social+Local+Mobile）时代，社交功能逐渐成为 App 产品标配，我们已经很难去区分社交产品的边界。

（4）垂直社交网络应用时代。垂直社交网络不是在上述三个社交网络时代终结时产生的，而是与其并存。垂直社交网络主要与游戏、电子商务、职业招聘等主题相结合，可以看作社交网络探究商业模式的不同尝试。垂直社交网络的强联系、小圈社交概念被不断放大，用户基于共同兴趣或需求被细分出来。在没有功能区分的大平台社交媒体上，用户会被各种各样的无效信息轰炸，处理信息变得疲劳而低效，成本加大。这种现状导致了人们对于社交大平台的信息恐惧，从大平台逃离的用户会选择自己感兴趣的垂直社交平台。移动互联网时代的去中心化和去边际化意味着垂直社交还将迎来更大的发展。

二、社交媒体的特征

无论是哪种社交媒体，都体现出如下的共同特征。

1. 公开与透明

社交媒体赖以生存的条件是 Web 2.0 技术和思想，其突出的特征是大批量的用户以自发的形式进行各类资讯的创作与传播。社交媒体与传统媒体相比，有着先天的公开与透明的优势，它能够最大限度地传播信息，提前获知哪些人在关注哪些信息，然后通过社交平台把信息层级式地传播给更多的人，最后产生一个呈几何倍增长的放大效应。社交媒体先天的快速分享特质倒逼它形成了信息的公开与透明。

2. 参与和分享

互联网上的每个人都有机会自由平等地在社交媒体上进行内容的创作、编辑、传播和评论。用户可以通过互联网，与兴趣相投的人群建立联系并主动提供反馈，所有人都可以以创造者、读者、消费者、传播者的身份投入其中。

3. 交流与对话

社交媒体是一种新型的信息交流形式，打破了传统媒体单向传播信息的模式，塑造了一种双向沟通的传播机制。这种交流形成了媒体机构、商业性企业、生产性企业与一般用户的纵向交流和用户之间横向交流的交融格局，具有突出的双向对话特点，能够针对某一主题进行追踪式的深度对话。

4. 融合与连通

大部分社交媒体都可以通过图片、文字、声音、视频等进行整合性的平台内传播。社交媒体通过链接的方式产生了极具穿透力的连通性，一个用户可同时以多个身份使用多个社交媒体进行信息传播。

5. 社区化与多平台

社交媒体平台用户能够根据自己的兴趣爱好很快创立独特的社区或者社群。在这些社区中用户会针对共同感兴趣的话题进行交流，并形成较稳固的类社会关系，从而产生较高的网络平台内的信任。由于社交媒体并不是建立在现实之中，加之网络的匿名性，社交媒体平台呈现出多样化形态，用户可以游刃有余地穿梭于多个社交媒体平台之间。

第二节　社交媒体中的广告互动

根据中商产业研究院发布的《2020 年中国广告业市场现状及收入规模预测》显示：2019 年全国广告收入 2 075.27 亿元，同比增长 11.30%。其中：传统广播电视广告收入

998.85 亿元，同比下降 9.13%；广播电视和网络视听机构通过互联网取得的新媒体广告收入 828.76 亿元，同比增长 68.49%；广播电视和网络视听机构通过楼宇广告、户外广告等取得的其他广告收入 247.66 亿元，同比下降 9.41%。我国新媒体广告收入增长明显，新媒体广告收入占 2019 年广告收入总额 39.94%，网络等新媒体广告成为新的收入增长点。

近年来，不但传统媒体广告收入显著下跌，门户网站广告也日趋衰落，而社交媒体却在广告营销中扮演起了更加重要的角色。企业主们也逐渐发现，社交媒体的广告费用不仅比门户网站低，而且通过社交媒体展开的广告营销更容易获得高转化率，因此社交媒体的广告功能越发受到企业主们的关注与认可。

一、社交媒体广告的内涵

我们在讨论社交媒体平台上的广告时，必须首先对新旧媒介融合格局中的广告有一种与时俱进的认知。广告演进的历程一再提醒我们，广告的变迁与媒介的发展密不可分，媒介形态的变迁改变了广告受众的媒介接触习惯与信息接受方式，而广告受众的一系列改变又反过来推动媒介形式以及广告形态发生变化。美国传播学家沃纳·赛佛林等人指出："目前，广告业正处于一个变化阶段，其主要原因是媒介环境发生了巨大变化。传统上针对广大不知姓名观众的大众媒介广告是一种行将消亡的传播形式。"[1]美国得克萨斯大学广告学系早在 1995 年就提出了"新广告"概念：从商业的角度来讲，广告是买卖双方的信息交流，是卖者通过大众媒体、个性化媒体或互动媒体与买者进行的信息交流。

综观今日的广告呈现形态，会发现广告正沿着学者们所预测的方向发生着悄无声息的改变。Web 1.0 时代，依附于早期网络媒体的广告有着典型的传统广告形态印记。从 1994 年 10 月 27 日美国著名的《热线杂志》(*Hotwired*) 在其网络版主页上推出 14 位广告主的图像和信息开始，旗帜、通栏、图片、文字、链接、浮动和弹出式等网络广告陆续进入受众视野，但大体上都延续了传统广告的传播逻辑：网站如同传统大众媒介，是广告内容的传播者，而网民如同传统媒体的读者或观众，只是被动地浏览或点击广告并获取信息。以传者为中心的 Web 1.0 广告越来越不适应受众的行为变化，甚至激起了广告受众强烈的逆反与回避心理。当网络媒体逐渐演化出与互联网革命性互动技术相匹配的新媒介形态 Web 2.0 时，网络广告才真正地进入了"消费者参与的双向互动分享"时代。消费者在此时才真正拥有了一定的控制权，能够选择是否接受和传播广告信息，何时、何地以及以何种方式接受和传播广告信息。

---

[1] [美]沃纳·赛佛林、小詹姆斯·坦卡德：《传播理论：起源、方法与应用》，郭镇之等译，华夏出版社 2000 年版，第 11 页。

社交媒体广告正是在 Web 2.0 技术支撑下的新媒体环境中应运而生的，只有理解了网络广告从 Web 1.0 时代向 Web 2.0 时代转化的背景，才能更好地理解社交媒体广告的内涵。Facebook 的前任首席运营官雪莉·桑德伯格认为"社交媒体广告"具有如下价值主张：用户触达广、精准相关度高、用户参与度高和社交场景丰富等。任何广告的目的都是对商品符号进行传播，希望引导广告受众依循商品符号来进行消费。而商品符号的高度抽象即"品牌"，失去品牌符号指代的广告，其传播也必然是没有意义与价值的。因此，我们今天讨论的社交媒体广告并非传统的仅由广告主发布的有着明显销售导向的"赤裸裸地叫卖"，今天的"社交媒体广告"是符合社交媒体语境的、能激发受众"广泛参与、互动分享"的、可能是来自企业方也可能是来自消费者的各种品牌相关信息。可以说，社交媒体平台在品牌形象的传播和品牌忠诚的维护上具有得天独厚的优势，社交媒体平台上的品牌传播形式更加关注受众的参与度和美誉度，更强调受众之间的、受众与品牌之间的交互性。

二、社交媒体的广告互动实现

社交媒体的迅猛发展大有使之成为新媒体广告主战场的趋势，聪明的品牌已经转投社交媒体的怀抱，开展一轮又一轮高效、创新的广告营销活动。

根据艾瑞 AdTracker 监测数据显示，在 2019 年至 2020 年第一季度间，每个季度中约 70% 的广告主选择在新媒体社交平台开展营销广告投放。因此，如何更好地实现社交媒体互动中的广告功能值得我们研究。

1. 吸引注意与激发兴趣

社交媒体广告的首要任务就是要吸引受众注意，并且能够激发受众的兴趣，产生互动行为。在信息大爆炸的社交互动时代，注意力资源越发稀缺，人人都是信息生产者与传播者，人人都主动地或者被动地被包裹在信息的海洋之中。要想吸引受众注意、激发受众兴趣，社交媒体广告信息的文字、语言、声音、视觉形象、互动结构、故事情节、叙事节奏等都需要俘获人心。总体而言，社交媒体广告要把握两个基本要素：信息有用、内容有趣。

（1）传达有用信息。社交媒体环境中的信息接收是一种主动而非被动的行为，受众对信息选择性注意的一个重要指标是"有用"。从心理学角度分析，每一种行为的产生都是由相应的动机和需求所驱动的，社交媒体环境中消费者会主动关注品牌相关信息的根本动机是为了减少实际购买决策中的不确定性与风险。丹麦著名情报学家英格沃森就指出，当个体自身的知识结构、认知能力或者工作经验等不足以解答某个问题时，个体必须通过进一步思考或者通过与外部世界的互动沟通来获取足够的信息支撑。[①] 社交媒体已经成为最为活跃的交流阵地，人们喜欢社交媒体，并非因为它能够提供广告、商品，而是因为通过社交

---

① P.Ingwersen，"Information and Information Science in Context"，*Libri*，1992，Vol.42，No.2，pp.99—135.

第二节 社交媒体中的广告互动

媒体人们在这些强关系和弱关系圈中可以构架自己的社会关系网。因此,任何企业在制订社交媒体战略时,都不能以销售思维来指导传播行为,不要一开始就问:我们要卖什么?在哪里卖给消费者?怎么卖得更多?相反,社交媒体战略要回答的问题是:我的受众在哪里?作为一个企业,我的社会责任和担当是什么?我怎样才能帮助消费者解决实际的生活问题?洛桑国际管理学院教授米科拉基·皮斯科斯基提出,在制订一个成功的社交媒体战略时,要结合"满足"和"朋友"这两个概念,一个成功的战略既能降低成本,又能让品牌在市场中脱颖而出。因此,我们在考量什么样的信息可以视为有用信息时,可以用"满足"和"朋友"这两个标准去衡量。

星巴克在品牌官方抖音号中的获赞量和粉丝数都名列前茅,其发布的短视频多以品牌小故事、点单攻略、粉丝福利为主,紧紧把握住"传达有用信息"的原则。其内容合集被分类为:星巴克那些事、点单攻略、星巴克周边、星粉福利、最美星巴、不要扔系列、奇怪的咖啡知识(见图6-1)。除了传递品牌信息、宣传产品内容外,星巴克还在抖音中发布优惠信息,如2020年7月7日,星巴克紧跟高考热点,发布"凭准考证,星冰乐买一送一"的优惠活动,为粉丝提供有效的福利。除此之外,星巴克还发布了不少有关咖啡的知识。星巴克抖音日常运营始终把握"朋友"和"满足"的概念,既为品牌提供了有效宣传,又带给粉丝有效信息。

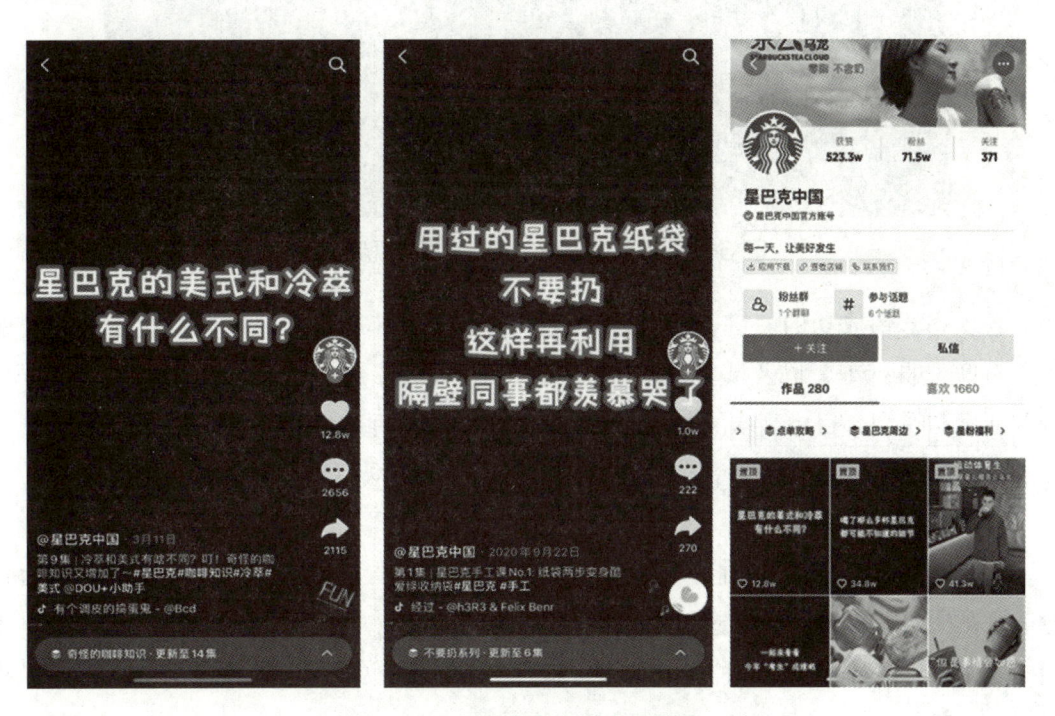

图 6-1 星巴克官方抖音号截图

(2)创作有趣内容。社交媒体用户为什么喜欢分享?这是因为,在当代社会的压力下,分享的内容能令他们感到开心、获得情绪释放。社交媒体分析师布瑞恩·索利斯

（Brian Solis）曾说，不同于传统媒体，社交媒体是充满情感因素的，人们在一个社交网络里可以建立起以自我为中心的生态网络。因此广告发布者要学会创建他人可能会响应的内容，设计一个可以牢牢抓住用户的心的情境。毕竟社交媒体用户大部分都希望忘记现实的压力、暂时地享受快乐，都希望在社交过程中寻找某种情感共鸣。因此，新奇有趣的广告内容自然更容易获得用户的注意与分享。

2020年8月18日，餐饮品牌老乡鸡做了一场预算200元的"2020战略发布会"（见图6-2），会议选址在村头，演讲台装饰简陋，桌上还放着一只大公鸡，发布会的听众也只有大爷大妈，董事长束从轩亲自出镜，手拿大喇叭，会议发言用语简单、接地气。老乡鸡"土味"发布会视频一经推出，其微信原文阅读量即突破10万，在看用户量突破2.7万。短短一天内，老乡鸡在微博话题"老乡鸡正式布局全国"的话题相关度已达到17日的62倍。

图6-2 老乡鸡2020战略发布会视频截图

老乡鸡营销成功的关键在于其趣味性，发布会中带口音的普通话，村子里的大喇叭、石磨、自行车，以及墙上挂着的辣椒和大蒜等元素都让受众倍感亲切。这类"土味"元素与受众心目中高端大气的企业发布会形成了鲜明的对比，使得这场发布会具有强烈的趣味性，迅速吸引了受众注意力，产生了引发受众主动参与讨论和传播的效果。

2. 刺激表达与触动分享

社交媒体中广告传播功能的实现主要依靠刺激受众对品牌或者产品进行讨论，因此企业需要在社交媒体平台中营造出受众能够参与对话的语境，并鼓励受众在各自的社交媒体圈中表达和分享对品牌的各种观点。那么如何才能刺激受众的表达与分享行为呢？可以从以下两个方面入手：

（1）创造价值关联。在社交媒体环境中，企业不可能再利用信息的非对称性蒙蔽消费者的双眼，而是需要找到其他的价值源吸引消费者。美国学者华克·史密斯和安·克拉曼在《时代行销：消费者世纪大调查》书中指出，"尽可能完全弄清楚你的客户的时代经验，

第二节 社交媒体中的广告互动

否则，将无法真正打动他们的心"①。消费者不仅是购买一种产品，更是消费一种价值或者说是忠诚于品牌所代表的一种生活态度。正如科特勒在《营销革命3.0》中所强调的，我们应该以全新的眼光看待今天的消费者，他们是多维的、受价值驱动的人群，企业应该朝着人本主义型和社会价值型方向发展。因此，企业在社交媒体平台上的广告信息传播除了追求信息有用、内容有趣之外，更应该站在企业社会责任的角度和品牌公益传播的角度塑造消费者认可的品牌价值主张。

2020年5月4日，视频网站bilibili（以下简称"B站"）发布视频《后浪》，视频中国家一级演员何冰老师以一位"前浪"的身份为后浪即"Z世代"进行了一场激情澎湃的演讲。视频一经发布便刷屏网络，5月6日20点，《后浪》在B站上就达到了1 283.6万播放量，引发了19.2万条弹幕，得到了137.2万点赞，并在5月4日当天获得了人民日报、公安部新闻等社交账号的转发（见图6-3），还在中央一台新闻联播播出前作为广告片播放。这支4分钟的宣传片还产生了不小的商业价值：截至当日收盘，B站股价大涨5.5%。B站也借此从一个"二次元视频网站"转型为"服务于年轻人的社区"。

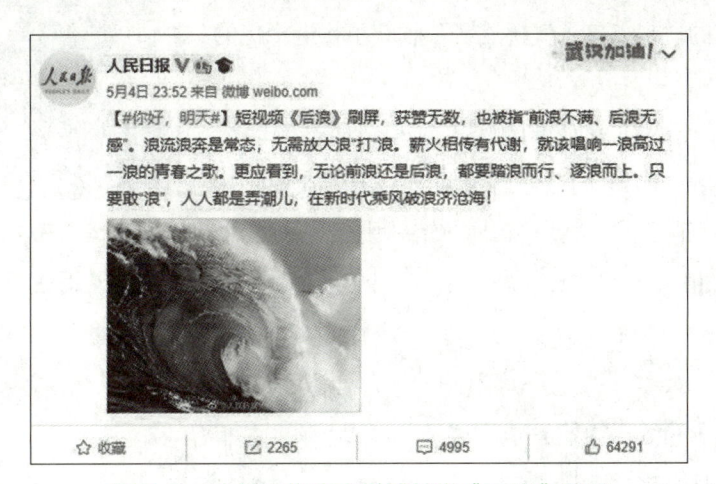

图6-3 人民日报官方微博转发《后浪》截图

B站之所以能以短视频营销引发全网病毒式传播，正是因为其在目标用户群体中形成了文化认同。B站的用户群体多为年轻人，视频中表现出对年轻一代的理解和祝福，以及对其价值观的认同，让目标受众能够被视频所传达的积极向上的内容和精神所鼓舞。视频贩卖给用户的不仅仅是产品，更是认同感。同时，这则视频也向大众展示了B站作为中国年轻一代高度聚集的文化社区和视频平台所具有的年轻、包容、多元的品牌特征。

（2）创造情感关联。企业要实现广告传播的功能，应当充分认识到今天的消费者对广告传播内容的认知过程。现代社会中，高度物化的文明强烈呼唤着人类自然本性的回归，

---

① ［美］华克·史密斯、安·克拉曼：《时代行销：消费者世纪大调查》，生活·读书·新知三联书店2000年版，第309页。

这一倾向在广告传播过程中就体现为消费者对饱含着诸如亲情、友情、爱情等人性主题广告的欢迎与认同。这些人性主题的广告接受过程，也是现代人抚慰心灵的一种方式，因此社交媒体中品牌信息的成功传播需要创造品牌与消费者内心渴求情感的强关联。

2019年六一儿童节前，香氛品牌气味图书馆与大白兔奶糖联名合作推出大白兔奶糖味"快乐童年"香氛系列产品（见图6-4），包括香水、身体乳、护手霜、车载香氛等不同种类。该系列即将于五月末在天猫首发的消息一出，就引发网友们在微博、抖音、朋友圈的热烈讨论。很快"大白兔香水"微博话题就位居微博热搜第5位，微博话题阅读量超4.6亿。除了在线上售卖联名商品之外，气味图书馆还在全国各个城市线下门店放置了互动抓娃娃机——"孩子气抓糖机"，消费者扫码即可免费参与，可以抓到包在"奶糖"里的香水小样和产品兑换券，甚至有机会抓到售罄的大白兔香氛礼包（见图6-5）。最终，气味图书馆在抖音上发起的"来点孩子气挑战赛"收获了将近十亿的浏览量。

气味图书馆与大白兔奶糖的跨界营销，通过触动受众内心对于童年的回忆，创造情感关联，直击受众情感痛点；通过O2O营销模式，将气味图书馆"爱气味，爱生活"的品牌理念植根于受众心中。

图6-4　气味图书馆与大白兔奶糖联名产品海报截图

图6-5　气味图书馆与大白兔奶糖联名线下活动照片

3. 良好体验与整合互动

《还有人看广告吗？》一书早已指出，媒体、消费者和品牌的关系形成了一种新的历史动力，品牌通过媒体叫嚷着告诉消费者"是什么"的时代一去不复返，消费者自己来定义品牌的时代已经来临。社交媒体中，消费者能否对品牌产生良好的口碑传播是由消费者的体验感知与整合互动实现程度决定的。

（1）善于倾听。在社交媒体平台中人与人之间是完全平等的关系，企业与消费者之间更应该走入一种平等对话沟通的语境，才能让消费者对企业产生亲近感。如果从马斯洛关于需求层次的理论来分析社交媒体平台中的受众，我们可以认为企业的优惠、打折、促销等满足了受众基本的物质需求；与受众积极、平等地互动沟通，满足了受众被尊重的社会需求；而让受众从一个"围观者"、一个被动的信息"接受者"变成"参与者"甚至是"创造者"，则满足了受众自我价值实现的需求。这些不同层次需求的满足，也正是社交媒体平台可以强调并实现"用户创造内容"的心理驱动因素。在企业与消费者的对话环境中，曾经由大众媒介铸造起来的更有利于企业方的天然屏障已经被社交媒体平台完全击穿，消费者被新媒介技术赋予了平等对话的权利与机会。企业面对这种不可逆转的变革，与其如履薄冰、提心吊胆地担心消费者在社交媒体平台上的言论让企业"着火"，还不如以诚信为本、坚定果敢地以一种开放而平等的姿态来倾听消费者的心声，不管是各种意见、建议，还是批评、是抱怨。

（2）整合互动。移动社交媒体正在改变人们的沟通方式和信息传播方式，以移动社交媒体为核心的社交图谱也快速建立起来，社交化与移动化已经成为传统互联网变革的必然趋势。移动社交媒体作为各种媒体资源最有利的补充，已经发挥出越来越重要的作用，传统PC的地位逐渐被智能手机取代，通过移动终端访问社交网站的用户数呈爆炸式增长。人们的社交方式正逐步跨过商业网站、垂直网站等直接向移动社交媒体演进。移动社交媒体的发展，使得信息透明化，同时呈爆炸式增长。企业主与消费者的关系已经不仅仅是原来的单向传播，消费者与企业的互动超越了购买产品和被服务的有限场景，孕育出一种主动与企业互动的扩散型关系。消费者可以在不同传播平台上共同关注某个企业、某个产品、某次体验、某个问题……这些共同关注使得单一消费者事件可能会演变成群体关注事件，消费者呈现出群体思考、群体感受、群体交互的状态，客户体验甚至前置到产品研发设计和生产制作过程中。面对如此变化，企业要与消费者实现深度的沟通与交流，必须整合各种有效的传播元素，在统一的核心主题指导下，充分发挥各种媒介平台的优势，实现跨平台的整合互动。

第三节　口碑传播中的信誉建构

社交媒体平台具有广告价值已经毋庸置疑，前一节我们重点从策略层面论述了企业如何在社交媒体平台上实现今天的广告功能，可以说是从"术"的层面讨论了企业成功达成广告传播效果的可能。而这一节，我们将重点从"道"的层面来分析：社交媒体平台的强大广告力量，并非仅仅来自巧妙的传播策略，而是来自企业所坚守的"品牌信誉"在社交媒体平台上形成的良好口碑效应。当社交媒体平台实现了人们随时随地的双向交流时，消费者乐意对企业的付出作出回应。社交媒体平台形成的网络口碑效应正在重塑品牌与消费者之间的关系。

一、口碑传播的意义

口碑传播（Word-of-mouth Communication）是人类基本行为的一个重要构成部分，广泛地存在于人们的日常生活中。口碑传播与其他传播形式相比，具有直接、可信度高、传播速度快、传播成本低、易被他人接受等特点，但同时也容易消逝，口碑传播研究对指导企业的营销、广告、公关、品牌传播行为等具有重要意义。品牌口碑传播源主要来自私人关系（如家庭成员、同事、朋友等），不同类型的消费者和不同的产品会有一定的差异。口碑传播是消费者之间传递的产品或服务特点等非正式的信息，具有互动性强、传播迅速和少有商业偏见的特点，因此比其他形式的互动具有更强的可信度和说服力。[①]大多数研究文献表明，口碑传播是市场中最强大的控制力之一。伴随着互联网的发展，今日的消费者越来越多地通过互联网了解公司及其产品、服务信息和其他消费者的评价。消费者在社交媒体平台中，不仅可以了解到其他消费者对某些产品的看法和消费体验，还可以将自己使用品牌产品的相关感知体验进行分享、传播。

社交媒体用户非常乐意讨论关于品牌的内容。社交媒体改变了传统的互联网交流方式，人与人之间的互动交流更加顺畅，每个人都拥有自己的社交关系网络。他们做出购买决策时不再依靠传统的广告、名人代言、专业评论等，而是可以直接从社交网站使用过产品的人中获得可信的意见。[②]企业可利用社交媒体平台独有的人际关系传播机制，将品牌与产品植入消费者心中，先让品牌与消费者成为朋友，再让每位关注者成为品牌的主动传播者，进而提升品牌的知名度和偏好度，帮助消费者了解品牌信息、产品信息、服务信息，增强其购买意愿以带动销售。

研究表明，口碑传播在影响消费者的产品选择、新产品的信息扩散、服务提供者的选择三个方面均扮演着非常重要的角色。通过人际互动，消费者主动与他人分享其消费经验，免费成为产品"代言人"，这种信息往往被其他消费者认为是最值得信赖和最重要的资讯来源。

当我们认识了正面口碑传播的重要性时，千万不要忽视负面口碑传播对企业的危害性。负面口碑管理可谓是企业营销传播管理中最重要也是最难控制的环节。近年来，伴随

[①] East R., Hammond K., Lomax W., "Measuring the Impact of Positive and Negative Word of Mouth on Brand Purchase Probability，" International Journal of Research in Marketing，Vol.25，No.3，2008，pp.215—224.
[②] 王伟明、赵丁丁：《广告视觉设计》第 2 版，苏州大学出版社 2013 年版，第 279 页。

第三节　口碑传播中的信誉建构

各类社交媒体的普及，无孔不入的"鼠标关注"和"虚拟围观"使得网络负面口碑成为影响消费者行为的重要因素。负面口碑多与抱怨和不满有关。作为排解不满的重要方式，负面口碑是消费者向他人诉说问题并试图影响、抵制企业的表现形式，当不满得到认可并在人与人之间开始传播时，就会造成负面口碑扩散。由于消费者在遭遇负面刺激时所产生的情绪、行为及反应往往会比遭受正面刺激时表现得更为激烈与快速，他们会不由自主地夸大自身的不满，因此，负面口碑更容易引起他人的关注、共鸣和传播。无穷无尽的点击瞬间就可以将各种负面口碑裂变成具有爆炸性、破坏性的巨大力量。面对社交媒体平台上的负面口碑，企业必须坚守"品牌信誉"的根本，建立一整套应对机制。首先，从自身做起，从产品信誉、服务信誉、责任信誉、个人信誉四个方面不断优化自身品牌，提高消费者的满意度、认可度。同时对负面口碑保持高度敏锐，建立相应的监控机制，第一时间积极处理活跃型发布者提出的问题。其次，熟悉社交媒体平台中的人际关系规则，关注传播过程中的舆论领袖并与他们保持良好关系。最后，当负面口碑进入大规模扩散阶段时，应寻求权威的第三方机构控制整个事态的恶化，重塑企业良好形象。

二、社交媒体的口碑传播效应

在社交媒体平台越来越成为消费者的网络聚集之地时，企业必须突破传统思维的桎梏，打破对传统营销传播路径的依赖，充分认识到网络口碑传播效应的重要价值，实现以"口碑传播"为主导的整合营销传播理念的更新。只有将这样的理念贯穿并渗透到以下四个方面，积极建构起品牌信誉，消费者的口碑传播效应才能持续形成。

"信誉"这个词无论在起源还是意义上都非常丰富。信誉起源于拉丁语"integritas"，意思是全体或纯洁，经常等同于诚实、可靠等优良品质。同时信誉也意味着一般意义上的责任、一系列义务和自治的能力。广义上看，信誉暗示着身份与责任的一致性，最高层次的信誉与面对逆境和诱惑所表现出来的较强的道德原则有关。对于企业而言，企业品牌的基石就是信誉，企业的信誉优劣直接关系着企业的存亡与发展，直接关系着消费者对企业的各种正负面评价。

1. 产品信誉建构

产品是用来满足消费者某种需要的物品，消费者对产品的需求是多方面的，既有物质的有形要素，也有非物质的无形要素。产品只有具备了满足消费者各方面需求的要素，才能被视为一个完整的产品。具体而言，产品包括四个层次：一是产品的功能和效用，这是产品的核心，是满足消费者需要的中心内容；二是产品的形式，包括式样、特色、外观、包装等，这是满足消费者需要的形式问题；三是产品的价格，这是消费者消费产品必须支付的代价；四是产品的延伸服务，包括送货、安装、维修和保障等，这是产品不可缺少的附加价值。一个好的产品，只有将四个层次结合起来，并一一满足消费者，才能说产品的

案例参考

信誉建构起来了。要想在媒体环境如此多元化的今天，获得消费者的口碑认可，就必须从产品信誉出发，以提升产品的功能和效用为中心，全面强化产品品质、包装、价格、服务等，带给消费者全方位的需求满足。

在产品信誉的建构中，产品品质是核心和关键，当产品品质不具备消费者所需要的使用价值时，消费者的利益就受到了损害。而什么样的产品品质才算符合消费者的需求呢？这必须从产品档次来考虑，每一档次的产品质量都有客观标准，产品只有达到相应档次的标准，才算是满足了消费者的需求。消费者对产品质量的要求，是随着科学技术和生产力发展水平的变革而改变的。企业必须根据消费者需求的变化，及时提高产品质量标准，以高出国家、部门或地区的先进质量标准，不断创新工艺、提高质量，才能保证产品信誉经久不衰，才能持续性地在社交媒体平台上产生积极的口碑效应。

快捷周到的服务也是为产品创造口碑传播的关键路径之一，消费者在得到良好服务的同时便缔结了对该品牌的忠诚，从而增加了自发宣传产品和后续购买的可能性。企业应采取多种措施提高消费者的满意度，如重视消费者的投诉和抱怨、减少消费者的消费成本、提高消费者的购买价值、增加消费者的让渡价值等。对产品和服务细节进行精细化管理，能有效地降低消费者在购买产品过程中所产生的抱怨和反感，减少负面的口碑传播，增加良好的口碑传播。

现代企业之间的竞争，不仅仅是有形实体的竞争，更体现为产品延伸服务的竞争。企业为消费者提供的服务从过程来看，大致可分为售前服务、售中服务和售后服务三个方面。售前服务包括：销售网点的设立、服务的项目、服务的方式、咨询回答的反应机制、以销售为目的的各种准备工作等。售中服务包括：对消费者的文明礼仪、对产品的翔实介绍、耐心回答消费者提出的各种问题、从消费者立场提供消费建议。售后服务包括：寄送商品、质量三包、解决消费者使用产品过程中遇到的各种问题等。服务信誉建构的核心是为消费者选购到称心如意的商品、享受到超越期待的服务而不懈努力。直接影响消费者口碑效应形成的服务要素主要体现在以下几个方面：第一，服务态度。尤其是企业的一线员工每天要接触大量的消费者，他们的一言一行都会给消费者留下深刻的印象，直接影响消费者对企业品牌的直观印象与品牌感知。"主动、热情、耐心、周到"八字箴言是企业服务信誉建构必须坚守的信条。第二，服务方式。消费者一般是好简厌繁，企业在设计服务方式时，不仅要考虑到自身经营销售的需求，同时必须为消费者着想、方便消费者。第三，服务细节。服务藏于细节，把细节做到完美，服务就达到了极致。企业提供优质的服务，有时候不需要特别的方式，只要细节感动了消费者同样可以产生积极的口碑效应。

海底捞新玩法

比如火锅品牌海底捞最为人们所称道的就是其"超越消费者期待"的各种细节服务。凡是去过海底捞的消费者，恐怕都难以不对其细致入微的服务产生深刻印象，这些消费者也乐意去社交媒体平台上分享自己在海底捞享受到的"变态服务"：入座后，立马有人送上绑头发用的橡皮筋，递上围裙，送上手机套；如果你是戴眼镜的消费者，还会有眼镜布；排队等候时可享受免费的小吃和茶水，可以享受擦鞋、美甲服务，等等。海底捞就是从各个细节上做起，不断地感动消费者，从而拉近了品牌与消费者之间的距离，最终让消费者心甘情愿地成为海底捞的忠实追随者，并通过口碑效应，让海底捞"极致服务"的品牌形象深入人心，形成了良好的产品信誉。

2. 责任信誉建构

关于企业社会责任的基本内涵一直没有统一结论，但企业社会责任有自身明显的特点。企业社会责任与企业经济和法律责任有根本区别，履行经济责任和法律责任是企业必须遵循的底线，是一种基本社会义务，是企业参与社会的基础。而企业社会责任是一种道德责任，它反映的是企业的价值观、道德理想和追求。企业社会责任是超越股东利益，并为企业所有相关者负责任的一种价值取向，它不以短期的经济获利为目的，而是致力于长期的社会进步和发展。良好的企业社会责任标准可以提高企业的信誉。人们普遍认为，企业的社会责任是一个广泛的议题，它涉及各类组织机构如何改善它们所在社会的环境、地方经济等多方面的问题。企业的社会责任源于企业的社会权利，有权利就应承担相应的社会责任。从义务到责任的认识和实践转换也体现了企业管理理念的提升和社会的进步。企业无论大小，都应承担一定的社会责任。企业社会责任是一个信誉问题，把企业社会责任当作一个动态的、积极的问题来看待，这将使企业获得更大的信誉优势。

那么企业该如何来建构社会责任信誉呢？战略大师迈克尔·波特给出了很好的建议：将社会责任感纳入企业整体经营战略，加大投入以求具有更强的竞争力。每一个希望在未来市场中立于不败之地的企业都应该考虑如何在核心商业活动之外，从事企业社会责任活动以满足不同利益相关者的需求。有关专家从如下方面对企业建构社会责任信誉给出了建议：承担明礼诚信确保产品货真价实的责任，承担科学发展与交纳税款的责任，承担可持续发展与节约资源的责任，承担保护环境和维护自然和谐的责任，承担公共产品与文化建设的责任，承担扶贫济困和发展慈善事业的责任，承担保护职工健康和确保职工待遇的责任，承担发展科技创新和创自主知识产权的责任。[①] 企业是社会的细胞之一，企业社会责任的重要体现是倡导主流价值观以及尊重消费者、社区和自然环境进而实现商业的成功。

2020年初，国内暴发新冠肺炎疫情，口罩、呼吸机等医疗器材供不应求，各行各业受到重创。这时国产汽车品牌五菱主动站了出来，将其无尘车间改造为口罩生产车间，大量生产口罩（见图6-6），并在包装盒外印上醒目的白色字体"人民需要什么，五菱就造什

---

① 黄乐桢：《企业应承担的八大社会责任——专访全国政协常委、国务院参事任玉玲》，《中国经济周刊》2005年第41期。

么"。这一举动使得五菱迅速登上微博和抖音话题热搜榜，引起受众自主点赞、转发。五菱强烈的社会责任感，潜移默化地提高了五菱在受众心中的认可度，为其在受众心中树立了一个"国民品牌"的形象。五菱品牌在主动承担社会责任的同时，也将责任感和正能量融入品牌理念，有效地完成了品牌传播。

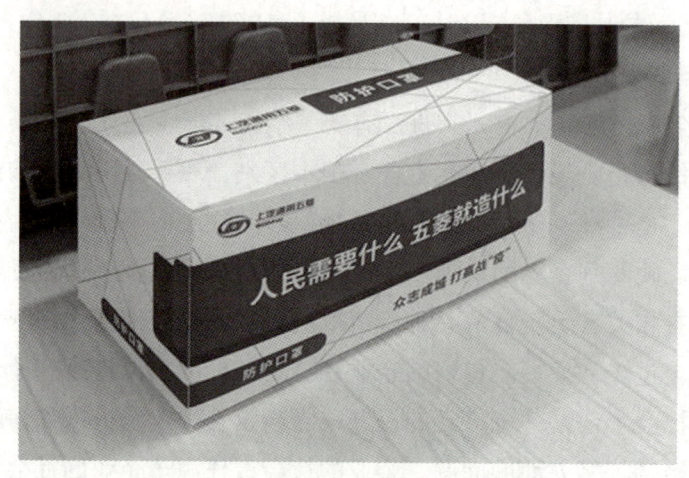

图 6-6　五菱生产的口罩产品的包装

3. 领导信誉建构

随着社会经济的发展，领导已逐渐被视为生产力的第四个要素，领导的行为关乎企业的命脉，有才干的领导更成为企业长盛不衰的支柱。静态地看，领导与企业品牌有着千丝万缕的联系，领导的知识、能力和品质等要素是企业成长的基因，决定着企业的性格，并制约和引导着企业文化的个性发展。动态地看，领导在企业的定位、发展、变革中扮演着举足轻重的角色，是企业发展动态模型中第一位的活跃因素。领导是企业共同价值观的化身，企业领导必须通过自己的言行向内部成员灌输企业的价值观，向外部的相关利益者传递企业的价值理念。在移动互联网这个低成本、高效率、多用途的交流互动环境中，企业领导信誉的建构对于企业良好口碑效应的产生有着重要意义。

企业领导的形象代表了企业品牌的形象，社交媒体平台有助于企业领导树立良好的个人品牌形象。"CEO 情感营销"在国外是一个非常流行的营销方式，很多企业的领导都会在 Twitter 上与粉丝互动，让消费者觉得他们不是高高在上的高管，而是身边的朋友。一个每天与网友谈天的企业家，树立的是一个亲切、随和的形象；一个时常与网友谈人生、谈成功经验的企业家，树立的是青年导师的形象；一个在网络里帮助寻人、慷慨捐款的企业家，树立的是有爱心、有情感、热情助人的形象。[①] 通过社交媒体平台的互动交流，企业领导不仅可以成功塑造自己的个人品牌信誉，还可以对与企业品牌、产品相关的话题进行较为全面的监控，甚至可以引导粉丝参与企业的各种创新活动。企业领导在社交媒体平台上释放出的人格

---

① 肖震：《掘金微时代：移动互联下的生存与制胜指南》，科学出版社 2013 年版，第 203 页。

魅力和影响力，可增强和带动公众对企业的信任和喜爱。对于受众而言，相较于关注一个企业，更喜欢关注企业领导每天在做什么、在说什么，甚至他的私生活。因此，企业领导人要想与企业官方的社交媒体平台形成良性互动，就必须具有鲜明的个人品牌风格，发挥个人在社交媒体平台上的影响力和传播力，同时要时刻注意自己的言行对个人品牌、企业品牌的影响。

三、口碑传播中对品牌信誉的坚守

企业信誉是企业在其生产经营活动中所获得的社会上公认的信用和名声。1996年，斯特恩商学院的名誉教授查尔斯·丰布兰（Charels Fombrun）较明确地给出了企业信誉的定义："企业信誉是一个企业过去一切行为及结果的合成表现，这些行为及结果描述了企业向各类利益相关者提供有价值的产出的能力。"[①] 企业信誉所包含的产品信誉、服务信誉、责任信誉、个人信誉等，最终都要借助于"品牌"予以凝结和体现。可以说，企业之间的竞争，最终是品牌信誉的竞争。企业要想在风云变幻的社交媒体平台上获得消费者长久的口碑传播效应，其最根本的坚守就是对"品牌信誉"的长期营造。

英国学者布莱克斯顿认为，成功的品牌关系都具有两个因素：信任和满意。其中，信任受风险、可信度和亲密性的影响，而满意是主动性和支持性的函数。[②] 哈佛商学院助理教授S.佛妮尔1998年提出品牌关系质量概念，用以衡量品牌关系的强度、稳定性和持续性。该概念包括6个部分：爱与激情、自我联结、相互依赖、个人承诺、亲密感情、品牌的伴侣品质。[③] 而美国营销学者汤姆·邓肯等人则从企业实际运作的角度提出评价品牌关系的8个指标：知名度、可信度、一致性、接触点、回应度、热忱心、亲和力、喜爱度。[④] 虽然不同学者的观点各异，但对品牌关系中的"信任""依赖""承诺""可信"的认知却是高度一致的。可见，品牌价值的核心是"信誉"，而这种以信誉为核心的品牌价值，显然不可能以"忽悠"式的宣传、单向度的广告来建立，只能是以高品质产品为事实基础，通过持续的营销、消费、服务、传播来验证和建构。

然而，在残酷的市场竞争环境中，总有不少企业见利忘义、急于求成、心存侥幸，因此未能坚守企业品牌的灵魂——诚信。当一个社会组织远离目标公众、一心追求所谓"知名度与美誉度"的时候，华而不实的浮躁将使得它的决策人在"轻实在、重虚名"的轨道上越滑越远，直至出现重大的危机。如三鹿奶粉隐瞒"三聚氰胺致婴幼儿结石"的可

---

① 杨纬隆、李介新：《企业信誉管理与竞争优势》，《企业活力》2006年第12期。
② Max Blackston, "Observations: Building Brand Equity by Managing the Brand's Relationships", *Journal of Advertising Research*, 2000, Vol.40, No.6, pp.101—105.
③ Fournier S., "Consumers and Their Brands: Developing Relationship Theory in Consumer Research", *Journal of Consumer Research*, 1998, Vol.24, No.4, pp.343—373.
④ ［美］汤姆·邓肯、桑德拉·莫里亚蒂：《品牌至尊——利用整合营销创造终极价值》，廖宜怡译，华夏出版社2000年版，第50页。

怕事实,对消费者蓄意欺骗,谎称"专业生产,品质有保证""名牌产品,让人放心还实惠""生产名优乳品,奉献社会民众";达芬奇家具为了使劣质产品价格翻上十几倍甚至上百倍,煞费苦心地将其送出国去"挂洋头",还信誓旦旦地对消费者进行着"100%意大利生产""所用原料为名贵实木白杨荆棘根"的虚假宣传。实际上,三鹿奶粉、达芬奇家具本身就是产品"文本",既负载着生产者的信誉信息,也在传播中接受产品"文本"诚信信息的解读。在社交媒体高度发达的今日,负面口碑的传播速度更加迅速、传播范围更加广泛、传播对象更加精准,因此,负面口碑对企业的危害也就来得更加迅猛、更加措手不及。那么,解决社交媒体平台上的负面口碑的根本之道就是企业要始终坚守"品牌信誉",以不变应万变,只有这样才能真正成就百年基业。

实践部分

1. 复习思考题
   - 社交媒体的内涵是什么?
   - 社交媒体的基本特征是什么?
   - 社交媒体有哪几个发展阶段?
   - 请谈一谈你对社交媒体广告的内涵认知。
   - 依托社交媒体互动实现的广告策略有哪些?
   - 请论述一下社交媒体平台中口碑传播效应产生的具体维度。

2. 案例讨论

瑞幸咖啡:私域流量池思维与裂变营销

瑞幸咖啡(luckin coffee)被网友称为"小蓝杯",饱和度极高的蓝色是 luckin coffee 品牌的标志颜色,是营销界的一匹黑马。下面我们来探讨下它是怎样凭借着社交媒体的巨大优势进行营销的。

首先,瑞幸咖啡邀请当红明星张震、汤唯作为品牌代言人进行品牌营销。企业支出 3 亿元经费在分众电梯媒体、分众影院等广告渠道上,快速地吸引了消费者的眼球;通过简约的蓝色和广告语"这一杯,谁不爱"精确抓住了现磨咖啡的用户群体追求雅致生活的心理。同时,企业通过第三方广告公司的用户大数据分析做精准店面选址和用户推广,以最少的店面覆盖最多的目标用户;并且通过"烧钱"补贴的方式获取自身平台的流量积累,以达到精准营销的目的。

其次,相比于传统广告的品牌曝光、饱和式投放、内容营销、公关事件等手段,瑞幸咖啡作为一种典型的社交饮品,将大部分广告费用拿来作为用户补贴,激发老用户邀请好友以实现拉新,这是它最核心的获客手段。用户将指定信息分享到微信朋友圈拉新后可免费获赠咖啡的销售补贴策略,使得瑞幸的品牌认知度迅速提高。这样,瑞幸将传统的拉新获客的广告费用,分解成老用户推荐的奖励费用与新用户注册的奖励费用，利用用户的社交圈获取更多的顾客和老顾客的忠诚度，使得购买瑞幸咖啡很快成为一种新潮流。

请讨论：

瑞幸咖啡利用社交媒体营销和促销的方法带动了消费者对瑞幸品牌的认知，并迅速在各大新媒体平台掀起了裂变式传播。请问你如何看待瑞幸咖啡的成功？这对社交媒体平台中的口碑传播效应产生何种启发？

3. 讨论话题

（1）有人认为，社交媒体是一把双刃剑，在给企业带来巨大机会和利益的同时，对企业也提出了前所未有的考验。与其如此，企业还不如远离社交媒体。这种想法你认同吗？

（2）Nike 创立"Nike+"，旨在帮助运动爱好者分享他们的健身经验，结识兴趣相近的朋友。请问 Nike 品牌从这个活动中能获得什么呢？

第七章　数字广告搭载与植入

导入部分

1. 学习要点

☐ 认知、把握广告搭载平台及其特点

☐ 认知、把握广告植入平台及其特点

☐ 了解搭载与植入广告的基本创意传播方式

2. 学习要求

结合自身接触搭载与植入广告的经验，总体上把握搭载与植入广告和传统广告的差异；在此基础上总体性地把握搭载与植入广告的要点及创意传播方式。

3. 关键词

搭载广告　植入广告　创意传播

4. 先导案例

铂爵旅拍靠爆款网剧圈粉无数[①]

2020 年 5 月，由搜狐视频出品，铂爵旅拍赞助的 16 集都市甜宠网剧《你成功引起我的注意了》正式上线。该剧上线仅 4 天播放量即突破一亿。近年来，铂爵旅拍作为旅拍产业的领军品牌，除了自身服务产品的优化，其营销步伐也越来越"互联网+"。铂爵旅拍布局娱乐营销，专注影视网综，聚焦婚恋旅行题材，与搜狐视频精品甜宠类自制剧展开深度内容营销合作。

在《你成功引起我的注意了》中，搜狐视频借助产品露出、创意压屏、片尾鸣谢等多种方式，有效增加了铂爵旅拍的品牌曝光，并通过定制化的剧情植入，巧妙融入铂爵旅拍产品，提升品牌曝光效果。

铂爵旅拍赞助的网剧三部曲《奈何 boss 要娶我》《奈何 boss 要娶我 2》《奈何 boss 又如何》，在品牌剧情植入上屡有创新。在《奈何 boss 要娶我 2》中，男二号人设背景即是铂爵旅拍的创始人。铂爵旅拍的品牌发展历程及品牌发展理念等，在全剧中随着剧情发展自然植入。这种对剧情进展有实质推动的结合形式，降低了用户在观看时的广告抵触心理，最大化实现品牌认知和用户好感。"想去哪拍，就去哪拍"这句台词一出来，弹幕上呼声一片，可见，通过系列网剧的植入，铂爵旅拍的品牌传播诉求已被用户接受。

[①] 《铂爵旅拍赞助 热播网剧〈你成功引起我的注意了〉收视破亿》，铂爵旅拍官网，2020 年 7 月 14 日。

铂爵旅拍赞助热门网剧进行产品植入，一方面借助甜宠剧的流量优势触达年轻圈层，为推动品牌互联网营销创新提供了极大的助力；另一方面，潜移默化地在用户心中为铂爵旅拍持续构建品牌认知，实现品牌价值增长提供了动力。

上述文字是品牌植入网络剧的案例。铂爵旅拍不仅植入网剧，更深入网剧的制作环节。对此，你如何解读呢？你又怎么理解广告植入现象呢？

第一节　广告搭载及其特点

一、广告搭载概述

"广告"的概念，是围绕媒介形成的。不论是传统四大媒体还是欣欣向荣的新媒体，广告都能在其中找到最适合的栖息平台，从而演化出层出不穷的新形态。不仅如此，如果我们能够把视野放得更宽广一些，穿越大众媒介诞生的19世纪回溯到广告诞生的初期，我们会发现广告借助的媒介范围更为广泛。不论是人类生产生活的实物，还是用于招徕客户的人声叫卖、招牌、幌子，都是用于广告传播的媒介。荀子云："君子生非异也，善假于物也。"广告也"善假于物"。本节讨论的广告搭载，正是从广义的媒介概念出发来考察广告和媒介之间的依存关系。也就是说，广告搭载与植入是以广告本体是否"存在"为界限稍作区分。在广告实践活动中，很多情况下二者并没有严格界限，兼而有之。同时，在概念界定上，广告植入或者说植入广告有相对清晰的内涵，但是广告搭载并没有十分确切的定义。什么样的媒介可供依存？广告依存媒介的目的非常清晰，就是要借助媒介获得的注意力来吸引受众，借助媒介的影响力来影响受众。所以广告在搭载媒介时最为有效率的方法就是选择知名的人、事、物作为媒介，从而实现被搭载方品牌意义的迁移，进而实现自身品牌符号的升华。因此，下面从搭载有无实体以及搭载程度对广告搭载展开分类论述（如图7-1）。

图 7-1　广告搭载分类

二、广告搭载形态

1. 非事件搭载

（1）品牌实体搭载。品牌实体搭载是指借助于其他品牌传播实体（如品牌名称、价格、陈列渠道、宣传海报、广告语等）进行的品牌传播活动。

广告实体搭载在实际操作中要掌握分寸，避免发生刻意攀附或有利用之嫌的行为。打擦边球的做法不仅是市场机制不完善的表现，还可能引来法律纠纷，同时也不利于累积自身品牌的正面形象，因此我们仅作为一种形态划分，不予提倡。

如"汉产名牌"周黑鸭在发展之路上就被众多产品搭载，如世纪周黑鸭、国华周黑鸭、金牌周黑鸭、武汉周黑鸭、汉武周黑鸭、汉口周黑鸭、汉味周黑鸭、绝味周黑鸭、唐人周黑鸭、太子周黑鸭、金太子周黑鸭、口福周黑鸭、三品周黑鸭、周氏黑鸭、周姐黑鸭……一时间，"周黑鸭"真假难辨。又如韩剧《来自星星的你》在网络热播后，国内企业借助其剧名传播，改编出诸如"来自星星的礼""来自星星的大房子""你来自星星，我来自海底""来自远古星星的你"等广告语。还有曾引起全网轰动的"贾君鹏事件"①，及时利用这一事件的人不在少数，例如有些制衣厂趁势推出贾君鹏系列衣服，上面印着图片以及文字"贾君鹏你妈妈喊你回家吃饭""妈，我吃的不是饭，是寂寞"等。更有甚者，还去抢注"贾君鹏"商标。

（2）品牌合作搭载。品牌合作搭载又可具体分为名人合作和品牌合作。名人合作就是大家熟悉的名人代言的形式。这种形式古已有之。据《战国策·燕策二》记载：人有卖骏马者，比三旦立市，人莫之知。往见伯乐曰："臣有骏马，欲卖之，比三旦立于市，人莫与言。愿子还而视之，去而顾之，臣请献一朝之贾。"伯乐乃还而视之，去而顾之，一旦而马价十倍。这种形态比较常见，不再赘述。下面，我们来具体谈谈品牌合作。

首先是品牌合作搭载的形态。品牌强势联合的案例在广告史上屡见不鲜。如美泰（Mattel）公司旗下的著名玩具品牌"芭比娃娃"，自1959年上市以来，就一直致力于与包括服装、珠宝、日用品、电子产品等在内的各类品牌进行短时间内的联合促销合作，而很多时尚品牌进行品牌推广时也首选与芭比娃娃联手推出新品，如Burberry芭比、哈利·波特芭比、Vera Wang芭比等。这种强强联合不仅为美泰和其他品牌节约了包括产品开发、广告宣传在内的成本，也在传播效果上实现了"1+1>2"的品牌聚合效应。有鉴于此，很多大牌热衷于这种广告搭载方式。如英特尔发动"内含英特尔"（Intel Inside）广告攻势与众多电脑品牌合作；惠普与星巴克咖啡联手打造"e化"餐饮等。

此外，不同产品类别的品牌跨界合作也进行得如火如荼。1998年，柯达胶卷与可口可乐推出了"巨星联手、精彩连环送"的促销活动：消费者购买6罐装的可口可乐，可获赠1张柯达免费冲卷；反过来，消费者在柯达快速彩色连锁店冲印整卷胶卷，即可获赠可口可乐一罐。2003年11月，两个"M"，即"麦当劳"（McDonald's）与"动感地带"（M-Zone）结成联盟，共同推出一系列"我的地盘，我就喜欢"的"通信+快

---

① 指2009年7月16日，一位网友在百度贴吧的魔兽世界吧中，发表了一篇题为"贾君鹏你妈妈喊你回家吃饭"的帖子，该帖子后来被回复了130多万次。该帖名称旋即成为中国网络流行语，贾君鹏这个真实身份不明的人物也随之走红网络，并引发众多后续评论和效应。

餐"合作营销活动。麦当劳中国餐厅推出了只有动感地带会员才能以 15 元价格享用的原价 21.5 元的"动感套餐",将实惠真正让利于年轻的消费者,让他们真正享受到自己的"特权"待遇。近几年,品牌间跨界合作更是呈现出愈演愈烈的趋势,有时品牌甚至不用推出优惠活动,单靠情怀宣传就可达到良好的营销效果。比如 2019 年 5 月,气味图书馆和大白兔奶糖跨界推出的"大白兔香氛"系列产品上线后立即引发了全网的广泛讨论。5 月 23 日零点上线的 610 个大白兔香氛礼包 3 秒售罄,6 月 1 日上架的 1 000 个大白兔香氛礼包 2 秒售罄,该事件在 6 月 12 日还被新闻联播《中国品牌引领消费升级新趋势》报道。

不仅如此,有时在广告战役中如仇敌般厮杀的同类品牌,偶尔也会合作搭载。如在 2014 年世界杯期间,同为德系汽车高端品牌的宝马和奔驰,同时在其官方微博上发出了世界杯德国队加油的微博,并共同提出"We are one team"的主题精神。同时,两大品牌还纷纷以国家之名来进行各种致敬,奔驰以致敬德国国家足球队的球星为主,而宝马则是向一支支被淘汰的球队致敬。这两大品牌的搭载取得了很好的口碑传播效果。2020 年 3 月,网红茶饮品牌喜茶在一次微博抽奖活动中抽中了同类品牌茶颜悦色的粉丝,在当时引起了众多网友的关注和调侃。于是喜茶顺势在 7 月推出了 300 套与茶颜悦色合作的联名礼盒,发布了漫画和视频,分别从各自的角度讲述了喜茶"千里跋涉",在东道主茶颜悦色的"带领下"畅游长沙的故事,为两个品牌都赚取了一波关注和好感(见图 7–2)。

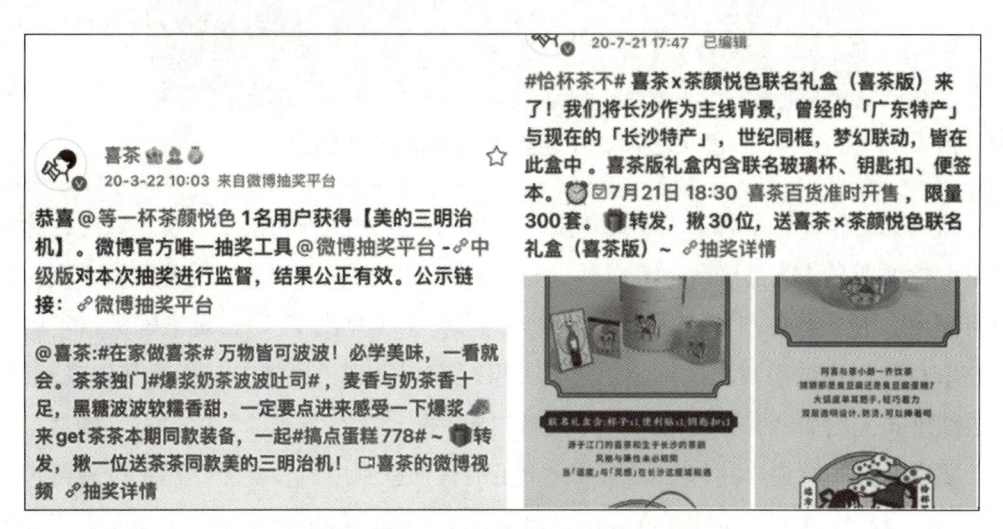

图 7–2 喜茶与茶颜悦色的联名营销

其次是品牌合作搭载的新兴媒介。据 2022 年中国互联网络信息中心发布的《第 50 次中国互联网络发展状况统计报告》显示:截至 2022 年 6 月,我国网民规模达 10.51 亿,较 2021 年 12 月增长 1 919 万,互联网普及率达 74.4%,较 2021 年 12 月提升了 1.4 个百分点。庞大的网民数量需要更多基于互联网和移动互联网平台的媒介形式,手游、网络自制节目等新生媒介形式随之不断涌现,品牌合作搭载也出现了更多互动平台。

在游戏方面,《恋与制作人》在 2018 年 2 月与屈臣氏合作开启了"恋上屈臣氏"主题店的线下活动,活动分布在北京、上海、广州、成都、杭州等城市。线下主题店的门口都放置了游戏中四位男主真人大小的立牌并在橱窗上贴上了主题贴纸(见图 7-3)。此外,店内还设置了"24 小时快闪电话亭",玩家可以拨通号码连线"男朋友",接听他对自己的情人节告白。配合线下活动,游戏出品方叠纸游戏(一家专注于互动娱乐领域的互联网文化公司)还发布了一个线上 H5 互动,玩家和游戏角色连线可以收听到角色在屈臣氏店内对自己的告白。《恋与制作人》的大部分用户正是屈臣氏最想获取的年轻女性群体,通过此次合作,屈臣氏不仅可以吸引到大批用户走进线下门店,增加线下门店的收入,而且对于《恋与制作人》来说,也能够提升玩家的游戏归属感,并能触及更广泛的女性群体,为游戏带来更多的潜在用户。

图 7-3 "恋上屈臣氏"主题店线下活动

一向致力于年轻化品牌形象的肯德基,为加深用户对品牌的认知以及忠诚度,除了邀请当下大热的明星作为品牌代言人以外,与各大游戏进行联动也是其主要营销手段。比如 2021 年 3 月,在肯德基与热门游戏《原神》的合作中(见图 7-4),玩家购买指定的套餐即可获取兑换码换取游戏内的限定道具。如果玩家想得到《原神》与肯德基的联动徽章,还须去线下指定门店购买指定套餐,并喊出"异世相遇,尽享美味"的口号。虽然很多玩家对于要在公共场合说出这样二次元风味十足的台词感到尴尬,甚至做出不少梗图进行了吐槽,不过有槽点才有讨论度,联动活动刚开始第一天,各种梗图与段子便刷屏了各大游戏社区。正是这份槽点,让《原神》与肯德基的联动活动变得尤为特别。

在网络自制节目方面,早在 2015 年两大巨头爱奇艺和京东就已经展开了合作,创下了视频网站与电商跨界合作的先例。在京东冠名的爱奇艺自制节目《爱上超模》播出过程中,"京东衣橱"为节目提供丰富、时尚、极具品质的服饰,满足节目 3 个月的拍摄过程中选手日常穿着、大片拍摄、挑战体验等多种场合的需要。选手们在节目中的穿着装扮也在京东同步发售。不仅如此,观众在观看节目的同时,还可通过爱奇艺自主研发的全新广告技术"video out",

点击选手们的服装便可直接跳转至京东购买"超模同款",最大化缩短了消费者与产品的距离。

图 7-4 肯德基与游戏《原神》的联合营销

2. 事件搭载

广告事件搭载是指借助突发热点媒介事件、大型社会活动等进行的品牌传播活动。在社交媒体时代,这些事件和活动能够集聚注意力,并形成良好的二次传播效果。

如 2015 年 4 月 14 日早上,河南省实验中学一名女教师写的内容为"世界那么大,我想去看看"的辞职信在微信朋友圈热评如潮,有人说这是"史上最具情怀的辞职信,没有之一"。众多品牌搭载这一热点话题,展开了品牌宣传攻势。比如美团在第二天带话题发布微博"#最文艺的辞职信#世界那么大,美食那么多,我想去看看,我要去吃吃——小美",并附上添加了宣传语的辞职信的图片。QQ 音乐也带图发布微博"边走边看,音乐一路陪伴",借势进行了宣传(见图 7-5)。

再如,2021 年上半年发生的热度极高的新疆棉事件,起因是 H&M 集团于 3 月 24 日在其网站发布了一份关于新疆棉的不实声明,并称此后生产的产品禁止使用新疆棉。随后,新疆棉事件迅速发酵。众多品牌"被扒",包括耐克、阿迪达斯、优衣库、巴宝莉等大品牌都被扒出曾经发布过公开抵制新疆棉的声明。与此同时,众多中国品牌如安踏、美特斯邦威等也趁势发声力挺新疆棉。安踏官方微博发表声明,表示他们已注意到良好棉花发展协会(BCI)发表的声明,公司对此事严重关切,并称正在启动相关程序退出组织。美特斯邦威官方微博发表声明称,"我们将继续坚持使用新疆棉花,扬我国邦之威"(见图 7-6)。除此之外,多个电商平台迅速下架了抵制新疆棉品牌的相关产品,消费者对国产品牌的消费热情更是被激发,纷纷表示"支持国货",一些社交平台上也开启了一场"国货科普热",许多一度趋冷的国货品牌重回大众视野。在事件发酵的第二天,港股体育股逆势爆发,李宁大涨 4.1%,一度冲高至 8%;安踏涨 3%,一度涨超 6%。

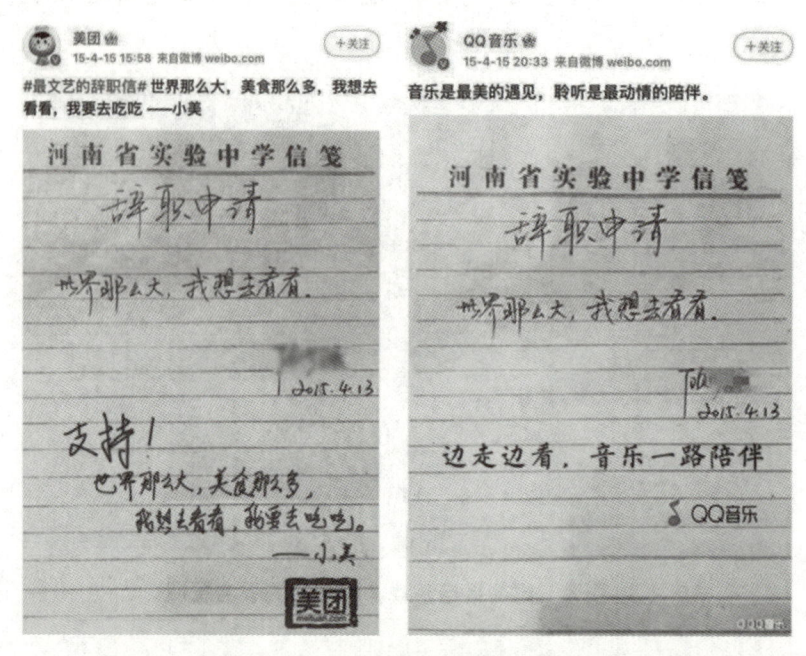

图 7-5　美团、QQ 音乐官方微博搭载热门话题进行宣传

图 7-6　安踏、美特斯邦威官方微博发布声明力挺新疆棉花

由此可见，及时让热点再次发酵，用契合品牌形象的内容和方式进行二次传播，是广告事件搭载的精髓所在。

三、广告搭载特点

通过上述案例分析，我们可以总结出广告搭载的几个特点。

第一节　广告搭载及其特点

1. "借"

从广告搭载方与被搭载方建立联系的方式来看，广告搭载具有"借"的特点。古有诸葛孔明借东风，今有广告搭载借"品牌"。不论是借事件还是借名人、名牌，主动搭载广告方都将被搭载方视为自身品牌传播的媒介，通过各种途径与其建立关联、通过对这些优势"传播媒介"不同程度的利用或与之合作，将其纳入自身品牌的传播系统，将受众对原有媒介或品牌的注意力和好感度转移到自身品牌上来，并最终放大品牌传播价值。

2. "时"

从广告搭载方与被搭载方建立联系的时机来看，广告搭载具有"时"的特点。由于热点事件转瞬即逝，名人名牌的口碑也不是一成不变的，因此，选择搭载的时机或者说时效性尤为关键，否则，被搭载方就起不到应有的传播媒介作用，甚至会影响搭载方的品牌形象。

如曾经大热的一青年演员由于涉毒案件被抓，其代言的相关品牌不得不据此事件第一时间做出相应调整。2014年8月18日，就在媒体证实该演员因涉嫌吸毒被抓的消息当晚，其代言的妮维雅品牌以最快的速度做出反应，于11点30分在微博发表声明，指出品牌方对此事件深感震惊和惋惜，希望他能勇敢承担错误、积极改正，重回人生正轨。四天后（即8月22日），涉及该演员形象的广告均被替换，仅留有产品的画面。

各类代言人一旦发生违法失德行为会给品牌带来无法估量的损失，因此广告搭载也存在巨大的风险，需要时时监控并及时做出调整。

3. "和"

从广告搭载方与被搭载方建立联系的性质来看，广告搭载具有"和"的特点。广告搭载是搭载品牌与被搭载对象之间的互动关系。在这种互动中，广告搭载体现了儒家传统"和"的理念，即二者在品牌形象上的和而不同、和合共生。广告搭载品牌和被搭载对象不仅要在互动中寻求二者之间品牌形象的共同点，更要在这种互动中和谐共生，实现品牌价值的共同成长。比如在前面提到的新疆棉事件中，许多国内明星在事件发生后纷纷通过官方微博或个人微博发布与涉事品牌的解约通告，正是因为品牌方与品牌搭载方之间的"和"破裂了，二者之间的合作才无法继续。

4. "积"

从广告搭载方与被搭载方建立联系的目的来看，广告搭载具有"积"的特点。从品牌传播的内涵来说，不论广告搭载方与被搭载方采取怎样的联系方式，其最终还是为了累积消费者对自身品牌的好感度，最终体现品牌价值。因此，广告搭载是"术"，积累品牌价值才是一切广告营销活动的"道"。不仅如此，品牌价值积累更是一个经年累月的过程。正所谓"不积跬步，无以至千里，不积小流，无以成江海"，广告搭载方与被搭载方之间的品牌互动是一个任重道远的过程，需要用信任和耐心来经营、维护。

第二节 广告植入及其特点

一、广告植入概述

1. 广告植入的定义

广告植入是植入广告传播的具体结果。而植入广告也称为"植入营销"或"隐性广告"。文献检索结果显示,最早关于植入广告的研究始于 1957 年 9 月美国市场调研专家詹姆士·维克瑞在新泽西北部一家电影院所做的实验。维克瑞使用自制的高速投影仪在电影《野餐》放映过程中,以 1/3 000 秒的速度和每隔 5 秒的频率在银幕上映出"喝可乐"或"吃爆米花"等信息。实验显示,在 1957 年的整个夏天,虽然观众并没意识到这些信息的存在,但影院周围的可乐和爆米花销量却分别上升了 18% 和 58%。[1] 尽管该实验所开展的测试与今天人们所熟知的植入式广告有很大的不同,但是它不仅首次有力验证了植入广告造成的潜意识刺激能对消费行为产生巨大影响,而且也形象地说明了此类广告的"隐蔽性"特征。在此之后,随着影视业的日益兴盛,各种形式的影视植入广告也开始为企业所重视。网络时代来临后,网游、网络定制剧等新兴媒介也日益成为植入广告的宠儿。

可惜的是,植入广告理论的发展滞后于实践的发展,时至今日,关于植入广告的精确定义仍然众说纷纭,莫衷一是。尽管如此,研究者还是就植入广告的特性达成了一些基本共识,有学者提出了植入广告的基本定义:所谓植入广告是指广告主通过向媒介所有者支付一定的费用,将特定的产品或品牌信息自然而毫无痕迹地融入媒介(包括影视作品及众多新兴的媒介),并以隐蔽而非直白的手法向观众传递相关信息,以正面影响目标顾客群的价值判断和情感倾向的广告形式。

2. 广告植入的内涵

我们仔细研究植入广告的定义可以发现,该定义在文字表述上看起来存在矛盾。既然植入广告融入媒介"毫无痕迹",那么又怎么能够达到向目标顾客群传递相关信息的目的呢?关于这一点,我们可以从符号学的角度加以解释[2](见图 7-7)。

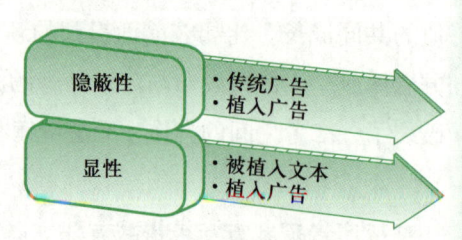

图 7-7 植入广告内涵

(1)植入广告的隐蔽性。相对于传统广告文本来说,植入广告具有隐蔽性。传统广告

---

[1] Sharmistha L., Braun-LaTour K.A., "Product Placements: How to Measure Their Impact", in L.J.Shrum, ed., *The Psychology of Entertainment Media*, Mahwah, NJ: Lawrence Erlbaum Associates, 2004, pp.63—78.
[2] 饶广祥:《从符号学角度讨论植入广告的本质》,《四川大学学报(哲学社会科学版)》2012 年第 1 期。

通过尾题来规约受众解读文本,从而达到传播品牌的目的。广告的"尾题"(ended title)是指出现在广告文本中相对固定的位置(影视广告、广播广告末尾或平面广告的某一个角落),明确指明广告所传播的品牌、引导接收者正确解读的文本,包含商品标识、广告语等品牌符号在内的传播形式。可见,广告尾题是区分广告文本与其他文本的重要标准。以此标准判断,植入广告显然取消了传统广告尾题,直接与影视作品、网游等传播文本融为一体,体现了其隐蔽性。与传统广告相比,植入广告在真实性和相关性上没有变化,但是由于其隐蔽性的特点,植入广告丧失了区分性的期待。因此,为了完成品牌传播的目标,植入广告必须体现品牌的形象。

(2)植入广告的显性。相对于被植入文本来说,植入广告又具有显性。俄国符号学家雅克布森在其"符指过程六因素分析法"中最早提出符号的"交际性"表意类型,学者赵毅衡进一步指出,"这种话语的目的似乎纯粹是为了保持交流畅通,或者说保持接触","此时说的内容无关紧要,符号文本的用途是占领渠道"[1]。被植入文本表意往往侧重于对象,具有较强的"指称性"。与被植入文本相比,植入广告侧重媒介本身,具有交际性,目的在于占领接收者的注意渠道。因此,二者在符号传播类型和传播功能上存在显著区别,植入广告由此具有品牌传播的显性。

不仅如此,由于植入广告没有足够的时空媒介向消费者详细介绍商品功能,只能通过提高商品在不同场合下的曝光率来增强消费者对品牌的认知度。因此,植入广告中的品牌必须有一定辨识度,否则消费者难以识别,也就达不到品牌传播的目的。

二、广告植入形态

根据划分标准不同,植入广告主要有以下几类[2]:

(1)根据在被植入文本中被明确提及的程度,可分为显性植入广告和隐性植入广告。

由于植入广告的深入发展,越来越多的显性植入广告进入消费者的视野,甚至出现了电视剧《咱们结婚吧》这种由于植入广告过多而使观众反感,并被网民戏称为"广告联播"的案例。

(2)根据整合性的不同,可分为整合植入广告和非整合植入广告。

前者指直接植入场景内容的植入广告,后者指没有直接植入场景内容,只是在节目的开始处、结束处或中断处出现的植入广告(如受众在观看视频过程中由于某种原因暂停时屏幕上出现的广告)。

(3)根据表现形式,可分为视觉型植入广告、语言型植入广告(如出现在台词或人物

---

[1] 赵毅衡:《符号学原理与推演》,南京大学出版社 2011 年版,第 178 页。
[2] 中国人民大学舆论研究所:《植入式广告:研究框架、规制构建与效果评测》,《国际新闻界》2011 年第 4 期。

对白中的植入广告)、视听结合型植入广告。

(4)根据广告与人物角色结合的紧密程度,可分为背景型植入广告、浅度植入广告、深度植入广告。

一般来说,在背景型植入广告中,产品通常放置于画面前景或背景中较显著位置,产品包装和品牌商标可识别,但孤立呈现,曝光时间短,这类广告与人物角色结合的紧密程度最低,受众从该角色身上所获得的身份认同也很难与植入品牌产生关联。浅度植入广告主要呈现形式为,演员在剧情表演中将产品及其包装作为道具来使用,或是通过对白提及品牌、产品或服务的名称,与背景型植入广告相比,品牌或产品位于镜头焦点位置,画面停留时间更长,但同样与情节、人物性格及剧情发展没有太大关联。深度植入广告则主要指的是剧情置入和人物性格置入(如图7-8),然而,由于产品局限以及产品与情境的融合难度较高,深度植入广告虽然不乏经典案例(如电影《蒂芙尼的早餐》《穿普拉达的女王》,电影名字就带有赞助商的品牌名),但在实践中还在不断摸索。

图7-8 《蒂芙尼的早餐》经典画面

(5)根据植入广告发起方,可分为由媒介内容生产者发起的植入广告和由广告主发起的植入广告。

前者如在1933年的动画短片《大力水手》中,主角帕派靠吃菠菜罐头获得超人力量破除难关的镜头,促使美国20世纪30年代的菠菜消费量增长了三成,该片被认为拯救了美国整个菠菜工业。虽然这个案例在中国被演绎成了世界十大经典植入式广告案例,更有人断言这就是世界上最早的植入式广告,但是目前没有充分证据能够证明影片制作方是在菠菜罐头生产商的赞助下拍摄完成的。[①] 后者才是我们常见的商业植入广告。

---

① 段善策:《西方电影植入式广告研究二十年:历史、理论与伦理》,《广告大观(理论版)》2014年第1期。

第二节　广告植入及其特点

关于植入广告的划分标准还有很多，但是鉴于我们在这里讨论的是新媒体广告，我们根据新媒体时代植入广告与被植入文本的互动关系将其划分为以下三类展开论述（如图7-9）。

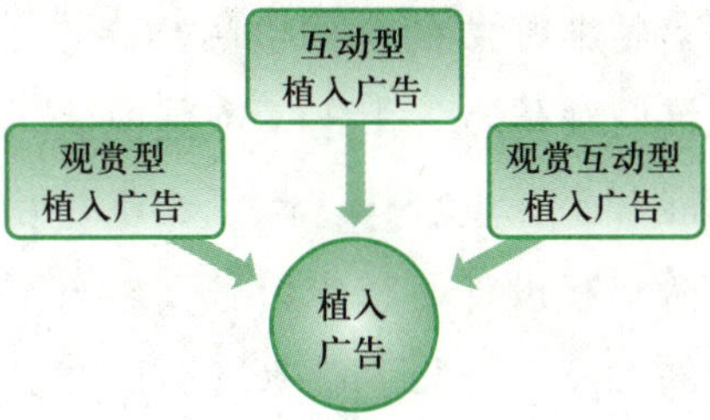

1. 观赏型植入广告

观赏型植入广告指在网络影视剧等观赏型被植入文本中植入广告，这里着重讨论网络自制节目。

图 7-9　新媒体时代植入广告分类

所谓网络自制节目，最初指以优酷、搜狐、爱奇艺、腾讯等视频网站为应对版权抢夺战的日趋激烈而选择自己研发并在自家平台独家播出的内容，现在也涵盖各类影视公司为网络媒体量身打造的定制内容。目前来说，业内普遍认为网络自制节目包括自制剧、自制综艺节目以及微电影三种类型。2011年，优酷出品的《让梦想飞——中国最牛人》标志着其自制视频节目的开端，从那以后，由于新媒体技术的进一步成熟发展以及限广令、限外令的相继颁布实施，网络自制节目出现井喷之势，并带来了巨大的广告收益。艺恩调查数据显示，在内容上，2014年被视为中国视频网站"自制元年"，自制内容投入规模较2013年翻一倍，达12亿元，占网站内容总投入的20%；而2015年增长至20亿元，占到总投入的25%。在广告收益上，自制内容的广告收益占视频广告收益的比例与其所带来的流量相当，2013年占整体的5%~8%。到了2014年，全年的视频行业整体广告收入达到了150亿元，其中自制内容广告收入增长至22亿元，大约占整体的15%。

随着国内网络自制节目发展得日趋成熟，自2016年开始，网络自制剧不再局限于在视频网站播放，如《老九门》《亲爱的翻译官》等均实现了"网台同步播出"。网络自制综艺也取得了长足的发展，规模占比上已经与电视综艺形成势均力敌之势。网络自制节目的繁荣为观赏型植入广告的发展打下了基础。

（1）自制剧植入广告。自制剧中电商品牌的植入显得尤为亮眼。如在网络剧《极品女士》中，京东通过独有的蓝色包装袋背景、京东快递小哥、京东发票、京东客服体验过程、演员对话台词等方式植入，宣传自己的品牌形象。而在爆款网剧《爱情公寓4》中京东一改以往浅度植入的方式，采用"定制剧集+剧情植入"双管齐下的方式来进行品牌营销。不仅京东快递单、快递小哥等形象在《爱情公寓4》里大量出镜，同时京东也成为该剧独家电子商务合作平台并销售衍生品。

伴随着电商品牌大量植入，电商平台原创品牌也开始介入植入广告。如在2013年的热播剧《咱们结婚吧》《小爸爸》中，出现了如化妆品品牌御泥坊、女装品牌红漫红、鞋类品牌爱定客、童装品牌绿盒子等众多天猫原创品牌。随着网络视频用户的不断增加，视频平台自制剧集越来越多，其中植入广告的品牌类别也越来越多，美食、美妆、科技、服务等类别的品牌广告，在各类自制剧中均有植入。

（2）自制综艺节目。在网络综艺节目中，爱奇艺自制热门综艺节目《奇葩说》与美特斯邦威的合作也颇具亮点。作为首档网络说话达人秀节目,《奇葩说》创造了网络收视传奇。由于《奇葩说》与美特斯邦威在品牌定位与受众群体之间的契合,二者展开了深度合作。除了 5 000 万元品牌冠名外,美特斯邦威还和《奇葩说》的制作团队一起设计了宣传口号,参与了《奇葩说》的制作,并且还为《奇葩说》定制了有趣的 logo、服装、口罩等周边产品(见图 7-10)。观众可以在美特斯邦威门店和线上商城中找到节目中植入的衣服和周边产品。除了创新性的互动营销之外,爱奇艺还利用各种广告形式,全方位地展示美特斯邦威的品牌,比如视频页两侧悬停条幅广告、横幅广告、视频前贴片、暂停广告、主持人口播、背景板展示等,使观众淹没在品牌的海洋中。节目播出后,据 AdMaster 展开的相关网络调查显示,美特斯邦威的消费者品牌认知度、品牌好感度和购买意愿在 90 后消费群体中显著提升,成为众多合作品牌中的最大赢家。

图 7-10 《奇葩说》与美特斯邦威的合作

(3)微电影。微电影通常是指在新媒体平台上播放、具有完整故事情节、便于人们在碎片化时间内观看的时长较短的"类电影"视频短片,如百事系列微电影《把乐带回家》,优酷"11 度青春电影系列"中由年轻新锐导演肖央执导的微电影《老男孩》,优酷携手张亚东为雀巢咖啡打造的温情微电影《别让爱输给时间》以及讲述旅行达人张千里和左手故事的《我们始终牵手旅行》等。据全球领先的市场咨询机构 Millward Brown 于 2014 年发布的《视频广告投放趋势洞察》白皮书显示,视频广告在 2013 年的投放就已超过了综合门户网站,成为广告主最青睐的网络广告投放形式,其中微电影成为广告主投放意愿最高的视频形式之一。

2. 互动型植入广告

互动型植入广告指以网游、手游等为代表的植入广告形式。

网络游戏植入广告在中国品牌传播活动中早已有之，如 2005 年 4 月可口可乐与网络游戏开发商及运营商第九城市建立战略合作伙伴关系、百事可乐联手第九城市的网络游戏《激战》、王老吉携手金山软件的网络游戏《剑侠世界》、三星联手腾讯公司独家代理的网络游戏《地下城与勇士》等。《2021 年中国游戏产业报告》显示，2021 年中国游戏用户数达到了 6.66 亿，比 2020 年同比增长 0.22%。中国游戏市场实际销售收入达 2 965.13 亿元，比 2020 年增加了 178.26 亿元，同比增长 6.4%。游戏用户数、销售收入的持续增长足以得见游戏市场在我国规模之庞大以及发展速度之快，游戏植入广告在我国仍有着巨大发展前景。

网游植入广告主要有游戏路牌广告、3D 立体物件、特制场景广告、游戏道具赞助、游戏内非玩家角色（NPC, Non-Player Character）宣传、游戏内文字广播（PIG, Pronouncement in Game）等形式。获得 2011 年戛纳广告节媒介类别铜狮大奖的"2010 王子开心大冒险——饼干密语"就是这类游戏场景植入广告的经典案例。

"2010 王子开心大冒险——饼干密语"是由卡夫王子饼干与奥比岛儿童网络社区联合推出的游戏副本（见图 7-11）。双方自 2010 年开始达成合作，由奥比岛根据王子品牌故事改编关卡情节，推出全新游戏副本——"王子开心大冒险"，并且塑造了全新的 NPC 形象。"王子"产品有 10 种神奇饼干造型，在游戏玩法中它们代表着 10 种不同的魔法含义，深受小朋友们的喜爱，这也是此次获奖的核心亮点之一。据游戏厂商官方统计，项目上线期间有超过两千万儿童参与"王子星球"品牌互动体验，线上游戏参与次数达 9.93 亿次。众多用户通过论坛、贴吧等 BBS 像往常讨论游戏内容一样积极地讨论起王子饼干，在 4 个月的推广时间内，王子饼干实现销售额超过 800 万人民币，一度卖到脱销。

图 7-11 "2010 王子开心大冒险——饼干密语"游戏界面

该案例的成功在于它突破了以玩家充值为基本盈利点的单一模式，通过与其他厂商深入合作创造的游戏内置广告（IGA, In Game Advertising）来获得更多的收益。这种模式不仅比传统游戏植入广告更具娱乐性、隐蔽性和游戏情节上的延续性，同时，与其他成人网游中的广告植入相比，该模式以副本的方式同步更新延续情节显然更易被儿童玩家接受。

手机游戏中也不乏广告植入的优秀案例。比如自上线后就热度极高的"吃鸡"类手游。在游戏中，玩家被丢到荒岛上，通过单人行动或者组团收集岛上物资，射击和杀死其他玩家角色、躲避投毒，活到最后就算所谓的"吃鸡"（即赢得游戏）。在 2017 年双十一期间，《终结者 2：审判日》手游中的运输飞机和空投补给箱都印上了京东的宣传广告，ofo 小黄车和百度外卖也分别作为载具和回血道具强势入镜，在不影响玩家游戏体验的同时也可以更好地保持玩家对游戏的新鲜感和好奇心（见图 7-12）。

图 7-12　游戏中植入 ofo 小黄车

然而对于各种休闲类小游戏（如解密益智、合成消除等类别），场景式广告植入容易使游戏体验大打折扣，在这种情况下，视频形式的广告反而更易被玩家接受：玩家可以通过观看广告视频来获得游戏内的奖励或特殊道具。这种广告的特点是，观看视频与否在于玩家的主动选择，在保证玩家体验的同时也让植入广告得到了有效传播。

3. 观赏互动型植入广告

观赏互动型植入广告是基于新技术推出的新兴广告植入方式，如优酷于 2014 年推出的边看边买模式，爱奇艺自主研发的全新广告技术 video out 等。这类广告植入形式不仅直接根据被植入文本的内容进行品牌的同步推送，同时在不用中断网络节目播放的情况下吸引消费者参与购物，尽可能避免影响消费者的观赏体验。在这类广告中，消费者在观赏网络节目时产生的购买需求在第一时间得到最大程度的满足，最大化缩短了消费者购买的决策过程，拉近了消费者与品牌的距离。

随着互联网的快速发展，越来越多的门户网站、视频平台等纷纷涉足自媒体领域，自媒体内容中的广告植入也越来越多，其中以"博主推荐"形式的推广最为典型，在美妆护肤、美食饮品、数码科技等方面均有涉猎。以 vlog 博主为例，博主运用文字、声音、画面多种媒介对日常生活进行记录并剪辑成视频投放到各平台上，"推广视频"是博主通过视频来分享某种产品使用体验或感受的植入式广告。一方面，博主的介绍与其生活日常交融，在一定程度上消除了"硬广感"；另一方面，博主的个人化表达也具有了"第三方"的客观性，避免了品牌的直接宣传，减少了受众"看广告"的不适。在粉丝观看视频的过程中，可以通过弹幕、评论等形式与博主互动，"产品"成为博主与粉丝互动的内容，而粉丝对博主的认同，使得博主对品牌价值的输出更容易被粉丝所接纳。①

比如博主"彭酱酱LINYA"在高中毕业后就开通了B站账号，主打学习类视频，同时也分享自己作为英国剑桥大学大一新生的校园或日常生活，从2018年到现在她已有约112万的粉丝。从彭酱酱LINYA第一支vlog广告看，她在视频的结尾片段展示了一盒眼影，并通过亲自试用眼影，为粉丝展示产品的具体效果。与美妆博主不同，她上妆时的手法并不专业，只是胡乱地使用眼影刷在眼皮上刷了几下，甚至涂得很糟糕。尽管很多粉丝在弹幕上开玩笑表示，品牌方可能后悔了。但博主的自身特色却带来了出乎意料的结果。彭酱酱LINYA表示，品牌方告诉她广告效果很好，甚至比专业的美妆博主效果都好。消费者在看完vlog后，愿意去尝试一下视频提及的产品，很大程度上是源于对博主或者内容本身的认可和喜爱。因此，对于品牌传播来说，这种广告植入方式往往有更好的效果。

三、广告植入特点

1. 隐与显

从广告植入的文本特征看，广告植入具有"隐"与"显"的双重特点。如前文所述，广告植入既有相对传统广告的"隐性"，又有相对于被植入文本的"显性"。这一特点决定了广告在植入时，需要合理把握尺度：既要尊重受众情绪，控制广告植入的数量和植入程度，又要使自身有效区分于被植入文本，使消费者能够识别品牌，达到最佳传播效果。像《咱们结婚吧》《变形金刚4》这类将植入广告当成摇钱树的影视作品，不仅不能对植入品牌起到正面的传播作用，而且自身也可能因为植入广告的细节问题引起法律纠纷。如2013年，四川黄老五花生酥因《咱们结婚吧》制片方未给予足够时间审核植入情节而导致剧中植入的产品、包装错误，拒绝支付剩余费用。制片方由此将黄老五告上法庭，该事件被称为中国"植入广告第一案"。2014年，重庆市武隆喀斯特旅游有限公司因《变形金刚4》中未按合同约定呈现"中国武隆"的标志，并在北京召开《变形金刚4》违约·武隆维权"发布会，准备起诉一九零五（北京）网络科技有限公司（电影网）和美国派拉蒙影业公司。2016年10月27日，重庆市第三中级人民法院对此案进行了开庭宣判。经法院判定，被告派拉蒙影业公司、一九零五（北京）网络科技有限公司赔偿武隆景区经济损失及维权费用200.9万元，同时驳回一九零五

---

① 罗钧文：《VLOG"推广视频"："认同"创造双重视频价值——基于博主井越及其VLOG视频的个案分析》，《今传媒》2019年第8期。

（北京）网络科技有限公司的反诉请求。自此，这场持续两年的维权案件才告一段落。

2. 多与一

从广告植入媒介文本与传播目标的对应关系看，广告植入具有"多"与"一"的特点。"多"不仅指广告植入可选择的媒介多（既包括传统媒介文本，也包括新媒体上出现的各种形态如网络自制节目等），还指同一个被植入文本中植入广告过多造成的情境冲突。"一"指广告植入的核心目的就是传播品牌的正面形象。广告植入应该是一个将品牌正面形象最大化的综合考量过程，不顾品牌植入的数量、方式、契合度等，一味把"植入广告"当成制胜法宝的做法是不可取的。自广告植入开始走入国际市场，像伊利舒化奶这类"露个脸就行，火一把就死"的跨国植入（《复仇者联盟》《生活大爆炸》）的商业操作对品牌传播的贡献作用究竟有多大，也是值得我们深思的问题。

3. 利与名

从广告植入传播目标的时效性传播效果看，广告植入具有"利"与"名"的特点。广告植入的商业化特征相当明显，但是商业性特征过于明显，广告传播过于直白、粗暴就会转"隐"为"显"，进而颠覆了广告植入本身的存在意义，达不到好的传播效果。因此，如何平衡广告植入的商业性与艺术性，如何将品牌从浅层的道具类植入转变成深层的生活方式、生活理念的传达，是品牌在广告植入时应该认真考虑的（功力也许不全在如何植入广告），毕竟"大象无形、大音希声"才是广告植入的最高境界。

比如，从2018年开始，每年农历新年，苹果公司都会推出一部用最新旗舰iPhone所拍摄的微电影。与之前苹果发布的广告片不同的是，苹果2021年的春节微电影在内容里已然没有了产品植入。这部于2021年1月29日发布的新春贺岁短片《阿年》，灵感来源于中国传统文化中大家耳熟能详的新年传说，讲述了小女孩阿婷与年兽相遇并由此进入一段奇幻的人生之旅的故事。短片旨在鼓励人们带着好奇心去探索这个世界的未知，在观看短片的过程中，观众没有任何在看广告片的"出戏感"。品牌在这里不作为故事的参与者，而是作为故事的承载者。优秀故事本身的传播度，一定会比携带了品牌植入的广告片要高。苹果公司做到的不是直白地告诉大家手机的配置有多好，而是用作品让观众切实感受到手机摄影的魅力。

第三节 搭载与植入广告的创意传播

广告搭载与植入在品牌传播实践中并不是一个新鲜话题，早在20世纪20年代植入广告就已出现在好莱坞的电影作品中，例如《非洲皇后号》中的戈登杜松子酒，《聪明笨伯》中的Winston香烟等。我们在新媒体广告中讨论这种传统广告形式，正是为了应对正在剧烈变化的媒介生态——以媒介技术为基础、以买方市场为内涵的广告信息传播模式进化，

第三节 搭载与植入广告的创意传播

营销理论的价值导向进化以及"以人为本"的人文情怀进化。

在回顾以产品为基础的营销 1.0 时代、以消费者为基础的营销 2.0 时代的基础上，著名学者菲利普·科特勒提出了营销 3.0 的概念。他不仅在《营销革命 3.0》一书中以人文精神作为书名的副标题（该书英文版副标题为 From Products to Customers to the Human），并明确谈到营销者不能再把顾客仅视为消费的人，而要把他们看作具有独立思想、心灵和精神的完整的人类个体。如同历经中世纪千年尘封后拨开云雾的文艺复兴时代，人，终于在新媒体时代的商业社会中被重新发现了。受众，不再是广告信息传播的单纯的被动接受者；消费者，也不再是产品或者服务的单纯的被动输入者。肯定受众或者消费者的主体地位，强调彼此的合作与价值，与其平等协商、沟通交流，再次把广告信息传播作为架设在彼此心灵间的桥梁和联系情感的纽带，这无疑凸显了新媒体时代"以人为本"的人文情怀，也必然为广告传播和品牌建设指明新的方向。而这一转向也正是我们在讨论广告搭载与植入时始终要关注的媒介背景、创意准则以及传播效果的衡量标准。

一、搭载与植入广告的创意原则

1. 选择最佳搭载与植入的母体

如前文所述，由于广告搭载与植入的特性，二者都必须借助一定媒介或"母体"才能生存，因此选择最佳搭载与植入母体是进行相关传播活动的首要任务。那么，如何选择合适母体呢？品牌形象的契合度是关键。如肯德基为了自身品牌年轻化，选择与大热游戏《原神》合作；而美特斯邦威在品牌植入时，也选择与品牌传播群体重合度很高的爱奇艺自制综艺节目《奇葩说》合作。品牌形象的相互契合，才能将母体与"寄宿者"之间的品牌效应联动化，从而达到最佳传播效果。不考虑品牌形象的契合，一味盲目跟风，追逐热点人物、事件、影视作品进行创意策划，不仅会浪费品牌主的营销经费，还会损害消费者的品牌体验，丢失自身品牌个性，甚至从根本上损毁品牌形象。

2. 选择最佳搭载与植入的切入点

在进行广告搭载与植入时，品牌不仅需要选择合适的母体，还需要选择最佳切入点。对于广告搭载来说，这个切入点主要是指时机，而对于广告植入来说，这个切入点则主要是指植入的融合度。切入点选择不恰当，很可能带来适得其反的品牌传播效果，因而在具体创意策划时一定要谨慎把握。

如 2014 年 3 月 8 日，马来西亚航空公司飞机失联事件成为全民和舆论关注的焦点。就在全国人民怀着复杂心情期待奇迹发生的悲情时刻，某著名传媒公司董事长却在微博上以轻佻的口吻和略带些幸灾乐祸的态度，借马航失联事件为永安保险做广告。由于这种消费灾难的无底线营销方式严重伤害了人们的感情，该名人顿时成为网民谩骂和谴责的对象。不论幕后故事如何，该事件对永安保险的品牌形象也造成了极其恶劣的影响。

3. 进行自然而醒目的搭载与植入

在日新月异的新媒体时代，品牌传播传受双方更为通透，传播更为直接。曾经作为沟通桥梁的广告（尤其是传统硬性广告）似乎失去了传播价值和生存空间，甚至出现了极端的"广告消亡论"。不仅如此，从广告传播模式来看，从传统 AIDMA 模式到基于网络时代市场特征定义的 AISAS 模式，传播者的主体地位也出现了动摇。AISAS 模式中，两个具备网络特质的"S"——Search（搜索）、Share（分享）充分体现了受众对传播者主体地位的颠覆性。尤其在分享环节中，受众通过社交媒体发布内容，形成了与原有传播系统完全不同的新场域。由此观之，在传播目标上尊重受众、了解受众、以受众为主导，在传播手段上为受众创造有价值的信息传播内容，并以受众接受的方式传播将成为新媒体时代广告传播的必由之路。

广告搭载与植入的最终目的不应局限于一路追踪回避广告的消费者，更是为了在尊重消费者主观品牌情感体验的基础上以其接受的传播方式提供品牌信息。因此，品牌在进行广告搭载与植入创意策划时，不仅要旗帜鲜明地突出品牌信息，更要以自然和谐的方式展现品牌信息。二者"度"的把握，充分体现了广告搭载与植入创意的魅力。

二、搭载与植入广告创意传播案例分享

1. 搭载广告创意传播——搭载春节，中粮拜年营销[①]

（1）你在愁什么——基于大数据的拜年方案。春节是中华民族的传统节日。在传统与现代并行的中国，消费者对于春节和过年怎么看？年轻人是否与长辈的看法不同？这似乎是不容易回答的问题，可是中粮基于对消费者的深入洞察，通过大数据分析，找到了科学的答案：消费者在春节期间最难解决的问题主要都集中在"拜年"和"送礼"上。消费的主力军是伴随着中国互联网一起成长的"互联网消费者"——他们目前属于社会中坚力量，同时也面临着各方面社会关系的压力，传统拜年方式早已无法满足他们的个性化需求。基于上述原因，中粮决定用"玩"的方式来拜年。

（2）你乐了吗——娱乐化个性化广告传播。中粮通过对目标人群在社会关系中所处角色的分析，通过"秒懂文案＋搞笑漫画"的形式，最终定制出针对 9 大场景的 11 款"中粮拜年神盒"，让礼盒腰封体现出消费者想表达的"潜台词"，让"拜年"成为一个年轻人可以广泛参与的娱乐化活动。例如，给老板送"枣（早）点加薪"暗示老板该涨工资；给客户送"别任杏（性），枣（早）点打钱"暗示客户年底该结款；给熊孩子送"坚（健）坚（健）康康，每天开心"是希望他们可以健康开心地成长等。同时，中粮为适应消费者多方面的需求，对于某些场景还转换角

中粮礼品文案

---

① 参见《［品牌案例］中粮电商玩拜年 拔得数字营销头筹》，Social Beta 网，2015 年 4 月 16 日。

第三节 搭载与植入广告的创意传播

度表达，如给老板也可以送"与君同舟，月月有金"来向老板表达衷心，给客户也可以送"就要大麦（卖）"祝客户产品大卖等。

（3）你玩了吗——互动参与式体验传播。中粮推出《年终：拿什么应付老板和亲妈》微信 H5 应用，针对拜年场景设计答题环节，并最终导向"拜年大神、拜年小白和拜年渣渣"三个有趣的定位，来测试消费者的拜年能力。同时，中粮在微博上发起话题"拜年技术哪家强"，借助红人扩大影响力。该话题在短时间内就引起网友的大量关注和探讨，阅读量超 7 000 万人次。不仅如此，话题中的漫画小主模仿秀在发布后也引起消费者的广泛追捧，瞬间掀起了一轮"恶搞"模仿秀的高潮，各种"恶搞"照片被网友疯狂转发，引发大量"围观"。

中粮 H5 截图

（4）你买了吗——电商联合渠道传播。中粮挑选京东作为中粮拜年神盒的首发预售平台，并在京东首页、京东好东西频道首页、京东食品板块首页、京东 App 首页和京东微店首页多频次、高密度、长时间投放广告，对销售引流起到极大推动作用。据统计，拜年神盒上线当天，就获得了京东年终各大品牌促销的最好成绩，零售量超其他品牌几倍，其中单个订单预订数量最高达 1 000 份。随后，中粮电商还与 1 号店达成合作，从另一个角度为产品导流，进一步扩大了销售覆盖范围。

2. 植入广告创意传播——静止性自由情节素和动力性束缚情节素

文艺学家托马舍夫斯基认为，情节素是情节的最小、最基本的单元，并把情节素分为动力性情节素和静止性情节素、自由情节素和束缚情节素。"直接推动情节"的情节素是动力性情节素，相反，静止性情节素"不直接推动情节"发展；"可以略去而基本上不损害叙述作品的连贯性的"是自由情节素，反之，则为束缚情节素。[①] 因此，当品牌被当作背景植入情节时，既不推动情节发展，省略也基本上不损害作品情节的连贯性，充当的就是静止性自由情节素；反之，当品牌充当了推动情节发展的关键因素，省略就会影响情节的完整性时，则充当了动力性束缚情节素。不论是何种类型的植入，都必须考虑到品牌与被植入文本的契合度，才能产生有生命力的创意，达到良好的品牌传播效果。

（1）静止性自由情节素。静止性自由情节素的特性使其在植入时比较容易让人忽略，因此运用于植入广告时必须以大范围、高频率、富有实效的暴露方式进行传播。但也正是因为这一传播特性，在植入时要特别考虑到与情节、人物的契合度，否则高强度的暴露只能引起受众反感。在网络热门剧《河神》中，静止性自由情节素以多种形式存在：道具植入、台词植入、小剧场植入等。剧中有一个关于蒙牛纯甄酸牛奶的广告：在剧的中插环节中，穿着剧中服饰的小神婆先后拿出两样神物作为生日礼物送给朋友，可是朋友都没有看上反而想要小神婆手中的蒙牛纯甄酸牛奶，这个时候小神婆说了句"我还是送你文王鼓吧，这可是蒙牛纯甄酸牛奶，不添加香精、色素、防腐剂，纯甄酸牛奶，好味道不添加"。这种

[①] 转引自赵毅衡：《当说者被说的时候——比较叙述学导论》，中国人民大学出版社 1998 年版，第 177—178 页。

不影响剧情流畅度和整体性的情节式广告植入，在给观众带来欢乐的同时，也让观众更能接受并了解这则广告。再以电视剧版《北京爱情故事》为例：两个男主角，一个是富二代、一个是自食其力的白领，两人不可能开同一个品牌的汽车，所以在剧中，二人分别开的是宝马和吉利。虽然汽车品牌往往希望广告植入是排他的，但是该剧中的汽车品牌在作为静止性自由情节素的植入过程中考虑到了与人物身份的匹配，因而收到了良好的效果。

（2）动力性束缚情节素。电影《蒂芙尼的早餐》《穿普拉达的女王》都是品牌作为动力性束缚情节素植入的经典案例。在《蒂芙尼的早餐》中，奥黛丽·赫本推动一扇玻璃转门走进一家珠宝店，问男主角："你不喜欢吗？"男主角反问："喜欢什么？"赫本干脆而自信地回答："蒂芙尼！"影片把珠宝品牌"蒂芙尼"作为静态和动态植入元素，并主要通过植入剧情等动态植入方式传播，在电影成功的同时，品牌传播也同步获得成功。

从图像叙事角度分析，品牌在作为动力性束缚情节素植入时，还要注重通过镜头的自然衔接达到"润物细无声"的效果。比如在电影《史密斯夫妇》中频频出现的松下笔记本电脑并不只是摆摆样子。因为在动作片里总免不了飙车、爆炸、枪战等情节，以及用电脑做高科技破解、跟踪等场面，在此情况下，主角拥有一部坚固耐用、抗震抗摔、防尘防水的随身笔记本电脑就显得尤为重要。比如，影片中就有这样一个镜头：男主角用火箭筒炸毁了女主角的棚子，但是电脑打开里面的东西还在。这是一则广告植入，通过剧情中的场景植入和情节植入，人们纷纷记住了这个极具抗震性的电脑品牌——松下。这是传统的广告植入模式，与之相比，在网络、手机等新媒体盛行的今天，微电影广告模式开始迅速发展起来，"它继承了电影植入广告与广告植入电影中优秀的模式与手法，创造出与微电影完美融合的传播模式。优秀的微电影广告无论从创意性、故事的完整性、品牌理念的融入性、制作手法或是营销模式上来说，都是植入式电影和植入式广告无法比拟的"[1]。比如益达产品就在微电影广告《酸甜苦辣》中讲述了一对青年男女，在沙漠加油站相识后一起结伴旅行发生的感情纠缠与摩擦。益达口香糖经常在剧中成为两人摩擦后的调和工具。故事中的男女主人公的爱恨离合，与益达品牌的理念"关爱牙齿，更关心你"完美地契合，让观众在对爱情的体悟中，也培养了对益达口香糖品牌以及它所代表的理念的偏爱。最终广告通过这种"温柔"的手法，培养了"益达"品牌的忠实消费者。[2]

实践部分

1. **复习思考题**
   - 广告搭载的内涵是什么？
   - 广告搭载有哪些特点？

---

[1] 李娅乔、李振国：《新媒体环境下微电影广告模式探析》，《河北经贸大学学报（综合版）》2013 年第 2 期。
[2] 高诗勍：《"碎片化"语境下电视广告发展的"聚"挑战与"微"契机——兼析"益达"〈酸甜苦辣〉微电影广告》，《东南传播》2012 年第 9 期。

- □ 广告搭载的形态有哪些？
- □ 广告植入的内涵是什么？
- □ 广告植入有哪些特点？
- □ 广告植入的形态有哪些？

2. 案例讨论

微电影植入营销《啥是佩奇》

2019年1月17日，一部名为《啥是佩奇》的微电影在各大社交平台刷屏，它实际上是《小猪佩奇过大年》的电影预告宣传片，但其走心的内容使观众愿意自发成为短片的宣传者。片中，期盼一家团聚的爷爷得知孙子想要一个佩奇，但因为城乡和代际差异，他并不知道佩奇为何物。因此，这个老人开始四处打听"啥是佩奇"，并最终在没有任何实物参考的情况下，为孙子亲手做了一个鼓风机版的"小猪佩奇"。该片感动了不少网友，并引发了一场病毒式传播。

从《啥是佩奇》的传播渠道来看，微博是该片最初的热度发酵场所。1月16日，电影《小猪佩奇过大年》的官方微博发布了《啥是佩奇》的预告片，但当时的互动量并不高。1月17日下午5点之后，"思想聚焦""广告也疯狂""关爱智障儿童成长"等近20个营销号对《啥是佩奇》的正片进行了集中转发，吸引了一波"围观"，为之后的话题引爆预热。之后，不少微博粉丝量很多的名人也转发了《啥是佩奇》宣传片，大流量的汇聚形成了高关注度的聚合，进而形成了《啥是佩奇》的大规模刷屏。

《啥是佩奇》名义上是一部宣传片，但其内容则是以微电影的形式承载的，有着相当强的电影质感，完整展现了抛出悬念、探索解决、引发危机、危机解除、悬念落地、皆大欢喜的情节演变过程，并在其中穿插笑料，通过反转增强故事戏剧性，同时合理植入。走心的内容在很大程度上契合了当下市场向口碑回归的风向，人们的转发驱动力也更多地转向内容品质，这给了《啥是佩奇》更大的刷屏空间。再加上《啥是佩奇》围绕的"粉红色小猪"早已成为一个全球性的现象级IP，使短片自带一定热度，且发布时间临近春节，短片内容所表达的家人团聚的思想也更能引起观众情绪上的共鸣。这样看来，《啥是佩奇》能够"刷屏"网络似乎并不意外。

作为宣传片的《啥是佩奇》虽然成功了，但是其所要宣传的对象，即《小猪佩奇过大年》这部电影本身最后取得的成绩却并不理想。自2019年2月5日影片上映，到2月8日下午6时，《小猪佩奇过大年》的票房只是勉强超过1亿。其口碑更是一败涂地，豆瓣最终评分低至3.8分。电影本身的热度并未与短片的营销热度、口碑相匹配，未能实现"破圈"。

请讨论：

《啥是佩奇》为何会引发如此高的话题热度？从广告的角度，你如何看待《小猪佩奇过大年》票房的平庸表现？试谈一谈微电影植入的传播价值。

3. 讨论话题

（1）自广告植入开始走入国际市场后，如伊利舒化奶植入好莱坞电影《复仇者联盟》、美剧《生活大爆炸》，这种"露个脸就行，火一把就死"的商业操作对品牌传播有作用吗？

（2）如何看待某演员涉毒案发生后，众多品牌主终止与其合作？

第八章　品牌信息搜索与满足

导入部分

1. 学习要点

   □ 认识搜索平台及其特点
   □ 把握搜索服务广告及类型
   □ 了解"搜索满足"广告传播模式
   □ 熟悉受众的信息搜索行为
   □ 知晓搜索引擎营销（SEM）及其应用

2. 学习要求

   结合自身使用搜索平台的经验，总体上把握"搜索满足"广告传播模式的内涵，了解搜索平台中受众信息搜索主动性这一特点。尤其需了解受众的品牌及产品信息搜索行为和特点，在此基础上总体把握搜索平台广告传播及信息搜索管理的要点。

3. 关键词

   品牌信息　搜索平台　搜索行为　关键词　SEM

4. 先导案例

现代白领的一天

在移动互联网时代，现代白领的一天，可能是下面描述的样子：

上午来到公司，主管将选择原材料采购供应商的任务交给你，你熟练地打开阿里巴巴，搜索相关的原材料供应商信息。你搜索到了很多合适的供应商，然后筛选出打算进一步沟通的潜在伙伴。

午休时为了提升自己的业务技能，你去当当网查看分类排行榜，发现有两本你想要的专业书，于是你下了订单付款。

晚上你通过微信约朋友一同进餐。选定餐厅时，你使用手机上的大众点评搜索朋友家附近商圈，看到一家西餐厅有团购活动且用户反馈不错，于是你直接在线预订了就餐位置。

为了避开下班时间的打车高峰，你打开滴滴出行预约了一辆专车，并设定好上车时间和地点。下班后，你准时坐上专车，虽然你没带现金，但微信支付很方便，还可以使用滴滴专车推送的专车优惠券。

回到家，想到自己即将出差，怕噪声，睡眠不好，戴普通耳机或耳塞又不舒服，于是打开淘宝搜索睡眠耳机。在搜索结果页面，你发现了一款睡眠耳机正在进行聚划算活动，而且还是朋友曾经推荐过的，于是你马上下订单完成了支付。

躺在床上，想听听音乐放松，你打开手机上的音乐 App，App 已经记录下了你曾经搜索过的音乐类型，并据此形成了推荐清单呈现在你的主页上。你只需要轻触屏幕，就可以享受美妙的音乐。

这样的生活对很多人来说并不陌生：无论在工作中还是生活中，都离不开搜索。在搜索的过程中，我们没有看到传统广告的影子，而是消费者在主动地搜索广告信息，并且通过广告信息很快完成支付。这些搜索背后，隐藏的是怎样的广告传播模式呢？我们该如何解读？

第一节　搜索平台及其特点

随着互联网应用的快速发展和普及，利用搜索引擎检索信息来答疑解难已经成为人们日常生活中不可或缺的活动。搜索引擎的出现丰富和改变了人们获取信息和处理信息的方式。今天，搜索不再局限于传统的通用搜索引擎，更渗入各垂直门类网站且发挥着重要的作用，由此也映射出人们对于搜索功能的强烈需求。

中国互联网络信息中心（CNNIC）发布的《第 50 次中国互联网络发展状况统计报告》显示，截至 2022 年 6 月，我国搜索引擎用户规模达 8.21 亿，占网民整体的 78.2%。市场竞争逐渐激烈，腾讯、头条纷纷全面布局搜索广告市场，搜索引擎未来依然是中国互联网产业竞争的一个主战场。

一、搜索平台的含义及分类

1. 搜索平台的含义

搜索平台的含义源自对"搜索引擎"（Search Engine）概念的理解。狭义的搜索引擎是指根据一定的策略、运用特定的计算机程序从互联网上搜集信息，在对信息进行组织和处理后，为用户提供检索服务，将与用户检索相关的信息展示给用户的系统。从使用者的角度看，搜索引擎提供一个包含搜索框的页面，在搜索框输入词语，通过浏览器提交给搜索引擎后，搜索引擎就会返回跟用户输入的内容相关的信息列表。这是从技术角度对搜索引擎如何提供搜索服务的解读。

广义的搜索引擎是指提供搜索服务的网络平台，这既是一个技术平台，同时也是一个信息传播平台，还是一个网络运营商。当把"搜索引擎"的概念放到新媒体广告传播的框架中进行讨论时，我们通常采用的是搜索引擎的广义上的理解。因此，为了区别于从纯技术角度理解的"搜索引擎"，我们将广义的搜索引擎的概念界定为"搜索平台"。

2. 搜索平台的分类

搜索平台可依据不同的标准分类，主要有以下三种分类方式：

（1）按照搜索引擎的工作方式进行分类，可以分为全文搜索引擎（Full Text Search Engine）、目录索引类搜索引擎（Search Index/Directory Engine）和元搜索引擎（Meta Search Engine）。

全文搜索引擎是名副其实的搜索引擎，国外具代表性的有 Google、Inktomi、Teoma、WiseNut 等，国内著名的有百度、搜狗等。它们都是从通过互联网提取的各个网站的信息（以网页文字为主）而建立的数据库中，检索与用户查询条件匹配的相关记录，然后按一定的排列顺序将结果返回给用户。

目录索引虽然有搜索功能，但在严格意义上算不上是真正的搜索引擎，仅仅是按目录分类的网站链接列表而已。用户完全可以不用关键词（Keyword）查询仅靠分类目录就找到需要的信息。目录索引中最具代表性的莫过于大名鼎鼎的雅虎（Yahoo，现已改为全文搜索，并在中国停止产品及服务），其他著名的还有 Open Directory Project（ODP）、LookSmart、About 等。国内的搜狐、新浪、网易搜索也都是从目录索引发展起来的，目前国内的网址导航网站如 2345 网址导航、hao123 网址导航均属此类，有一些以全文搜索引擎为主的搜索平台也设置了目录索引的搜索服务。

元搜索引擎在接受用户查询请求时，同时在其他多个引擎上进行搜索，并将结果返回给用户。著名的元搜索引擎有 InfoSpace、Dogpile、Vivisimo 等，中文元搜索引擎中具代表性的有搜星搜索，360 综合搜索也是起步于元搜索引擎。

（2）依据搜索引擎数据收录范围进行分类，可以将搜索引擎分成综合搜索引擎和垂直搜索引擎两种类型。这种分类方式在目前的新媒体及广告市场研究中较为常见，两种类型都是目前发展迅速、应用广泛的搜索平台。

综合搜索引擎就是我们传统意义上的搜索引擎，它的资源包罗万象，用户可以通过在检索栏中输入检索词来检索几乎任何类型、任何主题的资源。上文提到的 Google、百度、搜狗以及 360 搜索等都属于综合搜索引擎。

垂直搜索引擎是为解决综合搜索引擎的信息量大、查询不准确、深度不够等问题而提出的新的搜索引擎服务模式，针对某一特定领域、某一特定人群或某一特定需求提供有一定价值的信息和相关服务。垂直搜索引擎的应用方向很广泛，比如购物搜索、房产搜索、人才搜索、地图搜索、音乐搜索、图片搜索……几乎各行各业、各类信息都可以进一步细化成各种垂直搜索引擎。很多网站都在站内提供垂直搜索服务，如淘宝、阿里巴巴一类的交易匹配类网站，优酷、爱奇艺一类的视频娱乐网站，去哪儿、携程一类的旅游搜索网站，甚至一些社区和资讯性网站如孕妇社区、播种网等。而综合搜索引擎也很注重其垂直搜索引擎的发展，如百度和 Google 都已根据细分搜索需求推出搜索产品。百度的搜索产品页面见图 8-1。

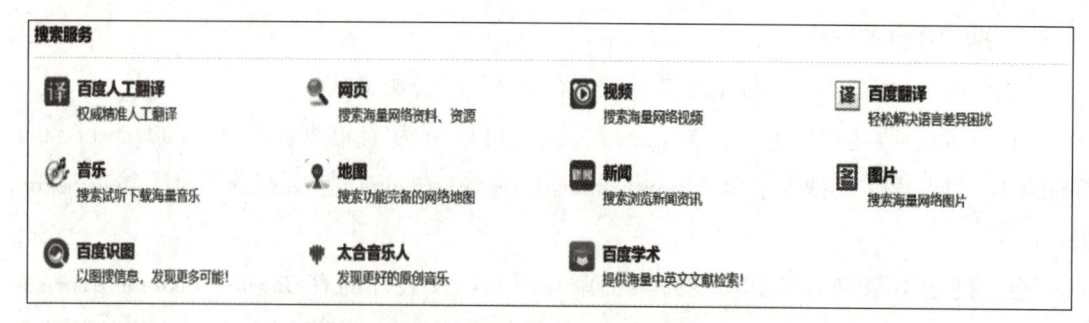

图 8-1　百度的搜索产品页面

（3）依据搜索终端设备的不同，可分为移动端搜索平台和 PC 端搜索平台。

虽然移动搜索和 PC 搜索可能属于同一个运营商，但无论是运行机制、信息呈现，还是用户行为特征，都存在较大的差异，因此，我们也将二者作为不同搜索平台类型进行划分。

据中国互联网络信息中心发布的《2019 年中国网民搜索引擎使用情况研究报告》和《第 50 次中国互联网络发展状况统计报告》显示：截至 2019 年 6 月，我国搜索引擎用户规模达 6.95 亿，其中移动端搜索引擎用户规模达 6.62 亿，占网民整体的 78.2%；截至 2022 年 6 月，我国搜索引擎用户规模达 8.21 亿。可见，搜索应用在 PC 端和移动端均有较高的渗透率。

二、搜索平台的特点

在"搜索满足"广告传播模式中，搜索平台的品牌信息传播，呈现以下特点。

1. 传播受众的主动性

形成于 20 世纪 70 年代的"使用与满足理论"认为：

受众之所以选择媒介并且消费媒介产品，是因为其自身目的使然，其目的在于满足某些经验化和个人化的需求。受众并非被动地接受大众传播，而是为获取需要的媒介内容和信息有意识地去选择。同一媒介信息还能满足不同受众的个性化需求，也因此达到了不同的目的。因此，不是传播媒介在使用人，而是人在使用媒介，而人使用媒介说到底只是为了满足其需要而已。[1] 在基于搜索引擎进行的信息传播过程中，受众出于个性化的需求使用搜索引擎，并通过搜索引擎的信息聚合功能满足自己的信息需求，继而有选择性地接受信息。每一位受众都是作为不同的个体进行信息搜索的，即使搜索相同关键词，也会对搜索结果有不同的选择，这种选择是个人对传播媒介内容有意识的选择。受众的信息接收行为呈现出"使用与满足"理论中对受众描述的典型特征，他们是作为"主动的受众"存在于传播过程中的。

---

[1] 邵培仁：《传播学》第 3 版，高等教育出版社 2015 年版，第 308 页。

2. 传播信息的精准性

互联网的发展所带来的海量信息，使得人们越来越依靠搜索引擎进行信息筛选。伴随着互联网的发展成长起来的年轻消费者，在获取信息和进行消费时更加依赖网络搜索。"内事不决问百度，外事不决问谷歌"，是搜索盛行时代人们日常生活的生动写照。用户通过搜索平台，获取所需的个性化的信息，而搜索平台根据网民的搜索关键词，收集用户的访问日志、IP 地址等信息，对用户的需求和位置进行准确地划分和定位，形成个性化的用户画像，判断用户的行为特征，然后将这些信息提供给广告主。广告主可以根据用户画像，对用户进行细分，定位目标用户，进行广告投放，并通过搜索引擎定向发布品牌信息，在目标用户面前精准地展现品牌信息。与传统大众传播媒体一对多的传播模式相比，搜索平台能够实现相对精准的传播，具有很强的针对性。

3. 传播形式的多样性

首先，搜索文件格式多样化，可以最大限度整合信息资源。从当前的搜索引擎市场来看，大部分的搜索引擎都支持对不同文件格式的搜索，除一般的网页搜索外，还有图片、声音、动画、视频文件搜索等。在移动互联网时代，搜索输入变得更智能、更快捷。为此，搜索平台可以尝试识别用户发出的一切信息——包括文字、表情、声音、动作、自然界元素以及情绪和思维等。未来的搜索模式也不仅是"搜索框输入-结果呈现"方式，所有人与人之间的信息传达方式都有可能被搜索所用，使得搜索结果的呈现更加丰富。

其次，用户可以用不同终端进行搜索。为了提升搜索的便捷性和提供良好的用户体验，各种搜索平台都不断地更新用户搜索的方式。尤其是在移动互联网时代，搜索平台不仅需要开发 PC 端应用，还需要开发移动端的应用。

最后，垂直搜索细分多样化，有利于信息有目的地传播。目前的搜索引擎已向垂直化发展，不仅面向不同的行业，还面向不同的地域、不同的位置。所有这些搜索引擎，用户都可以根据实际需要自由选择。而品牌主在进行品牌信息传播时，也可以通过不同的搜索平台、不同的信息呈现方式进行聚合性传播。

4. 传播效果的可控性

传统媒体的广告传播，由于受众范围太广，很难有效触达有需求的消费者，因此效率较低，一般只能起到提升品牌知名度的作用，无法准确定位真正的目标消费者。约翰·沃纳梅克提出的"50% 广告浪费说"说的正是传统广告的效果难以评估和控制的问题。而搜索平台的广告传播能够有效地弥补传统广告的不足，有需求的用户通过主动输入关键词来得到搜索结果，广告客户可以有的放矢地将其广告呈现在目标消费者面前，广告的到达率和转化率都能够进行非常准确快捷的数据统计，甚至可以在后台进行同步的监控，这是传统媒体的广告效果调查无法企及的。

5. 传播成本的灵活性

与传统广告传播模式相比，搜索平台的品牌信息传播不仅拥有更精确的传播效果统计，且在计费模式上更为合理和灵活。相对于以秒计算的电视广告和一字千金的杂志、报纸广告来说，关键词的价格相对低廉，广告客户不仅可以自己设定每次点击的费用，还可以设定每日最高限额，甚至暂停或取消广告活动。搜索引擎广告同时具有更为灵活合理的计费方式，如按展示付费、按点击付费和按效果付费等，这些方式的共同点在于广告主可以通过搜索引擎记录的相关数据准确地统计广告投放的效果，广告的投资回报率也可以准确地被计算出来。

6. 传播过程的公正性

任何个人或者企业都可以根据搜索引擎网站上的说明完成广告的投放，而且几乎可以实时开通广告业务，随时根据自己的需求进行修改，操作简单。搜索引擎的搜索结果以纯技术规则作为依据，基本没有人为因素干扰，因此其产生过程是比较公平公正的。

三、搜索服务广告

在第一章中，我们已经对搜索服务广告进行了界定，即"以搜索平台为核心的、各类可供受众进行信息搜索的信息服务"。也就是说，搜索服务广告是基于搜索平台进行的品牌信息传播。搜索服务广告的出现，使基于新媒体的"搜索满足"广告模式得以形成。那么，搜索服务广告是如何产生和发展起来的呢？

1. 搜索服务广告的产生与发展

搜索服务广告只花费了 10 年的时间就完成了从新生事物到主流广告模式的蜕变，这在广告发展历史上是独一无二的。搜索服务广告的发展历史大致可以分为如下四个阶段：

第一阶段（1998 年之前）：搜索引擎只有"用户"而没有"客户"，此时的搜索引擎仅仅是个网址集合菜单，主要起到分类目录的作用，如当时的 Yahoo Directory 就是这样的分类目录式的搜索引擎。技术性因素在搜索引擎优化方面发挥着主要作用，通过对影响搜索引擎收录因素的优化可提升网站站点在搜索结果页面中的排名。

第二阶段（1998—2002 年）：搜索引擎开始寻求盈利，催生了"竞价排名"这种收费的搜索引擎广告。收费模式的出现促使搜索引擎服务商为网络用户提供更为专业、优秀的服务和搜索体验。Google AdWords 的出现，引领了关键词广告的发展，并使得搜索引擎广告在整个互联网广告中的比重逐步提升，使大众认识到了搜索引擎广告的高效、精准。具体来说，1998 年 GoTo 公司最早创建了在线关键词广告拍卖这一新的盈利模式，当时采用的支付规则是第一价格（GFP, Generalized First Price）机制。在这种机制下，竞价最高的广告商将得到搜索引擎提供的最好的广告位，同时广告商按照其竞价向搜索引擎支付费用；竞价第二的广告商将得到次好的广告位，同时按照其竞价的价格支付费用；以此类推，搜索引擎按照所有参与竞价的广告商自己的竞价安排广告位。

第三阶段（2003—2005 年）：搜索引擎广告从单纯的关键词广告形式扩展到内容定向广告形式，这种形式拓展了广告展示的范围，也弥补了竞价排名广告的不足，进一步扩大了搜索引擎广告的发展空间，促使搜索引擎广告走上快速发展的道路。内容定向广告最成功的例子是 Google AdSense 模式，搜索引擎将广告主的广告展示在与其合作的商业网站上，双方共享搜索引擎广告收入。

第四阶段（2006年至今）：2006年以后，随着电商平台和移动互联网的迅速发展，垂直搜索引擎迅速发展起来，垂直搜索广告应运而生。目前，垂直搜索引擎发展非常迅速，已成为一种重要的网络广告形式。广告服务在综合搜索平台和垂直搜索平台同时展开，广告主可以同时使用多种搜索引擎广告进行广告信息传播。

2. 搜索服务广告的形态

搜索服务广告的形态主要有以下几种：

（1）关键词广告。本章所说关键词（keywords）特指单个媒体在制作使用索引时所用到的词汇，关键词搜索是网络搜索索引的主要方法之一。我们去任何一个网站查找信息时，都会用自认为最有可能帮助我们找到有价值信息的搜索词，这种搜索词被称为关键词。

关键词广告是搜索引擎借助其平台优势而推出的一项广告服务。当用户在搜索引擎上查询某个关键词时，搜索引擎按照一定的排序规则，将与该关键词相关的广告主广告展示在搜索引擎结果页面上。关键词广告位置一般在网页上方和左右两侧，不同的搜索网站在不同的时期会进行调整，但都应进行明显的说明，如标明"推广"或"广告"。关键词广告是目前主流的搜索服务广告形态，如 Google AdWords 广告、百度竞价排名广告都属于此类。关键词广告根据实现方式的不同可分为竞价排名、固定排名、特定关键字推广三种方式。

第一种竞价排名。竞价排名是一种针对关键词的网络推广方式，点击收费，不点击则不收费，且广告出现的位置是不固定的。其排名不是由关键词价格单独决定，而是引入了关键词质量的概念（在不同搜索引擎中名称不同，Google 称为质量得分，百度称为质量度）。关键词质量由关键词以往的点击率（Click-Through-Rate，CTR）、关键词广告的相关性（Relevancy）、目标网页（Landing Page）与关键词和广告内容的相关性等因素决定。

第二种固定排名。固定排名是指用户在进行关键词搜索时，广告客户的网站将出现在关键词搜索结果页面中的固定位置（名次）。广告客户将按照预先确定的价格支付广告费。这种广告服务的特点，使客户不必像在竞价排名时一样必须时刻紧盯竞争对手，时时调整竞价价格以保证领先。客户只需一次性购买关键词和对应的排名，即可在一定时间中固定排在搜索结果首页的某个位置。固定排名是搜索引擎最早的一种盈利模式，由 Google 最先应用，目前 Google 已采用 AdWords 竞价排名模式。

第三种特定关键字推广。这是一种搜索平台针对知名品牌进行的特定关键字的网络推广方式，收费方式是固定价格，不需要排名。它是为提升网民搜索体验而整合文字、图片、视频等多种展现结果的创新搜索服务广告形态。以百度的品牌专区为例（见图8-2），其位置位于搜索结果首页最上方，是为品牌量身定制的专属资讯发布平台。

（2）内容定向广告。内容定向广告也称为网站联盟广告，其出现以 Google 在 2003 年发布 Google AdSense 为标志。它是一种借助自有平台及合作网站平台，基于内容定位的搜索引擎广告。它与关键词广告的主要区别在于摆脱了关键词搜索的形式，并且极大地扩展了广告展示平台，覆盖了更为广泛的用户。

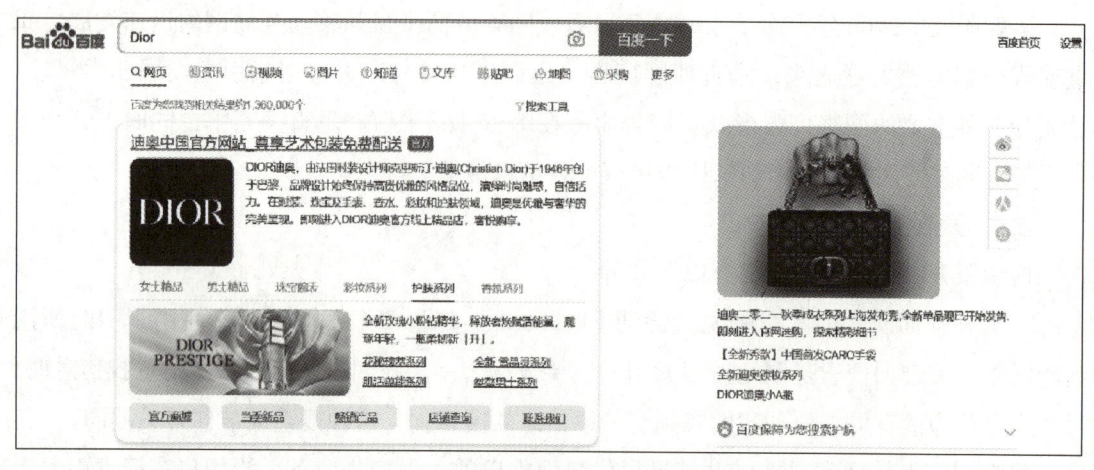

图 8-2　百度品牌专区广告展示方式

例如，百度联盟依托于全球最大的中文搜索引擎，通过强大的定向及智能分析能力，结合行业领先的 AI 技术，将具有强竞争力的百度推广内容，精准投放到媒体相应位置，以信息流、开屏、视频、横幅、插屏等广告形式呈现企业的推广信息（见图 8-3）。

图 8-3　百度联盟的搜索推广合作服务

（说明：这种广告位于游戏、视频等窗口中央，在内容加载或暂停时展示，属于强展示类广告）

（3）搜索引擎登录。搜索引擎登录是指付费登录分类目录和导航网站的广告方式。一个网站要想被潜在客户通过搜索引擎找到就必须由其他网站链接到这个网站上来，或者是通过付费登录到其他网站上去。目前应用最广泛的付费的搜索引擎登录方式主要有两种：一种是以 Google 和新浪为代表的付费分类目录，另一种就是以 hao123、2345 网址导航等为代表的导航网站。这两种方式都是广告主通过支付一定的费用，在这些网站的特定位置登录。由于这些网站权重值都比较高，搜索引擎的算法就会认为和这些网站链接的站点也比较重要，因此广告主的网站就能在搜索结果页面获得很好的排名。[①]

（4）其他的广告类型。搜索引擎平台下设的论坛、知道、地图等支持搜索的工具也可运用于搜索服务广告。

第二节　品牌与产品信息的搜索满足

一、广告传播的"搜索满足"模式

在第一章中，我们提到"搜索满足"广告模式，其出发点是视受众为主动的，即消费者受众出于消费信息的需要，不再只是被动地、且主要依凭无意识接受来获得广告信息，而是主动进行搜索，且在搜索中不断比较、求证广告信息，以满足消费决策最基本的信息需求。"搜索满足"广告模式的提出，是相对于传统媒体环境下"信息邂逅"广告传播模式而言的。在传统的"信息邂逅"广告传播模式中，相对于广告主的刻意传播，消费者邂逅广告信息无疑是被动的、是无意识状态下的蓦然相遇。两种广告模式的差异见表 8-1。[②]

表 8-1　两种广告模式差异对比表

对比项	"信息邂逅"模式	"搜索满足"模式
出发点	消费者是被动的	消费者是主动的
媒体特征	单向度的	双向性的
代表性媒体	报纸	网络
广告代表形态	平面、电视短片	关键词+品牌网站
广告形态特征	相遇告知的	邀请引导的
信息含量	有限而模糊的	丰富而清晰的
接收行为	邂逅、注意	搜索、点击
接受反应	好感记忆	实时互动
作用于消费者	好感记忆唤醒	理性比较、求证
广告重点	广告的创意高下	广告的数字路径
广告策略核心	个性化信息告知	整合性信息满足

---

① Rimbach F., Dannenberg M., Bleimann U., "Page Ranking And Topic-Sensitive Page Ranking: Micro-Changes And Macro-Impact, *Internet Research*, 2007, Vol.17, No.1, pp. 38—48.

② 舒咏平：《"信息邂逅"与"搜索满足"——广告传播模式的嬗变与实践自觉》，《新闻大学》2011 年第 2 期。

这种由搜索引擎带来的广告传播模式的变革，我们也可以从不同时期的广告和营销传播学者对消费者行为模式描述的变化中找到呼应。AIDMA法则是由美国广告人E.S.刘易斯提出的具有代表性的消费心理模式，它总结了消费者在购买商品前的心理过程——消费者先是注意商品及其广告，对商品感兴趣，并产生出一种需求，最后是记忆及采取购买行动。AIDMA法则是对卖方主导、以传统大众传媒为广告信息传播手段的营销环境下消费者行为模式的总结，可以很好地解释在线下零售经济中消费者的购买行为。

AISAS是日本电通集团在意识到网络媒体的广泛应用引发了消费者行为方式的巨大改变的情况下，于2005年提出的消费者行为的新范式。AISAS模式的前两个阶段和AIDMA模式相同，第三个阶段（S）为Search，即主动进行信息的搜索，第四个阶段（A）为Action，即达成购买行为，最后一个阶段（S）为Share，即将购买心得和其他人进行分享。这种模式中指出了互联网时代下搜索（Search）和分享（Share）的重要性，广告主不能再一味地向用户进行单向的理念灌输。该模式充分体现了受众的主动性，以及互联网对人们生活方式和消费行为的影响与改变。

SIVA是"整合营销之父"唐·舒尔茨新近提出的消费行为模式：S（Solution）代表寻找解决问题的方案，I（Information）代表寻找相关信息，V（Value）代表评估价值，A（Access）代表寻找入口。虽然该模式提出的动因在于阐释一种区别于传统4P（产品Product、价格Price、促销Promotion、渠道Place）营销模式的新型营销模式，但却恰恰捕捉到搜索时代消费者消费行为的演变轨迹：消费者以自身需求为出发点，主动搜索满足自身需求的解决方案，再综合运用多种搜索平台及搜索入口寻找支持、修正或完善解决方案的信息，然后全面评估此次购买行为的价值，最终确定解决方案，寻找购买入口，完成购买行为。

从AIDMA到AISAS再到SIVA，消费者消费行为模式的演变表明了消费者主导地位的提升以及"搜索行为"在购买决策中的重要价值。这种变化过程与我们所提出的广告传播模式从"信息邂逅"到"搜索满足"的嬗变不谋而合，从这两种变化轨迹中，我们看到的是搜索时代消费者主导地位的不断提升。

二、"搜索满足"模式下用户的品牌与产品信息搜索行为

在广告传播的"搜索满足"模式中，用户对品牌及产品信息的搜索是主动的，是出于自身的需求而产生的搜索行为。那么，这一搜索行为是怎样一个过程？用户又是如何通过搜索平台在其搜索及购买决策行为过程中得到"满足"的？

1. 用户的信息搜索行为

信息搜索是"个体为了达成某种目标而进行的有目的搜寻信息的活动，强调信息搜

索的目的性和任务性"[1]。也就是说，用户之所以会产生搜索行为，往往是在解决任务时遇到自己不熟悉的概念或者问题，由此产生了对特定信息的需求，之后用户会在头脑中逐步形成描述需求的查询词，将查询词提交给搜索引擎，然后对搜索结果进行浏览，如果发现搜索结果不能完全解决自己的信息需求，则会根据搜索结果的启发，改写查询词，以便更精确地描述自己的信息需求，从而重新构造新的查询需求，提交搜索引擎，如此形成用户和搜索引擎交互的闭合回路（见图 8-4），直到搜索结果已经解决了自己的需求或尝试几次无果而终。

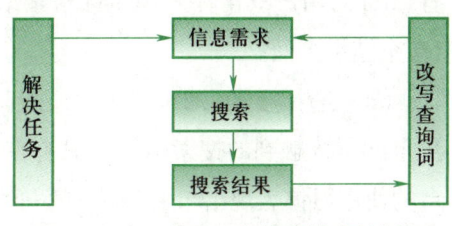

图 8-4 互联网用户信息搜索的过程

从上述过程可以看出，从用户产生信息需求到最终形成准确的查询词，中间有很大的不确定性，用户未必能够一开始就找到合适的查询词，即使找到了，也可能存在查询词不能完全描述信息需求的情形，即在形成查询词的过程中存在信息丢失的问题。所以后续循环中的改写查询词就是用户逐步澄清搜索需求的一个过程。

2. 用户信息搜索行为的特点

（1）追求搜索平台的易用性。用户受网速、设备、信息质量、熟悉程度、语言能力、使用情境等因素的影响，不可能获得与自身信息需求相关的所有信息，信息检索行为一般首先选择容易获得，且经济适用的信息资源。检索的信息资源从易到难大致有局域网的资源、信息机构高质量数据库、国内网上资源、国际互联网同种语言国家和地区的资源、国际互联网上自己熟悉的其他语种的资源。

移动搜索时代，用户对搜索平台易用性的要求越来越高。以移动搜索输入为例，根据中国互联网络信息中心发布的《2019 年中国网民搜索引擎使用情况研究报告》显示，文字仍是当前用户使用搜索引擎的主要输入方式。随着以人工智能为代表的新技术日趋成熟，图像和语音搜索有望在特定场景下得到广泛应用。目前谷歌、百度、搜狗、微软等相继在语音产品上投入大量人力物力，发布相应的语音识别产品。将来语音识别会更加精准，还可能根据用户情况识别带有地方口音的普通话或者方言。

（2）检索词语的单一性。学者斯宾克（Spink）等人曾对 Excite 搜索引擎的近 300 位用户做过试验，他们发现，在被试验用户的检索提问式中，人均输入的检索词为 3.34 个。[2] 王继民等人的研究显示，多数用户输入的查询串中只含有一个词项。[3] 邓小昭的研究表明，90% 左右的用户输入的中文检索单字为 2~6 个，其中 2 字词居多（占 58%）。[4] 移动端和

---

[1] 王蕾：《基于信息需求的消费者网络信息搜寻行为研究》，《情报理论与实践》2013 年第 7 期。
[2] Spink, Amanda, Jack L.Xu, "Selected Results from A Large Study of Web Searching: The Excite Study", *Information Research*, 2000, Vol.6, No.1.
[3] 王继民、陈翀、彭波：《大规模中文搜索引擎的用户日志分析》，《华南理工大学学报（自然科学版）》2004 年第 S1 期。
[4] 邓小昭：《因特网用户信息检索与浏览行为研究》，《情报学报》2003 年第 6 期。

PC 端搜索用户输入的查询串长度相差不大。

（3）检索查看的粗略性。面对检索呈现结果的无限多，用户往往仅仅浏览前面的一些结果，如结果页面的前一两页，呈现一种对检索结果查看的粗略性。邓小昭的研究显示约有 70% 的用户只查看了 Google 检索结果的首页；就每次检索行为而言，用户平均只查看了 1.7 个结果页面。[①]

（4）选择搜索引擎时定势心理起主要作用。大多数用户习惯于长期使用某一两个最初被自己所接触到的搜索引擎，只有在搜索结果不满意时才会想到更换。用户对移动搜索平台的使用习惯表现出与 PC 端高度一致的特点，专注于移动搜索的品牌，如宜搜搜索、易查搜索、儒豹搜索、神马搜索的用户渗透率不高。

3. 用户品牌（产品）信息搜索行为

（1）用户信息需求类型。用户发出的每个搜索请求背后都隐含着潜在的搜索意图，不同的搜索意图就代表不同类型的信息需求。在信息科学研究中，搜索意图是指用户使用搜索引擎的潜在需求以及争取实现的目标。搜索意图的一种主流的分类方法如下[②]：

- 导向型：用户需要前往一个特定的网上位置（如"新浪首页"）；
- 信息型：用户需要获取网页上某种特定的信息（如"蛋挞的做法"）；
- 事务型：用户需要进行某种特定的操作（如"输入法下载"）。

唐·舒尔茨在《SIVA 范式：搜索引擎触发的营销革命》中，将消费者搜索信息的类型分为上下文信息、声誉信息、导航信息及事务信息四大类。类似"我有需求或感兴趣，在哪里可以了解……"这样的问题被称为上下文信息；"你觉得怎么样……"这样的问题被称为声誉信息；"我很感兴趣，在哪里可以……"被称为导航信息；"我确定要购买，接下来怎么做……"被称为事务信息。[③] 由于这种信息需求类型的划分是针对消费者而言的，比较适用于用户品牌（产品）信息搜索行为分析。

（2）用户品牌（产品）信息搜索行为过程。在消费者行为学中，消费者网络行为是指以购买或消费为目的或与其相关的消费者网络操作行为，通常包括需求确认、信息搜寻、方案评估、购买、购买后评价等 5 个阶段，代表了消费者在网络上对商品、服务购买与消费的完整过程。我们试图将用户信息"搜索满足"模式与消费者购买决策的过程用图表的方式整合起来，以更加清晰地看到作为消费者的用户在购买决策产生的过程中，其信息需求是如何得到满足的。

图 8-5 显示了用户从产生消费需求到完成购买的整个过程，从中可以看到，搜索需求和行为在用户（消费者）购买决策的整个过程中都会发生，在购买决策过程的不同阶段，

[①] 邓小昭：《因特网用户信息检索与浏览行为研究》，《情报学报》2003 年第 6 期。
[②] Rose Daniel, Levinson Danny, "Understanding User Goals in Web Search", *Proceedings of the 13th International Conference on World Wide Web*, New York: Association for Computing Machinery, 2004, pp. 13—19.
[③] [美]唐·舒尔茨：《SIVA 范式：搜索引擎触发的营销革命》，李丛杉等译，中信出版社 2014 年版，第 152 页。

第二节　品牌与产品信息的搜索满足

用户都会借助搜索平台进行品牌或产品信息的搜索，每个不同的阶段，信息搜索的类型也有差异。增加用户的参与度是提升用户广告体验的重要方式。

需求确认	信息搜寻	方案评估	购买	购买后	
品牌接触 渠道： 传统广告 新媒体广告 公关新闻 商品展销 口碑传播 → 消费需求	选择搜索平台 → 品牌或产品信息搜索	确定要购买的产品	线上购买 线下购买	搜索使用方法 搜索售后服务 再评估 分享	流失 重复购买
受众搜索信息类型 •上下文信息	•上下文信息 •声誉信息		•导航信息 •事务信息	•事务信息 •上下文信息	

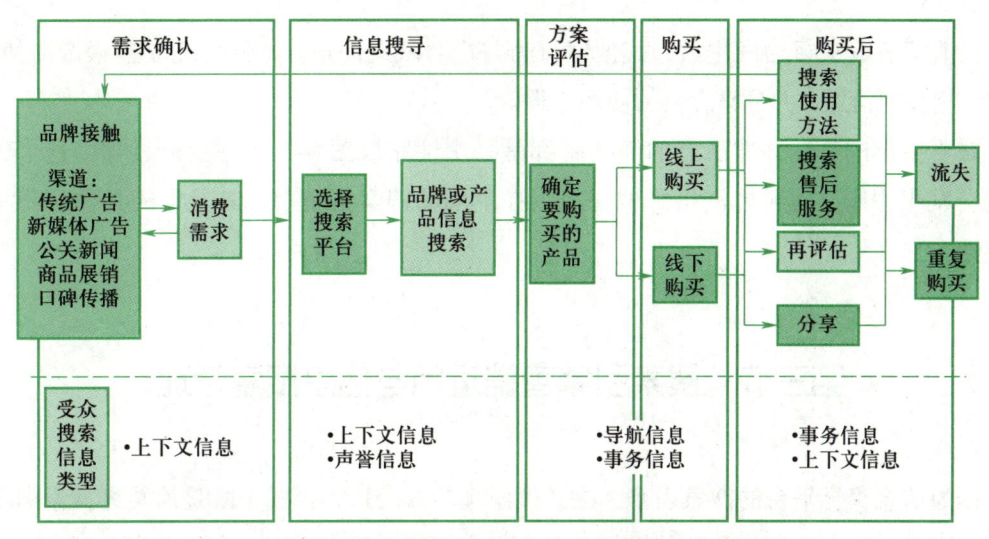

图 8-5　用户品牌（产品）信息搜索行为过程图

在消费者的需求确认阶段，品牌与产品信息传播可以作为外部因素刺激消费者产生消费需求。在这个阶段，用户搜索的是一些上下文信息（和知识、经验相关的信息），由此增加对主题、话题、状况、问题的整体了解。根据认识论和实际信息搜寻过程，可以认为此时的信息需求是一个由模糊、不确定状态逐渐清晰化的过程：用户对自己的信息需求不可能一次就完全了解，而是通过信息搜寻行为积累知识与信息并逐渐清晰化的，信息搜寻过程不但逐步解决现有的信息需求问题，而且不断产生出新的相关信息需求。举例来说，一位妈妈想给 3 个月大的婴儿补钙，她可能想先了解婴儿生长发育的相关知识。这时，"3 个月婴儿生长发育标准" "婴儿几个月开始补钙" "婴儿缺钙的表现" 这一类信息就是用户非常需要的，可作为广告关键词。同时，企业还需要保证用户在点击链接后能够找到恰当的答案。

在信息搜寻阶段，搜索平台的广告信息可以帮助消费者深入地了解和多维度比较不同品牌与产品。在这个阶段，消费者除了需要进一步地搜索上下文信息外，还会对声誉信息进行搜索。比如，想给孩子补钙的妈妈已经对婴儿的补钙和生长发育标准有了整体的了解，她们还想通过搜索了解的信息是专家的评论、补钙品牌与产品的比较、他人购买或者使用相应产品后的评论等。同时，在这个阶段，在不同消费需求和消费情境下，消费者对搜索平台的选择也是不一样的。

在方案评估和购买阶段，搜索平台的品牌与产品信息可以辅助消费者做出购买决策。在这个阶段，消费者需要的不仅仅是声誉信息，还需要非常明确的导航信息，例如搜寻购买网址、查找路线、地址、电话号码、查找如何获得咨询服务，等等。这时，妈妈们可能需要的信息是对类似"在哪里可以买到正品"这样问题的回答。当然，如果本身就是在电商等垂直类平台搜索信息的话，到这一阶段，很多消费者会通过移动支付平台直接完成支付。

在消费者购买行为发生后，其搜索行为并没有就此停止。他们可能会搜索产品使用、维护等相关的信息，并分享自己的使用心得等。

需要指出的是，并非所有的消费者都是一次性完成图8-5中的整个过程，这个过程可能会发生中断，也可能渐进式地完成，在不同的搜索情境中，其发生的具体过程呈现差异性。

第三节 搜索引擎营销运用与信息搜索管理

作为信息聚合平台的搜索引擎，在"搜索满足"的广告模式中既是消费者搜索的第一入口，同时也是企业进行品牌传播的重要平台与端口。搜索引擎作为信息聚合器，满足网民获取信息需求的同时也聚合了搜索背后的消费需求，为广大商家实现精准营销提供了更广阔的平台。[1]搜索引擎营销（Search Engine Marketing，SEM）成为各大企业进行品牌推广的最佳选择之一。

一、搜索引擎营销的含义

简单来说，搜索引擎营销就是基于搜索引擎平台的网络营销，利用人们对搜索引擎的依赖和使用习惯，在人们检索信息的时候尽可能将营销信息传递给目标用户。搜索引擎营销追求最高的性价比——以最小的投入，获得最大的来自搜索引擎的访问量，并产生商业价值。

那么，搜索引擎营销和搜索服务广告有什么样的关系呢？这里，我们必须提及"搜索引擎优化"。所谓搜索引擎优化（Search Engine Optimization，SEO），是指在了解搜索引擎自然排名机制的基础上，对网站进行内部及外部的调整优化，改进网站在搜索引擎中关键词的自然排名，获得更多流量，吸引更多目标客户，从而达到网络营销及品牌建设的目的。搜索引擎检索原则是不断更改的，其更改会直接导致网站关键词在搜索引擎上排名的变化，所以搜索引擎优化并非一劳永逸。

相对于关键词广告、内容定向广告等付费搜索服务广告而言，搜索引擎优化是一种不

---

[1] Rainer Olbrich, Carsten D.Schultz, "Search Engine Marketing and Click Fraud", *Research Papers from the Chair of Marketing*, 2008, pp.5—7.

需要向搜索平台进行付费的品牌信息管理与传播活动，需要的是对搜索引擎收录规律和排名机制的了解以及相关的技术技能。

二、企业的 SEM 运用策略

不论是付费的搜索服务广告，还是不付费的搜索引擎优化，都需要企业策略性地进行运用，以达到传播效果的最优化。

1. 关键词广告的运用策略

企业在进行关键词广告的投放之前，首先要分析企业自身和市场环境，确定此次传播推广需要达到的目标；然后根据目标用户行为特征选择合适的搜索引擎和关键词；再针对所选择的搜索引擎的相关要求制作推广计划和推广方案，之后进行方案的执行和后期优化；最后要对传播效果进行评估，看是否已达到预期目标，并从中总结推广经验和不足之处，为以后的营销推广提供帮助。

（1）关键词选择策略。第一，企业必须根据自身情况来决定选择哪种类型的关键词。由于关键词广告是按照点击量来计费的，选择高频词将面临激烈的市场竞争，适合预算充足的广告计划；选择低频词则流量较低，适合预算有限且持续时间较长的广告计划。

第二，在具体的关键词选择上，企业必须根据推广页面来进行挖掘，以保证两者之间的高度相关性，这与广告的排名和到访用户的质量高低都有直接关系。除了具体页面的产品词以外，自有品牌词和竞争对手品牌词也非常重要。如图 8-6 是当当网 SEM 策略中，不同类型的关键词与企业网站页面的对应关系。同时，还要注意关键词与提交给搜索平台的广告描述以及链接到网站的内容应该高度匹配。例如，当我们搜索"苹果手机"时，看到搜索结果页面上显示"苹果手机 1 折起销售"，若我们点击链接进入登录页，看到的却是三星手机的销售信息时，广告效果便大打折扣了。

图 8-6　不同类型的关键词与企业网站页面的对应关系（当当网）

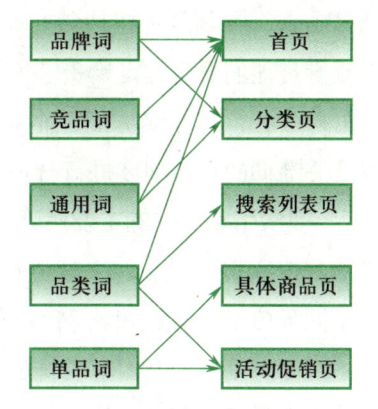

第三，企业要避免选择一些过于宽泛的关键词，可以采用结合限定词或描述词的形式来得到流量相对较低但更为精确的关键词，即采用长尾词（往往是 2~3 个词组成的短语）策略。比如一家上海的服装生产厂家，在选择关键词的时候可以考虑"上海服装批发""服装生产厂家"这类关键词，而不采用"服装""衣服"这类很宽泛的关键词，甚至可以将其作为否定关键词添加到推广系列中。淘宝店长们对这样的策略反应较快，为了让买家能搜到自己，他们会积极地在宝贝标题中堆砌关键词，例如"某某推荐、某某

同款、×××品牌美白补水熬夜护肤"。另外，要站在目标用户的角度来选择关键词，比如可能的关键词变体形式、词组语序等。

第四，在营销方案的实施过程中，企业要根据各关键词的不同表现来判断是否需要对关键词进行删除或扩展。因为企业毕竟不是用户，不可能一开始就能想全所有相关关键词。因此，企业需要不断地根据搜索引擎提供的搜索查询报告，对触发广告的关键词进行审查和整理，并对现有关键词进行优化。

（2）关键词投放策略。首先是投放平台的选择。利用搜索引擎平台做推荐传播就如同在平面媒体上投放广告一样，投错了报刊很难产生效果，仅仅依靠一两家报刊也很难扩大影响。因此品牌主需要依据各类网络平台自身的特点及定位，依据消费者的搜索行为特征综合选择投放平台。

其次，投放时段的选择也非常重要，不同时段投放效果不同。在搜索高峰时段用户对信息的需求也更大，品牌主可以根据所投放搜索平台给出的不同搜索时段的流量数据进行相应的投放。根据用户的搜索习惯来进行针对性的投放，能够使推广变得更为有效。此外，不同行业不同产品的投放时段也有较大差异。企业在投放过程中也要根据关键词的具体表现对投放时段进行调整，以达到最佳效果。

最后，投放终端设备的选择也比较重要。目前，搜索引擎的关键词广告基本都提供两种投放设备：PC端和移动端。随着PC端用户不断向移动端转移，移动端的营销价值越来越凸显出来，尤其是一些特殊行业，如移动应用开发商、移动设备游戏厂商等，移动端的用户流量对他们而言弥足珍贵。

另外，在广告排名方面，企业并非一定要占据第一的位置，而是要根据企业的预算情况以及关键词的重要程度进行合理安排。

2. 搜索引擎优化的主要策略

随着搜索引擎优化越来越流行，大多数已有网站的企业会根据实际情况对自己的网站进行不同程度的优化，没有网站的企业在建立网站的过程中也会参考搜索引擎优化的相关规则，以使网站结构及内容安排最大限度地符合搜索引擎的标准。

搜索引擎优化具有两个基本目标：一是被搜索引擎收录，二是在搜索结果页面中排名靠前。但是从目前的实际情况来看，仅达到这两个层次还远远不够。因为即使高排名带来了更多流量，这些访问者并不一定就能转化为顾客。因此，从这个意义来讲，网站内部的优化比外部优化更加重要。可以把搜索引擎当作网站上一个普通的访客，对网站的抓取方式、对网站或网页的价值判断，也都是从用户的角度出发的，任何对用户体验的改进，都是对搜索引擎的改进。

在所有的搜索引擎优化策略中，最重要也最常用的几种策略是：网站结构优化、网页内容优化和外部链接建设及优化。

（1）网站结构优化。网站结构要清晰合理，网站的深度和宽度也要适当。一般来说

第三节　搜索引擎营销运用与信息搜索管理

一个网站的栏目最多不要超过8个，深度上不要超过3个层次，否则不利于搜索引擎的检索；一个优秀的网站应该具备一个网站导航系统或者说"网站地图"，为搜索引擎访问网站提供方便。[①] 网站导航系统属于网站内部链接，也有助于搜索引擎对网站内容的检索和收录。

（2）网页内容优化。对于企业而言，网页内容的优化不仅是提升网站排名的重要方法，更是吸引用户、留住顾客的有效方法。

首先，要为网站的每个页面设置一个相关标题，这样能够方便用户快速找到需要的信息。标题中要在不影响用户识别的情况下尽量包含丰富的关键词。标题中的关键词非常重要，能够提高搜索引擎对网页内容判断的准确性。

其次，在网页设计中应该采用静态网页与动态网页结合的方式，以静态网页为主。根据搜索引擎工作原理，目前抓取程序通常是针对静态文本信息进行检索的，因此网页设计应尽量使用文字描述。但是在用户体验方面，图片和动画的效果又优于文字描述，所以在考虑搜索引擎的检索规则时，还要兼顾用户体验，辅以一定的图片和视频。

另外，网页中的文章内容要尽量原创且定期进行更新，这也是搜索引擎对网站质量的重要评判标准之一。

（3）外部链接建设及优化。在提升网站权重方面，外部链接建设无疑是最有效的利器。只有被很多其他网页设置了链接的网页才能在自然搜索结果中显示在靠前的位置。企业可通过交换链接、购买链接、发布外链加以建设和优化。

交换链接是指企业与行业内其他网站或提供相似服务的网站交换外链，它通常被放置在页面底部。在这个过程中，需要考虑到外链的质量和数量。一个高质量网站的外链比多个低质量网站的外链更有效果，并且，低质量网站的外链还有可能会对搜索引擎的评判造成负面影响。因此，外链的质量是首要考虑因素，尽量与高质量网站交换链接。若对方不愿交换，则根据自身情况考虑是否采用购买的方式。外链数量越多，网站被访问的机会也越多。如果一个网站在外链的质量和数量上都具有优势，那么它在各个搜索引擎上都将获得更好的排名。发布外链是指在相关的论坛、博客、社交网络等网络社区发布带有关键词链接的文章，其原理与交换链接相似。

三、企业的信息搜索管理

在企业进行广告投放及搜索引擎优化的同时，还需要对搜索平台上呈现的品牌、产品信息及搜索平台提供的后台数据信息进行有效管理，以便及时掌握广告效果、品牌声誉、市场数据等信息，并对品牌的营销传播策略进行调整。

---

① 尹伟静：《基于用户行为的搜索引擎营销策略研究》，《电子商务》2011年第1期。

1. 营销传播过程及效果信息的管理

企业想要知道搜索引擎营销是否有效，就必须对其进行评估。不仅要对营销过程进行评估，以便对营销传播方案进行优化，还要对营销传播结果进行评估，以考量营销计划是否成功。

搜索引擎优化的效果评估方式主要有两种：一是查看企业需要的关键词在搜索引擎中的排名是否有所提升，二是监测网站流量及其有效性是否有所增加。

关键词广告的效果评估有一系列的量化指标，包括展示量、点击量、平均点击价格、广告消费、转化率、访问量、浏览量、注册量、订单量等。其中前四项数据由搜索引擎直接提供，其他数据则需要借助专门的工具来监测统计，一些较大的搜索平台也提供这类工具，如 Google 的 GA 统计、百度的百度统计。在搜索引擎营销的过程中，企业应对这些数据进行专门的管理，以优化营销传播的效果。

2. 市场数据信息的管理

利用搜索平台的统计工具，还可以对一些市场数据进行了解，洞察消费者的行为特征。例如，百度指数就可以清晰地提供喜欢某个明星或者产品的用户画像，这对于企业策划和投放广告来讲，是非常有用的指引。淘宝指数也能够告诉你一件商品的长周期走势，告诉你淘宝上搜索、购买某款商品的都是什么样的人，还能看见最近 7 天淘宝最火的搜索词、行业和品牌是什么，甚至告诉你北京女白领和 20 岁的大学生都买过什么面膜。针对广告主的投放行为，搜索平台还有一些更加细致的市场数据可以提供。如果能够对这些数据进行有效的管理，企业应该能对市场、竞争对手、消费者都有更加深刻的洞察，并能更加精准地进行广告投放。

3. 信息传播系统性的管理

由于搜索平台的聚合性以及信息来源的多样化，基于搜索平台的品牌传播内容也丰富多样。内容的复杂化使企业内容管理面临诸多困难。若想改善这一状况，企业必须提前对品牌内容的传播进行统筹规划，合理分配平台资源，通过系统性地传播塑造企业的品牌形象。

4. 互动信息的管理

"基于搜索平台的品牌内容传播，一定量的信息也来源于互动网站，因为互动型媒体类型非常多样，而传播内容也较多，在搜索引擎抓取信息时，被抓取的概率较高，非常容易出现在搜索平台。"互动网站如微博、百度知道、知乎社区等，都大量存在品牌相关信息，有的由个人发起，有的由企业发起。"互动性媒体较易形成群众性舆论，产生沉默的螺旋现象，最终产生主导性言论。"[①]因此，企业应该关注搜索平台上的此类信息，有策略性地参与互动，甚至主动发起互动话题，引导搜索平台的互动信息收录呈现积极状态。

---

① 舒咏平：《搜索平台上的广告信息呈现》，《湖湘论坛》2014 年第 6 期。

同时，企业还可以在与用户的互动中找到他们关注的话题，从话题中找到更加准确的关键词，优化投放策略。

5. 声誉信息的管理

声誉信息是消费者进行信息搜索的重要类型，也是搜索平台上大量出现的信息类型。企业应该有效运用公关手段传播正面信息，同时也要注重对品牌负面内容的监控，及时发现负面内容并进行有效处理，以降低其影响力。

实践部分

1. 复习思考题

- 搜索平台具备哪些特点？
- "搜索满足"广告传播模式的本质是什么？
- 搜索平台的关键词广告有哪几种形式，各自有什么特点？
- 用户的信息搜索行为有哪些特点？
- 搜索引擎营销有哪些策略？

2. 案例讨论

很多大品牌在搜索引擎领域的投入都很高，每年投入数百万元，同时也获得了巨大的回报。

为管理数以万计的关键词，很多企业除了巨额的推广费用，还支付了大量的管理成本，不断地修改、调整关键词的投放，并都有相应的策略来具体管理搜索引擎。

请讨论：

搜索平台品牌信息传播具备成本低廉的特征，这与企业巨额的搜索平台推广费是否矛盾？你如何处理搜索平台推广的投放以及搜索平台的信息管理之间的关系？

3. 讨论话题

（1）"魏则西事件"起于问答社区知乎。知乎网友魏则西是西安电子科技大学计算机系学生，2014年前后，他在体检后得知自己罹患"滑膜肉瘤"，并已处于晚期。得知病情后，魏则西父母先后带着魏则西前往北京、上海、天津和广州多地进行问诊，但各大肿瘤医院都说没有希望。不过，魏则西父母并未就此放弃，在通过百度搜索得知"武警北京总队第二医院"（实际上是"武总二院肿瘤生物治疗中心"）后，魏则西父母先行前往考察，并被该医院李姓医生告知可治疗。于是魏则西开始了在武警北京总队第二医院先后4次的治疗，在花光近20万医疗费后，2016年4月28日，魏则西同学与滑膜肉瘤持续抗争两年后不幸离世。

国家网信办2016年5月2日会同国家工商总局、国家卫生计生委和北京市有关部门成立联合调查组进驻百度公司，集中围绕百度搜索在"魏则西事件"中存在的问题、搜索竞价排名机制存在的缺陷进行了调查取证。调查组认为，百度搜索相关关键词竞价排名结果客观上对魏则西选择就医产生了影响，百度竞价排名机制存在付费竞价权重过高、商业推广标识不清等问题，影响了搜索结果的公正性和客观性，容易误导网民，必须立即整改。同时，立即全面清理整顿医疗类等事关人民群众生命健康安全的商业推广服务。即日起，对医疗、药品、保健品等相关商业推广活动，进行全面清理整顿，对违规信息一经发现立即下线，对未获得主管部门批准资质的医疗机构不得进行商业推广。

"武总二院肿瘤生物治疗中心"的搜索平台推广存在什么问题？搜索平台和企业之间如何才能形成更健康的合作关系？

（2）DuckDuckGo 是互联网搜索引擎，其总部位于美国宾夕法尼亚州。DuckDuckGo 强调在传统搜索引擎的基础上引入各大 Web 2.0 站点的内容。其办站哲学，主张维护使用者的隐私权，着力避免个性化检索带来的过滤气泡，并承诺不监控、不记录使用者的搜寻内容和 IP 等信息。DuckDuckGo 因其反 Google 战略而崛起（其流量统计数据是完全公开的）。我们知道，当用户在用 Google 进行搜索时，Google 会跟踪他们的整个搜索过程，收集包括搜索关键词、选择进入的网页等各种行为数据，Google 这么做的目的很简单：为每个用户建立一个量化的个人模型，这样不仅能保证面向不同的用户做更个性化的搜索结果推荐，同时也提高了广告投放的精准度。但也正因为如此，Google 会不可避免地涉及侵犯用户隐私的问题。

DuckDuckGo 如何在搜索质量上挑战其他"越用越精准"的搜索引擎？

第九章　电商平台展示、传播与沟通

导入部分

1. 学习要点

   □ 认知电商平台的内涵及特点
   □ 了解电商平台的不同形式
   □ 了解电商店铺的展示传播
   □ 掌握电商店铺的沟通技巧

2. 学习要求

   结合自己在网上购物的经历，了解网上商店与传统实体商店在购物方式上的差异，积极思考网上商店的出现对传统的营销和购买行为的影响，并熟悉电商店铺在虚拟空间中信息展示与互动沟通内容，在此基础上把握电商店铺传播信息的方法和技巧。

3. 关键词

   电子商务　电商平台　电商店铺　购物体验　互动沟通

4. 先导案例

小明网上买相机

小明是广告专业大二的学生，因下学期有广告摄影的课程，需要自购一部数码单反相机。通过咨询授课老师，他了解到上课所需相机的基本配置，并根据老师的建议确定了数码相机品牌：佳能 EOS。利用百度搜索，小明点击进入了这个品牌的官网，如图 9-1。

通过佳能（中国）官网，小明全面了解了佳能的品牌文化、产品类别等相关信息，并对佳能品牌和相机产品建立了整体认知。为进一步了解产品的销售信息，他根据官网上的提示，点击链接进入佳能（中国）官方线上商城，如图 9-2。

通过对商城中细分产品性能、价格等信息的比较，小明基本确定了自己要购买的产品类型——佳能 EOS 850D 相机，这款相机的套机价格在官网显示为 6 449 元。在官网中，详尽的产品信息加强了小明对佳能相机性能的信任，尽管标有明确的价格，但本着货比三家的心理，小明决定去其他的电商店铺比较一番。

通过比较佳能官方线上商城与甲、乙两家主流电商平台上的佳能旗舰店，小明发现甲平台的产品销售价格最低，每台为 6 199 元，销量也最多；而乙平台旗舰店和官方线上商城的产品价格是一致的，区别在于两者之间的促销信息不同，销量也不及甲平台。

图 9-1　佳能（中国）官方网站

图 9-2　佳能（中国）官方线上商城

在价格差异因素的影响下，小明有点犹豫了。佳能官方线上商城作为品牌的自营销售渠道，在品牌信誉及品质保障上无疑是最佳选择，但甲平台的价格和销量，也证明了大多数消费者的消费选择。和大多数人一样，小明也希望买到适合自己的物美价廉的产品，权衡再三，小明决定查阅各网店的在线评价，以此作为购买的参考。

通过对购物评价的查阅，小明发现同样的商品在不同的店铺中获得的购买评价有所不同。甲平台销量最高，但在评价中，正面信息与负面信息同时存在。负面信息中，消费者主要担心买到的是否为正品，且对促销商品的质量问题反映较多，而这些问题在官方线上商城上却没有。乙平台旗舰店中产品的销量不多，导致消费者的评价数量少，与前面的评价相比就没有什么参考价值而被小明忽略。最后，在比对实体店的价格及实物感受以后，小明最终决定在官方线上商城购买所需要的相机产品。因为在他看来，首次购买高价商品，在品牌自营店买到的更有品质保障，虽然价格上贵了几百元，但是会觉得这样消费比较放心。

从以上案例可以看出，在当今社会，网购一件商品，消费者的购买习惯是首先经过信息搜索，挖掘获取全面详尽的产品信息，然后在不同电商平台间进行价格比对，浏览销售评价，同时将产品相关信息与实体店信息进行验证比对，最终形成购买决策。本案例给我们的启示有以下几点：

（1）网络购物的平台多样化，呈现出不同的信息结构，使消费者能获得更为充分的信息。

（2）尽管价格是最敏感的购买影响因素，但多数消费者仍然会选择有品质保障的购物平台进行消费。

（3）在线评价内容会影响消费者的购买决策，特别是评价信息中所呈现的负面信息。在消费体验中，正面信息会累积消费者对该品牌及产品的信任并促成消费行为，负面信息则会在一定程度上使消费者降低对该品牌产品的信任。

（4）专业人士及朋友间的评价推荐对消费者影响至深，这也是广告信息极力追捧社交媒体的一个原因。

带着案例给我们的启发，我们再来以新媒体广告的角度看看电商平台如何进行展示传播与互动沟通。

第一节　电商平台及其特点

一、电商平台的内涵

电商平台即电子商务平台，是一个为企业或个人提供网上商务、网上消费交易洽谈的平台。企业电子商务平台是建立在互联网上进行商务活动的虚拟网络空间和保障商务顺利运营的管理环境，是协调、整合信息流、物流、资金流并使它们有序、关联、高效流动的重要场所。由于电子商务活动本身并没有产生商品物质性的流动与转移，而主要是商品信息、价格信息、交易沟通信息的双向流动，因此它的本质就是本书界定的基于互联网而进行产品与品牌传播的新媒体广告。

国际化标准组织对电子商务的定义是：电子商务是企业之间、企业与消费者之间的信息内容与需求交换。也就是说电子商务是指以信息网络技术为手段，以商品交换为中心的商务活动；也可理解为在互联网上以电子交易方式进行交易活动和相关服务的活动，是传统商业活动各环节的电子化、网络化、信息化。电子商务将传统的商务流程电子化、数字化，一方面以电子流代替了实物流，可以大量减少人力、物力成本；另一方面突破了时间和空间的限制，使得交易活动可以在任何时间、任何地点进行，从而大大提高了效率。电子商务使所有企业可以以相近的成本进入全球电子化市场，使得中小企业有可能拥有和大企业一样的信息资源，提高了中小企业的竞争能力。同时，电子商务重新定义了传统的流通模式，减少了中间环节，使得生产者和消费者的直接交易成为可能，甚至消费者也可以把自己的反馈建议反映到企业或商家的网站，而企业或者商家则要根据消费者的反馈及时调查产品种类及服务品质，做到良性互动。

国际上著名的电商平台有亚马逊（Amazon）、易贝（eBay）、沃尔玛（Walmart）、宜家（IKEA）、塔吉特公司（Target）、百思买（Best Buy）、新蛋网（Newegg）、西尔斯（Sears）、梅西百货（Macy's）；国内著名的电商平台则有淘宝网、天猫、京东、苏宁易购、当当网、亚马逊中国、唯品会、网易严选、拼多多等。虽然各电商平台的模式定位各不相同，如 B2B、B2C、C2C、O2O、B2M 模式等，但作为电子商务开展的平台性质却是一致的。电子商务平台这一通过互联网展示、宣传或者销售自身产品的网络平台载体已经越来越普及，这也使其必然地构成了传播产品与品牌重要的新媒体广告形式。

二、电商平台的特点

电商平台建设的最终目的是开展商务活动，进行销售与消费的信息互动。电商平台建立起电子商务服务的门户站点，在网上再现了现实社会的部分功能，为广大网上商家以及网络客户提供了一个电子商务网上运作空间。电子商务平台建立互联网营销，也让用户多了一种更为便捷、直观的途径来了解、认知各类商品，有了更为实惠、方便的购买市场上流通商品的渠道。这种网络商务平台，具备以下几个基本特点：

1. 商务空间广阔

在电商平台上，人们不受时间和空间的限制，也不受传统购物的诸多行为限制，可以随时随地在网上交易，这使得企业在特定的时间里能够接触到更多的客户。平台为商务活动提供了更广阔的发展空间，也带来更广阔的消费市场。互联网的数字化特点，使不同地域、不同国家的人都可以同时聚合到这个空间中。数字化的虚拟技术消解了信息的边界，理论上，一个商家可以面对全球的消费者，而一个消费者可以在全球的任何一家商店购物。一个卖家可以去挑选不同地区、不同类别的买家客户群，在网上收集到丰富的买家信息，进行数据分析。而买家也能通过信息收集获取更准确的消费信息，同时也能对商品提出评价意见，以满足自己的实际需求。

2. 商品价格低廉

电子商务减少了商品流通的中间环节，节省了大量的开支，从而也大大降低了商品流通和交易的成本。通过电子商务，企业能够更快地匹配买家，实现真正的"产－供－销"一体化，能够节约资源，减少不必要的生产浪费。客户或消费者也能用较低的价格买到实惠的商品。电商平台大受欢迎也就在情理之中了。

3. 商务沟通即时

在商务活动中，商品信息的不对称几乎是绝对的。一般的线下商务活动，由于需要双方在场，沟通的无形成本必然很高，而且效率甚低。而在电商平台上，一方面商家需要透明地展示商品与价格，另一方面客户必然会在电商平台上"货比千家"并参照既有客户评价与商誉指数；在此基础上，双方还会进行一对一的具体沟通。电商平台能提供即时性的商务沟通服务，因此往往能实现效率较高的沟通效果。

4. 有配套的结算与物流系统

电商平台提供商务信息的展示、告知，而要达成具体的交易，结算与物流系统必不可少。目前，网上的金融支付工具已经非常成熟，而借助第三方物流或自建物流体系也为电商交易达成提供了配套保障。近年来，电子商务如火如荼地发展，人们在网络终端达成商务契约、完成支付；而在线下、在社会的物理空间中，我们则可以看到无数的物流车辆在道路上行驶、无数的快递员在住宅小区挨家挨户送"宝贝"。这幅图景无疑就是电商平台带来的人民生活新常态。

三、电商平台的类型

电商平台是电子商务业务的基本形式，近20年来电子商务模式不断推陈出新。2003年以"淘宝网"为代表的电子商务平台出现，为人们提供了"搜索＋个人购物"的购物模型和通过搜索获得信息、足不出户完成购物的体验，这种用户需求驱动型购物也是目前普通用户最常用的购物方式。

2009年，"社交化"作为一种功能元素，全面融入各类互联网应用，其中与电子商务的融合尤被关注。或是在社交平台加入电商功能，如"微博营销"；或是在电商平台中加入社交功能，如以"蘑菇街""美丽说"为代表的社区化电子商务平台。电商平台在这一时期基本上形成基于社交数据的"搜索＋社交＋分享＋群体购物"的购物模式。用户基于社交关系，可以通过搜索或浏览别人分享的商品信息的方式实施购物行为。

从 2010 年开始，"移动互联"概念正式走进人们生活。移动互联网终端——手机，打破了时间和地点的限制，成为更多消费者购物的平台。"搜索＋社交＋移动购物"的模式为消费者提供全新的购物体验。

目前主流的电子商务模式主要有企业与企业间开展业务的 B2B 模式、企业与个人之间的 B2C 模式、个人与个人之间的 C2C 模式以及线上与线下互动的 O2O 模式。电子商务呈现多元化的发展趋势，也推动了不同电商平台的诞生和应用，本书介绍以下几种电子商务模式：

1. 电商平台的主流形式——B2C

B2C 是英文 Business to Customer 的缩写，即商家对消费者，表现形式是零售类的电商平台。国内的天猫、京东（目前是 B2C 和 C2C 结合的形式）、国外的亚马逊等人们耳熟能详的公司都是属于这一类，它们占了整个电子商务市场的半壁江山，电商巨头也多产于这里。线下实体店有的商品这里多数都有，所以现在很多人都不经常去实体店买东西了。B2C 网站类型主要有综合商城（产品丰富的传统商城电子化）、百货商店（销售自有库存商品）、垂直商店（满足某种特定的需求）、复合品牌店（传统品牌商的复合）、服务型网店（无形商品的交易）、导购引擎型网店（趣味购物、便利购物）、在线商品定制型网店（个性化服务、个性化需求）等。B2C 的盈利模式主要是服务费、会员费、销售费、推广费等。

2. 互联网模式的批发或分销——B2B

B2B 指的是 Business to Business，因为交易的双方都是商家性质，自然这类电商平台做的主要事情也就是商品的批发或分销。很多情况下，卖家能够直接通过平台在生产厂家手里拿货，避免了多级中间商差价以及中转的物流成本，这就是电子商务的优势和魅力所在。电商平台分类中的 B2B 平台其实比 B2C 类出现得更早，早期的有慧聪网、马可波罗、阿里的 1688 等，不过现在前两个已经"掉队"。B2B 电子商务模式主要有降低采购成本、降低库存成本、节省周转时间、扩大市场机会等优势，目前常见的 B2B 运营模式主要有垂直 B2B（上游和下游，可以形成销货关系）、水平 B2B（将行业中相近的交易过程集中）、自建 B2B（行业龙头运用自身优势串联整条产业链）、关联行业的 B2B（整合综合 B2B 模式和垂直 B2B 模式的跨行业电子平台）。B2B 的主要盈利模式是：会员费、广告费用、竞价排名费、增值服务费、线下服务费、商务合作推广、按询盘付费等。

3. 个人之间的电子商务——C2C

Consumer to Consumer，简称 C2C，如国内的淘宝、京东、拼多多，国外的 eBay，每天都有几百万的商品在上面上架销售，而且商品是面向全球市场。C2C 的主要盈利模式是会员费、交易提成费、广告费用、竞价排名费用、支付环节费用等。C2C 的一般运作流程是：卖方将欲卖的货品登记在社群服务器上、买方透过入口网页服务器得到货品资料、买方透过检查卖方的信用度后选择欲购买的货品、透过管理交易的平台分别完成资料记录、买方与卖方进行收付款交易、卖方通过网站的物流运送机制将货品送达到买方。淘宝网是中国最大的网络零售电商平台，目前，阿里巴巴已携淘宝网进入海外多个国家市场。

4. 线上与线下的深入融合——O2O

如果说以前的电商平台模式大部分都是在冲击传统商业模式和传统企业，那么近几年普及的 Online to Offline，即 O2O 模式则给传统商业带来了强大的发展助力。在美团、饿了吗、大众点评这些 O2O 电商平台上，消费者可以直接在线上购买或预订，然后到线下实体店去取货或体验服务，平台为店家带去了源源不断的客源。O2O 模式的优势有：充分挖掘线下资源、消费行为更加易于统计、服务方便、优势集中、促使电子商务朝多元化发展。

第二节 电商店铺的展示传播

一、电商店铺及其特点

电商店铺又称网上商店，也称"虚拟商店"，是指建立在电子商务平台上的、由品牌主或商家自行开展电子商务的一种展示与销售形式，是品牌方自己打造的网络商业空间。电商店铺是电子零售商业的典型组织形式，是建立在数码世界的虚拟商店，它以互联网为媒介，将各种商品类型以数字形象的方式呈现，可以让消费者进行在线商品浏览及购物，为公众消费提供商品和服务，并保证与其相关的付费方式的电子化。网上商店，是继邮购、自动售货等无店铺销售方式后最具创意的零售方式，为企业和消费者开辟了一种全新的信息交流方式。电商店铺的特征有以下几点。

1. 商品虚拟聚合

网上商店有效实现了商品的虚拟聚合。消费者可以通过 PC、移动端界面以点击、滑动等方式进行交互，查看以文字、图片、视频等富媒体方式呈现的商品信息，有的电商平台还通过虚拟现实、增强现实等技术手段提供商品的三维立体影像或与消费者使用场景适配的效果。多数网上商店还会提供对店铺内多种商品的不同维度的分类和推荐，便于消费者按需挑选商品。在传统的实体店铺里，一个铺面是一个真正的销售实体，里面有商品、售货员、柜台，在商店里我们能接触到、闻到、看到、听到实在的商品；在虚拟的商店里，实体环境转换为一个数字的虚拟环境，商品以数字的方式出现在界面中。

产品的数字虚拟特征，使网上商店成为一个庞大的销售信息数据库。网上商店有良好的用户界面和有效的搜索工具,因此能够"储存"数百万的商品。当商品数量不存在实际的存储空间限制,并摆脱了存货和货架空间的物理约束时,在线零售就可以扩充其产品线,网上商店里所展示的商品的品种和数量就会增多。互联网使得在线零售可以将许多种类的产品集合在一起,而这对于一个实体零售店而言是不可想象的事情。商品虚拟聚合能让消费者挑选和购买到自己最为满意的产品。

2. 信息沟通互动交流

互联网是一个开放的网络,它连接了全世界千家万户,使卖家的商品面向更多的消费人群,有更多的商机。许多厂商都把互联网作为向消费者提供商品信息的互动媒介,与传统的营销方式相比,厂商可以通过网络与顾客进行实时互动交流,向顾客提供具体的必要的信息。这种交互的、经过筛选的信息有助于实现有效的、令人满意的交易,也为个性化的商品定制创造了条件。

3. 购物方便实惠

网上商店产品价格实惠。与传统零售业相比,网上零售拥有成本削减的巨大潜力。可以削减的成本包括仓储成本,商场场地占用成本,管理费用,广告、市场调研、销售人员工资等销售费用以及多级中间商(如代理商、批发商、零售商)加价等。降低成本带来的直接效益就是商品出售价格的降低,所以网上商品的价格普遍比实体店的价格实惠,商家和顾客均能从产品交易中获益。

网上商店购物方便快捷。在实体商店购物,购买一件自己喜欢的商品往往需要花费大量时间和精力,而网上商店购物大幅降低了信息的搜集及传递成本。顾客若想要购买某种商品,只需在电商平台上搜寻商品就可以清楚比较价格、功能,不像以往的传统购物方式,要花费更多时间走入实体店内询问。

另外,网上商店在空间和时间上相对自由,不受限制。网上商店没有实体空间的限制,具有较大的扩充性。网上商店也没有营业时间的限制,交易可在任何时间进行。传统购物必须在指定的时间到特定的场所购买,而网上商店的消费者可以24小时到世界各地不同的网上商店购物,并且网上商店的物品琳琅满目,可供选择的种类也较多。

二、电商店铺的体验设计

电商店铺中,商品信息通过布局展示,形成一定的信息结构,通过对消费者的视听引导,达到有序的信息呈现,以符合消费者的购物习惯。电商店铺的体验设计目的是为消费者创造一个良好的购物体验空间。

消费者在网站购物时,通常希望网站能够提供良好的购物体验。有研究发现购物体验与消费者对网站的信任极为相关,愉快的购物体验将有助于消费者形成对网站的信任。一般来说,影响客户体验的因素有:商品价格、售后服务质量、商品的折扣、商品的种类数

第二节　电商店铺的展示传播

量、商品的品质及物流等。网站商品信息、网站安全保障、网站布局结构、售前客服质量以及其他影响电子商务客户体验的因素构成客户体验的基础。不同类型的客户对于体验的要求也是不同的，在多数主要核心因素差别不大的情况下，网站平台提供给客户的特有的、高水准的体验也是吸引他们的重要因素。

目前的网上购物知觉体验设计主要集中在视觉与听觉两大感知系统，尤以视觉系统为重。因此，在电商店铺的设计中，要注意店铺的整体形象、界面的功能、商品信息的组织与视听表现，这些都是形成良好购物体验的重要因素。在电商店铺中的购物体验设计主要包括以下几个方面：

1. 友好的人机界面体验设计

友好适宜的人机界面是影响消费者网上购物体验的一个重要因素。现代消费者更加注重精神的愉悦、个性的实现、情感的满足等高层次的需求满足，希望在购物中能随便看、随便选，保持心理状态的轻松、自由，最大限度地得到心理的满足。在虚拟的人机交互空间中，友好的界面和功能布局清晰有序地将网店的各种信息和功能展示出来，这样既方便消费者对信息的接受，又让消费者对网店提供的功能一目了然。友好的界面布局减少了消费者在信息交流中的沟通障碍，使消费者在人机交互中体验到购物的方便和快捷。如无印良品官网商品导购界面就非常清爽简洁。

2. 个性鲜明的品牌形象体验设计

品牌形象是一种特殊的心理体验，体现着商店和产品的个性与差异。网上商店虽然无法像传统商店那样通过地点的选择或利用门面、招牌、橱窗设计及外部灯光等要素引起消费者的注意和产生心理联想，但可以在交互界面上通过位置、大小、色彩、动静等视觉形式来展现品牌的形象与个性，加强消费者对品牌的视觉感知程度，加深他们对品牌的印象并在记忆中建立独特的产品专区。

3. 商品信息体验设计

商品的信息表现分为两个层次：一是媒体形式，主要包括文字、图片和视频等，它表达了信息的不同抽象程度；二是特定媒体形式下信息对象的表现，如页面的长度、信息的布局、字体的颜色等。对于网上商店所经营的多数商品而言，消费者只能通过视觉或听觉来感知其相关信息，缺乏在购买现场的看、听和触摸的真实体验，因此网上商品的特点介绍和产品展示图片越清晰，用户的兴趣才有可能越高。网上商品信息的展示不应局限于静止的图片，还可以用动画、视频等多媒体的形式来表现。在信息感知体验中，文字是最抽象的一种，体验感不强，因此在表现时居于次要位置；图片的信息表现充分，效果逼真，是最为通用的一种体验方式；动画与多媒体表现的信息则更生动有趣。网店应善于运用视觉和听觉感知系统对信息进行多维度的立体呈现。

4. 良好的购物氛围体验设计

网上商店的外部形象设计满足消费者求新立异的心理，是吸引消费者登录浏览商店、产生购买行为的基础。消费者实际的购买行为受环境氛围的影响很大,氛围是消费者对购物环境的总体感知,通常包括环境的空间布局、光影色彩、产品展示、交互行为等。与传统商店一样,氛围既体现商店的整体形象,还能体现产品的品质。良好的购物氛围能直接影响消费者的情绪,增强他们在虚拟环境中的真实体验。消费者在感觉良好地听、看等过程中,容易将这种满意的感觉迁移到商品中。良好的购物环境和情境终端,不但迎合了现代人文化消费的需求,也提高了商品与服务的外在质量和主观质量,还使商品与服务的形象更加完美。

5. 互动行为体验设计

行为体验能增加消费者的深度体验,从而使消费者被激发或自发地改变生活形态。一方面,长期以来消费者形成的"眼看、手摸、耳听"的传统购物习惯在网上受到束缚,另一方面,网上消费不能满足消费者的某些特定心理,如伴随传统线下购物的个人社交动机。行为互动设计就是通过技术手段在虚拟空间中模拟真实世界的行为,以此来消除界面的陌生感,唤起消费者的生活经验以完成商品购买。

三、电商店铺的体验传播

所谓体验传播,即针对客户对商品体验的需求,在自身商店体验化设计的基础上,努力使体验性的信息流动起来,以使客户能自然形成体验感受。一般来说,电商店铺的体验传播要点为:

1. 丰富产品的展示细节,提高虚拟商品对消费者的吸引力

电商店铺的虚拟特征,使体验空间缺乏真实感,这是由于人类对事物的认知建立在真实的空间环境中,对事物的感知是立体且同步的。如物体的质量、距离、表面纹理等基本属性,人们通过对这些属性的立体、同步的感知,快速唤起生活经验记忆,完成对象的识别。在网络虚拟空间中,对象的识别建立在视知觉上,物体的质量与纹理属性无法通过触觉来感知。图片虽然呈现了物体真实外观,但是网络中呈现的信息却是经过扁平化处理的,缺乏立体维度。因此在对商品信息展示时,商家可利用网络空间的扩展性,通过摄影图片对产品细节以不同角度作充分表现,配以文字提示,明确展示产品功能属性。由于网店中的摄影图片都经过艺术手法处理,在视觉上更具美感和冲击力,往往能对消费者形成很强的吸引力。电商店铺虚拟空间缺乏面对面的交流,商品功能不能在现场进行演示,互动因素的缺失增加了消费者理解信息的难度。针对这些缺陷,电商店铺在对商品信息进行展示时,可运用视频、动画、直播等形式对商品信息进行强化表现,以弥补现场感的不足,正像一句电影台词说的那样——电子商务卖的不是商品,是照片。

2. 优化产品的信息展示结构,增强消费者的购物体验

一个完整的用户购物体验模式,包括发现信息、比较信息、购买、分享信息,信息

在购物过程中起到了相当重要的作用。消费者在网络购物的体验过程中，他们所关注的商品信息内容包括品牌、使用方法、材料、外观、评价、功能、价格、销量、信用等。在电商店铺的信息展示空间中，信息的排列和组织要根据用户的消费习惯、消费行为合理进行。信息展示以用户的友好体验为目标，通过信息层级组织，将重要信息置于消费者容易获取的界面位置，对消费者重点关注的信息在界面空间、浏览流程中予以优先安排，如图9-3。

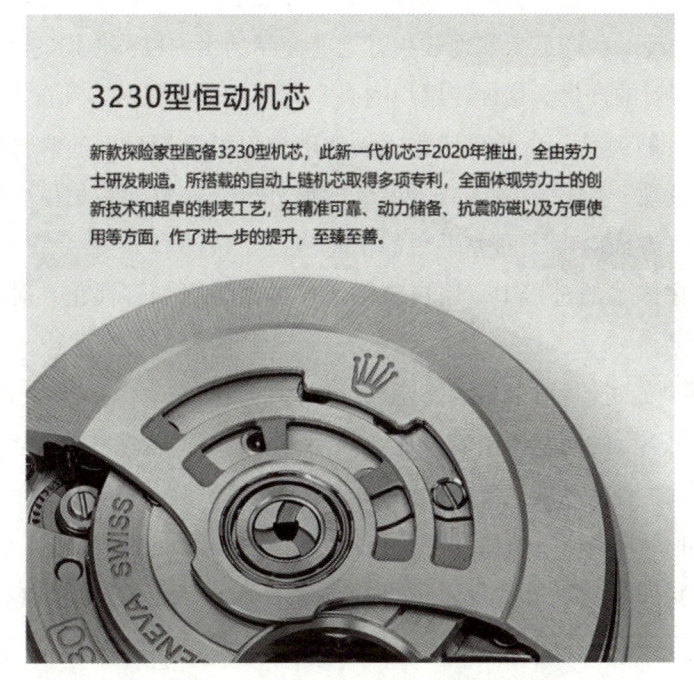

图 9-3 劳力士手表机芯展示体验

3. 重视用户消费评价，增强互动沟通技巧，形成购物消费的正面信息

在虚拟购物空间中，商家借助网络界面展示产品等相关信息。这些信息包括正面信息与负面信息。正面信息是指对购物本身有用的信息，例如购物商品实物拍摄、商品的促销信息、买家的积极评价等。负面信息是指抑制购物决策的信息，如一些虚假的广告信息与买家的负面评价等。当正面信息被不断复制时，更多的人会相信商品的真实性，如购买数量、购买评价等进而导向购买需求。在网络购物中，客服的服务方式和技巧也是影响消费体验的重要一环，尽管店铺界面做了详尽的信息展示，消费者还是希望借助客服的信息互动来了解所关心的问题，互动过程中消费者体验的好坏会影响购买行为。有研究表明，对负面评价的详细回复甚至会引发消费者的正向决策。

4. 根据电商店铺体验模式组织信息展示

以"淘宝网"为代表的电商网店采用的是"搜索＋个人购物"的模式。这种购物体验方式相对单一，属于用户需求驱动的购物。当有需求时，消费者首选大型的电商平台，通过关键词搜索，寻找想要的产品，然后进行价格、产品、销量、评价等信息对比，再决定使用哪个平台购买，形成了"搜索—比较—决策—购买"的体验模式。在以"淘宝网"为代表的电商网店，信息搜索平台、产品形象展示信息、产品销售信息、消费者评价信息等在结构上为同一信息层级，并存于相同的信息空间中。

近年来"社交化"作为一种功能元素，全面融合到了各类互联网购物产品中，形成了"搜索—社交—分享—群体购物"的购物模式。用户通过搜索或浏览别人分享的商品信息，从其他用户分享的信息中获取信息，再通过社交进行群体购物。通过这种主动式的浏览查看，用户会发现一些商品，发现购买过这些商品的用户以及他们的经验分享、参加过的优惠活动和购买后的评价。这样，用户购买一件喜欢的物品时，不再需要货比三家，便能轻易买到最低价的商品。在购买使用之后，用户也可以把自己的购物体验分享给更多的人，形成了"发现—比较—购买—分享"的循环的、完整的购物体验模式。这类跟购物有关的社区，一方面对电子商务平台的信息进行了过滤和分类，另一方面也提供了全新的购物体验，在体验的过程中，用户获得信息的渠道更加多样化，对用户的吸引力也更大。

"移动互联网"走进了我们的生活，形成"搜索—社交—移动购物"的购物体验模式。这种购物体验模式不受时间空间限制，加之移动终端的移动特性，消费者接触信息的方式多为碎片化的，因此对信息的注意程度和关注的持续性不及其他平台；而且移动终端屏幕尺寸远小于PC屏幕尺寸，商品信息展示空间受到限制，信息展示的体验感不强。因此，信息组织的层级趋向简化以突出重要信息，信息形态多以直观快捷的形式出现在交流空间中。

第三节　直播电商的沉浸式传播

网络直播行业发展迅猛，与众多领域都有了良好的结合，与电商平台结合的产物——"直播电商"的成绩更是可圈可点。直播电商，是"直播"与"电商"的结合，指以直播为渠道来达成营销目的的电商形式，消费者可以通过观看直播全方面了解商品，并通过在直播间与主播的互动来决定是否购买商品，并获得专业导购式的体验。相较于传统电商，直播电商以直播的手段重构了"人、货、场"三要素，驱动用户购物体验升级，具有强互动性、高转化率的优势。

直播电商由于带给人们一种专业导购式体验、节约了商家的获客成本和用户的购物成本、顺应了消费下沉趋势，而得到了快速发展。中国互联网络信息中心发布的第50次《中国互联网络发展状况统计报告》显示，截至2022年6月，我国网络直播用户规模达7.16亿，其中，直播电商用户规模为4.69亿，占网民整体的44.6%。

一、直播电商概述

1. 直播电商的发展历程

从 2016 年起，主流电商平台几乎都已开始布局直播电商领域，淘宝、蘑菇街、小红书、京东、苏宁等各大平台都在转型的过程中开始注重内容化战略，纷纷上线直播业务，如图 9-4 为淘宝直播的官方展示页面。之后，短视频平台抖音、快手等也都加大马力，通过直播带货的方式来加速商业化转型，社交平台微信、微博也入局直播电商，探索流量变现之路。各路平台争相入局，直播间出现的产品也越来越丰富，这不仅加速了直播电商的发展，也证明了直播的无边界性。

图 9-4 淘宝直播的官方展示页面

直播电商的发展可划分为以下几个阶段。

初探期：2016 年 3 月，蘑菇街正式上线直播入口，我国直播电商由此起航，同年 5 月，阿里正式推出淘宝直播平台。电商平台开启"直播+内容+电商"模式，旨在降低拉新成本、增强用户黏性。除开放直播入口、孵化与培育带货达人外，平台还积极试水综艺与直播营销的跨界融合。

加速期：2018 年，快手、抖音等短视频及社交内容平台入局，以直播撬动流量变现。从跳转第三方购物平台模式到自建商品平台模式，短视频及社交平台依靠强大的先天流量优势，为直播电商按下加速键。

爆发期：进入 2019 年，平台加码、政府政策支持、头部主播凸显，推动直播电商进入爆发式发展阶段。而 2020 年初，疫情阴云下的"宅经济"为直播电商渗透率的提升持续

"添砖加瓦"。

目前来看,直播电商的头部玩家是淘宝、抖音和快手。淘宝直播做的是电商的内容化,有着强电商平台属性和完整的交易链以及较强的用户信任度和用户黏性。抖音和快手有着广告和内容营销基因,做的是内容的电商化。抖音、快手已经成为互联网新的流量入口,逐渐成为电商的另一极。

2. 未来的发展趋势及难点

现阶段,由于受直播设备与网络传输效率的影响,直播页面模糊现象时有发生,影响商品细节的直观与全面性展示。在未来,超高清直播成为可能,满足消费者对于直播优画质与高流畅度的期待,优化消费者购物体验。另一方面,移动端 5G 的高传输速率与高移动性,有望持续丰富直播场景,随着覆盖广度的提升,5G 为处于偏远地区的原产地及工厂直播场景提供了巨大的想象空间,拉近商品生产环节与消费者之间的距离,潜移默化中驱动交易达成。

直播电商行业市场规模高增速的背后,痛点也逐渐凸显。一方面,营收增长率将逐步降低,主要原因在于,随着直播电商渗透率的提升,粗犷式增长的流量红利将逐渐耗尽,产业链各主体将逐渐趋于理性。随着物流、移动支付的普及,偏远地区流量红利潜力有望释放,但其相对有限的消费能力将限制营收额的较快增长。未来行业竞争将从流量增量转移至流量存量的争夺。另一方面,比较有争议的问题是较高的购后成本,这直接表现为居高不下的退货率。国家市场监督管理总局相关统计数据显示,2020 年前三季度,行业头部主播退货率在 10%~15% 左右,而行业整体退货率可达 30%~40%,远高于传统网购退货率。[①] 中国消费者协会调研显示,消费者没有尝试直播电商的主要原因就是担心商品质量没有保障和售后问题。对行业参与者而言,聚焦市场规模高增长的同时,应加强商品品控,实现消费者的有效留存,引导复购行为产生。

随着直播电商相关行业规范陆续出台,直播电商行业进入监管时代,行业规范将对网络直播营销中的商家、主播、平台经营者、主播服务机构和参与用户的行为都提出要求,让直播电商行业逐渐步入规范化发展的正轨。

二、直播电商生态的组成因素

历经 7 年高速发展,直播电商生态逐步完善。直播电商生态中,上游主要是品牌商、经销商或生产商,中游主要为 MCN 机构、主播以及平台渠道,下游为消费者(见图 9-5)。品牌商按照产品特性向 MCN 机构或主播进行商业投放,MCN 机构为主播提供孵化、推广及管理服务,主播输出内容并通过平台触达消费者,完成"带货"。此外,供应链服务商为

---

① 应中迪、陈以军:《直播电商的媒介属性及规范化发展问题初探》,《传媒评论》2021 第 10 期。

第三节 直播电商的沉浸式传播

主播、直播电商平台商家提供商品供应、仓储物流、支付结算、商品售后等多样化服务，影响着供应商、终端零售商、消费者之间产品流、物流、信息流、资金流的形成和衔接。

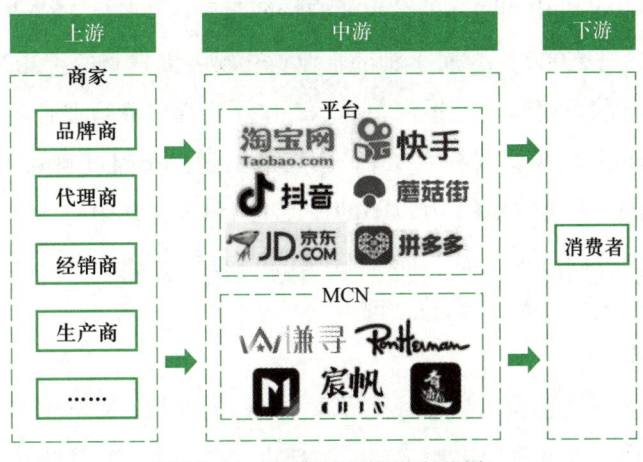

图 9-5 直播电商行业产业链

1. 电商平台

在直播电商产业链中，平台负责搭建和维护场景服务，并制定相关规则，要求参与者遵守，在产业链中拥有主导权。直播电商生态中，电商平台主要分为三类：以淘宝为代表的具有电商基因的传统电商平台；以蘑菇街为代表的导购社区平台；以抖音为代表的自带流量的娱乐内容平台。三类平台入局直播电商的逻辑与侧重点各有不同。

传统电商平台向直播电商转型的驱动力在于，以直播拓展获客渠道，收割流量的同时保持用户黏性。导购社区平台与传统电商平台类似，导购达人的使命在于"种草"与内容触达，与消费者之间具有天然的互动优势，通过强互动的直播巩固电商业务。而娱乐内容平台拥有丰富的流量池，试图通过直播切入电商行业，进行流量变现的尝试与探索。

三类平台的差异性特征决定了其优势与短板。传统平台与导购社区平台商品类目丰富，供应链相对稳定，用户购买意愿强，但流量不敌娱乐内容平台；娱乐内容平台虽然流量占优势，但粉丝使用习惯多为娱乐导向，转化率较低，且缺少稳定完善的商品供应链，搭建基础设施成本高。

2. MCN 机构和主播

在电商直播生态中，MCN 机构更多扮演着"中介"的作用，对主播进行全生命周期的培养，将优质主播输送给平台。智研咨询发布的数据显示，截至 2019 年，国内 MCN 公司已有约 6 500 家，他们生产的内容占据了主流社交平台上超过 60% 的流量份额。此外，还有 90% 以上的头部主播被 MCN 公司签约，目前国内 MCN 机构整体市场规模超 100 亿元。

主播的作用在于从供需两端分别服务于品牌方和消费者。在供给端，由于主播拥有丰厚的粉丝基础，可以通过定制化品牌广告的方式给品牌做推广，提高品牌知名度，节省广告主的推广成本。在需求端,头部主播通过专业化的选品和强大的议价能力,能为消费者选出高性价比商品,从一定程度上来说可以为消费者节省购物时间和试错成本。

但目前来看,MCN 机构和主播的马太效应特征明显。从整体 MCN 机构营收规模来看,只有 15% 的 MCN 超过 5 000 万,属于头部企业。艾媒咨询发布的《2020H1 中国直播电商行业主播职业发展现状及趋势研究报告》显示,中国直播电商行业带货主播的二八效应明显,头部主播占比相对较少,仅有 2.16%,腰尾部主播占比超过 90%。2020 年第一季度,中国网络主播平均月工资收入在 1 万以下的占比为 45.0%,其中收入在 5 万以上的主播占 4.1%,部分主播收入较高。腰尾部主播想要在激烈的竞争中分一杯羹,则需面临产品质量、选品议价能力、口播水平、耐力等重重考验。

3. 供应链服务商

供应链是直播电商的起点,起着对接货源与主播的作用。主播的商品供应链服务商分为内部供应链服务商和外部供应链服务商。内部供应链服务商由主播自身团队担任,这种情况下,主播建立自有品牌或生产自己的定制品牌商品,通过直播自行销售;外部供应链服务商包括两类:一是零售终端品牌商;二是聚合不同品牌、工厂、原产地商品的第三方供应链整合服务商。从货源供给主播的方式来看,内部供应链服务商自产自供;零售终端品牌商品牌直供;第三方供应链整合服务商搭建了聚合不同品牌、工厂、原产地产品的商品池供主播选择。

但由于供应链直播基地的数量规模增长过快,而具有优秀带货能力的主播数量增长较慢,同时中小供应链的管理水平不足,导致本就淘汰率较高的主播行业人才流失严重,基地与主播供需不平衡问题越来越明显。

三、直播电商的传播特征

直播电商,本质上是一种新兴媒体,是社会发展与媒介升级共同作用下的时代产物,暗示着社会信息分发逻辑的变迁,创造了全新的消费时空。直播电商可以拓宽信息传播渠道,加快信息传播速度,提高信息展示效率,拉近信息输出方与接收方的距离,即品牌方、商家与消费者之间的距离,为观众带来参与感、互动感。总结来看,电商直播具有以下传播特征:

1. 立体化的内容呈现形式,满足消费者全方位需求

传统电商主要以图文为主要载体传递商品相关信息。二维平面式的信息呈现方式,很难缓解品牌与消费者的信息不对称问题,同时也难以抢夺信息爆炸时代下日趋稀缺的消费者注意力。对消费者而言,他们更期待能够在短时间内迅速捕捉到全面的商品信息。直播媒介的出现,将平面信息立体化、直观化,与消费者需求更为契合。

主播在直播过程中会全方位展示商品,将产品的使用体验、效果直观地呈现给消费者,

如彩妆的化妆效果、食品的口感口味、服饰的穿搭效果等,这大大拓展了传统广告的内容,动态化的衍生信息带给用户更加直观的消费体验,一定程度上可以规避商品详情页"文字陷阱"与"照骗"风险。

图文信息的精准和高效阅读、短视频表达的视觉体验和情感效果、直播场景中的即时互动和情绪感染构成了数字营销不同要素之间的搭配和协同,从而更大程度上满足了消费者对于商品本身和购买产品过程的全方位需求。

2. 重构人与货之间的商业逻辑,降低交易成本

传统的电视购物只是提供了一种"超市模式",具备购物需求的用户浏览导购员提供的商品,然后完成下单结账,这种交易模式是一种单向的输出,只提供了"人找货"的消费渠道,吸引的是不能稳定变现的公域流量,也不能洞察消费者的特定需求。而网络电商直播创造了具备娱乐属性的线上互动场景,实现了双向的沟通和互动,完成了"货找人"的飞跃,消除了产销分离过程中用户信息的不对称,增加了消费者的选择权和主动权,通过富有人情味的关系互动来促成情感共振,形成明显的私域流量聚集效应。

3. 丰富营销场景,具有社交属性与强互动性

传统的网络购物,用户置身于"个体情境"中独自浏览商品信息,主要通过在线客服与商家进行交流,存在一定的滞后性。电商直播平台引入了弹幕,消费者可以通过发送弹幕的方式进行提问,由主播即时解惑并给出消费建议,主播与用户、用户与用户之间能即时沟通,社交属性与互动性较强。

电商直播将传统广告的单向商品信息传递升级为双向甚至多向的购物信息交流、场景营销,增强了购销双方的互动,有助于加速形成消费意愿。已有研究发现,用户与主播的互动可以唤醒用户的社会临场感,进而增加用户对电商消费的信任度并促进消费意愿,这主要是由于直播间私人感、社交感的营造提高了用户的诚信性信任以及善意性信任。

第四节 电商服务的互动沟通

电商服务的互动沟通是指在虚拟空间中,电商平台中的广告主借助文本、符号、图像、音频、视频等方式与客户所形成的信息交流。从目前电商店铺的互动沟通形式来看,主要有在线即时通话、在线留言咨询与反馈、在线评价反馈、邮件、可触动互动型活动主页等。随着社交性的新媒介技术的发展,近年来电商服务的互动沟通更多采用微信群共享、社交电商直播、移动 App 互动。

互动沟通是信息交流的基本形式,也是真实有效的一种形式。从广告信息传播接受规律来看,实物呈现与交换双方在场交流是最普遍与权威的商品信息传播与接收方式。在电

商时代，这一规律仍然有效。

《2022 电商行业趋势报告》调研数据显示，54% 的消费者表示会去实体店购买在网上被推荐的产品，53% 的消费者表示如果在实体店看到心动的产品，也会选择去网上购买。显然，无论是"线上消费、线下提货"还是"线下选品、线上消费"，都表明消费者网购和实体店消费之间的界限不再分明，导致不管是数字原生品牌还是实体零售商，都必须思考如何营造线下互动沟通的沉浸式体验，同时发挥好线上互动沟通的数字化优势，以应对消费者行为的转变。

网络拓展了终端体验的空间，让消费者在虚拟空间获得了多维性的体验，但它在产生的感受的真切性与对品牌的信誉认知方面却不如实体店。尽管借助媒介的延伸，网络也可实现信息的即时互动沟通。

一、电商服务互动沟通目标

电商服务互动沟通目标之一是实现商品销售。商品销售建立在相互信任、利益平衡的基础上。在虚拟空间中，买卖双方不在销售现场，对产品的展示和感知借助媒介符号模拟实现。电子屏幕代替了面对面会话的场景，信息感知系统中仅仅剩下了视觉对屏幕上文字及符号的感知，知觉系统中的听觉、味觉、触觉在电子屏幕面前均被剥离。由于缺少了听觉中的声音元素，音调起伏变化的缺乏使得交流过程中情感不够强烈。媒介中空间的跨越加大了沟通双方的心理距离，增强了双方的陌生感，也增加了信息沟通的难度，消费者对网络虚拟空间信息的信任度一般都比较低。互动沟通的目的是消除买卖双方信息的误差，增加信息可信度，在沟通过程中建立情感联系，实现商品销售。

电商服务互动沟通目标之二是建立品牌信誉认知。广告产生的即使是很微小的效应也会对消费者选择商品品牌产生影响，特别是在所有其他因素相同，以及所选择的品牌相差无几时。此时，在天平的一端加上一根很轻的羽毛即可使天平发生倾斜。可以说，任何一次广告或品牌传播，其实都是从不同的局部累积着品牌信任的"羽毛"重量，影响着消费者心中的品牌排序。而这种不断累积的"羽毛效应"，换句话来说，就是"信任叠加"。在互动沟通过程中，对任何局部的、特定形态的信息的真实性传播，都能累积消费者对品牌的信任，建立他们对品牌的信誉认知。

二、电商服务互动沟通形式

1. 在线即时通信

传统的广告模式具有单向性，广告信息更依赖于广告作品本身，广告主与消费者的"对话"只能依附于广告作品文本，延时性地、间接性地进行。但在新媒体广告传播中，广告主想与消费者沟通的内容与话语,不再是单纯地体现在各种各样的广告形态中,而是体现在广告主与消费者即时的信息互动之中。

在电商平台的信息空间中,在线即时对话是对现实环境的技术模拟。在实体店的终端营销情境中,良好销售成果的关键不仅在于情境氛围具有对话性,而且更在于终端最活跃的因素——营业员或导购可以面对面地与消费者形成对话互动,从而一步步消解消费者的疑惑,增强其对于品牌产品的信任。在虚拟空间中,由于空间的隔绝,面对面的沟通无法实现,但借助媒介的延伸,通过在线即时对话,也可实现信息的即时互动沟通。目前电商店铺中的即时通信工具以淘宝网的阿里旺旺为代表,消费者可通过阿里旺旺聊天平台即时与卖家沟通。在线即时通信以人际传播和私密传播见长,是消费者了解商品信息的重要工具。

2. 在线评论信息

在线评论信息指的是在互联网平台上对产品、服务进行个人评价的信息,具有很强的主动性与公开性。与传统销售渠道相比,在线评论具有一定的互动特性,消费者参考其他人的评价并与其沟通交流,卖家可以回复消费者的信息并据此改善或提升服务质量。

2008 年,西方学者帕克(Park)通过实证调查发现,在线评论行为的数量直接决定着商品的满意度,对产品而言,正面评价越多,商品满意度则越高。他认为在线评论有双重角色:信息提供者和信息推荐者。前者提供了消费者亲身体验信息,后者反映了产品是否受欢迎。国内学者张金鑫等人通过研究显示,负面的在线评论数量、内容质量、评论者资信度以及评论强度对网络购买行为有显著的负向影响。[1] 宋之杰等人也认为,相对于正面评论,消费者对负面评论的关注更多,受到负面评论的影响更大。[2]

电商平台也有借助在线评论信息获得成功的案例。从 2003 年开始,全球著名电商平台亚马逊削减了在传统媒体中的广告投放预算。亚马逊认为其拥有的在线评论信息可起到更好的宣传作用,截至 2004 年,网站已累积了上千万条不同客户关于各种产品或服务的评价信息,而这些产品和服务的评价信息也被认为是亚马逊网站成功的关键所在。大多数消费者在购买商品之前都会参考在线评论信息。一些电子商务平台如淘宝网、亚马逊等构建了相应的在线评论体系,通过评分、撰写评论内容等多种方式,积累了大量评论,提升了用户黏性和用户体验。

3. 商业网站 BBS、社交网站

BBS(Bulletin Board System),又称"电子公告板",或称"网络社区论坛"。电商平台设置 BBS,往往是出于商业利益的考虑。此外,基于商业网站的互动因素,网站更愿意消费者在论坛中讨论、分享购物心得,吸引其他消费者注意,从而产生互动沟通行为。

---

[1] 张金鑫、胡海:《基于消费者品牌认知下的在线负面评论》,《企业经济》2016 年第 7 期。
[2] 宋之杰、李永超、石蕊:《在线评论对消费者购买决策影响的眼动追踪实验研究》,《商业研究》2016 年第 10 期。

社交网站提供社会性网络服务，它以人的社会关系为核心来增强人与人之间的联系。如今很多社交网站也具有商业功能，占据了一部分电商市场，形成社交电子商务模式；它一般通过社交媒体传播产品信息，借助已有的社会交往交互性的特点，以消费者自创内容等方式来帮助产品或服务销售。消费者可以发表关于产品的评价，该评价会分享到社交平台上，形成消费者之间的信息互动沟通。中国社交电商行业交易规模也呈现出逐年上升的趋势。艾媒咨询的研究显示，2021年中国社交电商行业交易规模达到2.4万亿元。[①] 2020年，在中国消费者对于社交电商平台购买的产品信任度评价中，小红书的产品信任度达70.66%。[②] 艾媒咨询分析师认为，由于平台属性的区别，小红书以产品推荐为购物导向，消费者在购买商品前会根据已有的购买分享内容对产品做更深入地了解，因此对于购买产品的信任度也会有所提升。

三、电商服务互动沟通策略

从广告的本质上审视，广告即营销实现之前的信息分享与沟通。体现到新媒体之上，广告则不再是单一的"广而告之"，而是包含所有有关营销实现的文本、话语的沟通与分享。而双方在线的即时性营销会话对于营销达成尤为关键。这里，我们以"阿里旺旺"为例来探究其即时互动服务的规律与策略。

阿里旺旺是2011年阿里巴巴集团出品的一款专门为商家量身定做的免费网上商务沟通软件，后根据买家和卖家分为阿里旺旺（买家）和千牛（卖家），阿里旺旺主要帮助买家进行网购沟通，千牛则帮助卖家一站式完成商业经营。这里，我们主要结合阿里旺旺来展开策略介绍。

1. 紧扣商品本身互动沟通

电商服务中的互动主体为卖家与买家，其网络环境可以说是一种以买家为主导的网络市场环境，故其会话是围绕着商品买卖进行的。一般是由买家主动发起会话，主要是询问商品与物流的相关信息。会话话题主要有：争取或确认商品价格优惠、争取邮费方面的优惠、询问质量问题、询问物流情况、询问产品细节、询问尺寸细节、询问使用方法、确认付款成功、提醒卖家修改购买相关信息、申请退货、争取赠送礼品。在阿里旺旺会话当中，由于会话是由买家发起，会话的目的性很强，有些会话仅仅就单一话题展开，解决问题后即结束，如以下会话即是仅以询问物流信息为目的。

    hmilyakak：在吗？
    晴空依衣：您好，在，有什么可以帮您的吗？
    hmilyakak：你们家能发申通或者圆通吗？

---

① 《艾媒咨询/2022年中国社交零售行业市场及消费者研究报告》，艾媒网2022年4月6日。
② 《艾媒咨询/2021年小红书公司研报》，艾媒网2020年12月29日。

第四节 电商服务的互动沟通

晴空依衣：能的，以申通为主的。

hmilyakak：快递是六块？我是青岛的。

晴空依衣：是的。

hmilyakak：嗯，好。

在会话中也经常会有几种话题同时出现的现象，比如买家在询问质量的同时询问一下物流信息等，如以下会话：

清澈寒泉：这款皮带能优惠吗？

简格皮具世家：亲，您好，欢迎光临简格皮具世家，我们带给您最专业的服务，希望您在本店购物愉快，很高兴为您服务。

简格皮具世家：不能了哦亲，这款已经很优惠了哦。

清澈寒泉：是牛皮的吗？

简格皮具世家：是的哦。

清澈寒泉：质量不会有问题吧？

简格皮具世家：质量绝对有保障的哦，亲；发货前我们都会给您检查一下的。

清澈寒泉：有礼品送吗？

简格皮具世家：我们是精包装，赠送打孔器的哦。

清澈寒泉：只有打孔器吗？

简格皮具世家：是的哦，亲，因为这款宝贝真的已经是特价了，我们为了冲销量才特价销售的哦。

清澈寒泉：发哪个物流呀，有圆通吗？

简格皮具世家：有的哦，亲，我们默认是圆通或者申通的。

清澈寒泉：今天能发货吗？

简格皮具世家：能，圆通方便今天就给您发圆通哦。

该会话所涉及的话题包括争取商品价格优惠、询问质量问题、询问物流信息以及询问赠送礼品。分析以上会话的内容，我们可以注意到买家首先争取优惠价格，在卖家做出否定的回答之后马上转向了对质量问题的询问。卖家此时给出的回答并没有提供任何能够证明产品质量的证据，只是做出了带有信心的正向应答，买家进而转向了下一话题。在现实的面对面的交易中，这种交流方式很难取得消费者的信任，然而在网络环境中一方面是由于消费者无法接触到商品，无法切实地对商品的质量等信息作出判断；另一方面，网络购物环境的这种不便催生了比现实世界更多地评价产品和服务的指标，比如产品页面的产品展示、已购买者的信息反馈、卖家的服务等级等，这让消费者在发起会话之前对产品本身已经具备一定的认识，而这种认识一般是正向的。所以，在询问质量等评价类信息时，卖家一个正向的回答相当于验证并加深了消费者心中对产品的正向印象。由此可见，作为网络互动营销主体的店主需要做的是尽量优化产品的展示信息，优化售后服务，鼓励已购买者反馈留言，同时在即时会话当中对自己所经营的商品表现出充分的信心，并作出一定的产品质量保证。

2. 提示关切点进行沟通会话

阿里旺旺中的会话主体所承担的交际角色为买家和卖家，其中会话的发起者买家往往是为索取其所需的信息和服务。相对应的，卖家的任务即为满足买家的需求，解答买家的问题以及提供相应的服务。在这个交换的过程中产生的交换物为商品信息和配套服务，若干买家的关切点不仅包括上文所述质量问题、物流情况、产品细节、尺寸细节、使用方法、赠送礼品、退货服务等，还包括网络空间比现实世界更多的不确定因素，如店主是否修改了价格、店面是否在营业、是否有货且能正常发货等。这种在现实世界中看似累赘和重复的会话，在阿里旺旺中以一种保障性的"提醒—确认"的功能出现，丰富了传统的会话功能。若将其转换为互动沟通策略则是，卖家应向买家多进行关切点的提示，以在沟通会话中达成销售。

3. 把握互动沟通会话的技巧

网络空间的会话虽然实现了时间上的同步，但空间延续的断裂形成了对现实现象的扭曲。在交流过程中，语言是信息交换的中间媒介。语言包括话语、表情和肢体语言。真实环境中，语言的这些元素表达是同步协调的，如果话语、表情和肢体语言的同步性和协调性出现异常，信息感知就会形成认知上的障碍进而影响交流的效果。因此，与现实空间相比，网络空间中的信息交流是分裂的。如文字，当它和声音、表情、肢体语言完全分离，出现在电子屏幕上，事实上就变为一种非常抽象的信息形式。由于人们无法感知交流过程中的表情与动作元素，因此在虚拟空间中的文字对话不容易引起情感共鸣。这更需要我们针对营销目标运用会话技巧，如：

（1）适当推送有用信息，提高会话效果。在互动中卖家可以适当为买家提供有助于买家消费的商品信息，但是要注意选择恰当的时机，生硬地推广信息会对会话的氛围以及买家对卖家的信任产生不良的影响。

（2）把握会话的可信度，有理有据地论述。会话主体在会话的过程中要注意语言的可信度，说话要有理有据，必要时要拿出可信的凭据来证明自己的表达而不应当是简单地重复观点。

（3）从消费者利益出发进行对话，打造口碑传播效应。"得体原则"可提升互动效果。商家在维护自身利益的同时站在消费者的角度多为消费者提供优惠和便利，这会大大提高互动的效用，从而优化消费者的消费体验，有助于消费者的二次消费和口碑传播。

（4）创建独特会话风格，塑造品牌个性。在阿里旺旺中运用特有的称谓和语气词语已经成为很多店主和客服的语言习惯。在长期的品牌构建中，卖家可以适当创建有特色的会话风格，比如运用特殊的语气词语塑造客服的形象，以及为消费群体进行性格定位，塑造独有的集体互动风格。

实 践 部 分

（5）自信又谦逊，塑造和谐的会话氛围。阿里旺旺的会话存在于网络环境中，虽然以商品买卖为核心话题，但是会话主体还是习惯遵循中国传统的文化价值观念，即态度谦逊地与人交流。所以，在阿里旺旺的会话中，卖家既要自信地把对产品和服务的信心传递给消费者，又要保持谦虚谨慎的态度，这样有利于优化店面的形象、得到消费者的信任以及为互动创造和谐的会话氛围。

（6）幽默轻松，减少隔阂，创造愉悦。幽默轻松的氛围可以让消费者放松下来。用幽默的口吻讲话会迅速拉近会话主体之间的距离，创造轻松愉快的互动氛围。

（7）注意及时反应回馈，保证会话畅通无阻。会话的过程是消费者对卖家进行直接了解的最重要的渠道。阿里旺旺中买家对延迟回应的容忍度是很低的，延迟回应尤其会影响消费者的消费体验。所以卖家在会话的过程中要反应及时，尽量排除阻碍沟通的因素，保障会话的畅通无阻、顺利完成。

实践部分

1. 复习思考题
   - 电商店铺的内涵是什么？
   - 电商店铺与实体店铺有哪些区别？
   - 电商店铺如何展示信息？
   - 直播电商生态包含哪些要素？
   - 电商店铺如何与消费者进行互动沟通？

2. 案例讨论

字节跳动旗下的短视频平台抖音，正凭借自己巨大的流量优势打入电商市场，鼓励商家通过短视频和直播活动在抖音电商平台上销售商品，试图建立起一个庞大的电商生态系统。

2020年8月27日，抖音公布了"2020年10月9日起禁止跳转第三方平台链接""入驻抖音小店商品不受影响"的新政策。在这则公告中，抖音一方面通过切断第三方平台链接防范劣质电商平台产品，同时也限制了淘宝、京东等平台的引流，而且还进一步厘清了短视频和直播的业务——短视频继续维系淘宝等第三方合作，稳定内容流量和广告变现，而直播则扛起电商业务的大旗。

这让还未涉及抖音小店业务，但已通过抖音直播外链第三方平台获取销量的不少商家品牌、MCN机构陷入两难境地。虽然他们早已对抖音的政策"秒变"习以为常，不过这一次留给他们的时间只有40多天，新规实施之前他们必须要做出选择。

抖音做电商闭环其实早有预兆，通过其对电商政策的调整和布局，切断第三方平台链接也在意料之中。

请讨论：

抖音为何禁止跳转第三方平台链接？这透露出抖音怎样的电商营销战略布局？

3. 讨论话题

（1）电商店铺是一种全新的信息展示空间，请根据自身的购物经验选择一家有特色的品牌旗舰店，分析并讨论该店是如何展示品牌及产品形象的。

（2）随着移动网络技术和智能手机的发展，人们使用手机上网购物变得越来越普遍，请根据在手机终端上购物的体验，试分析手机终端购物与电脑终端购物的异同。

第十章　数字营销促进

导入部分

1. 学习要点
   □ 认知数字营销促进的概念及形式
   □ 了解以"双11"为代表的网购节的分类及特点
   □ 掌握网购节蓄势传播的策略及发展趋势
   □ 把握网购节营销整合服务的环节及重要性

2. 学习要求

结合自身网络购物的经验，从专业的角度把握网购节营销的类型和特点，重点掌握网购节营销促进的蓄势传播策略、价格策略创新和渠道整合策略，并能够预测网购节营销的未来发展趋势，熟悉网购节营销的流程及整合服务对电商发展的意义和价值。

3. 关键词

数字营销促进　网购节营销　"双11"

4. 先导案例

"双11"的"11+1"年：2020年天猫4 982亿元成交额创新纪录

2020年的"双11"是第12年"双11"，用阿里巴巴合伙人、首席技术官程立的话来说，这是第"11+1"年，以11年为一个轮回，现在是新一轮"双11"的开始。而2020年这场"双11"的狂欢，最终交易成交金额定格在了4 982亿元。

回顾此前公布的几个实时数据，11月1日0时至11月11日0时30分，2020年天猫"双11"全球狂欢季实时成交额达到了3 723亿元；截至11月11日20时，该实时成交额突破4 674亿元。

2020年的"双11"是变化最大的一年，与以往"双11"当天狂欢不同，天猫宣布：2020年"双11"购买期分为两波，11月1日至3日是抢先购阶段，11月1日起消费者就可以付预售商品的尾款，并提前10天收货。"尾款人"也随之成了流行热词。对此，天猫方面表示：此举的一个核心目的，就是为商家创造更长的时间窗口，为其带来更大的生意增长机会。

这一年，参与天猫"双11"的品牌达25万个、商家500万个，折扣商品达1 600万款，是2019年的1.6倍。11月1日0时至11月1日0时35分，累计成交额过亿的品牌已经达到342个，包括苹果、欧莱雅、海尔、雅诗兰黛、华为、美的、兰蔻、小米等，超过去年"双11"全天水平（299个）。同样加入了这场天猫"双11"狂欢的，还有30多万个贫困县商家。数据显示，

2021年11月1日到10日，贫困县商家的成交额同比增长74%，其中尚未脱贫摘帽的52个贫困县商家的成交额同比增速达到122%。

与此同时，淘宝直播也备受关注。预售期间，淘宝直播每天开播场次同比增长超过50%，淘宝直播的观看人数也出现大幅增长。2019年6月刚刚萌芽的代播机构，到2020年"双11"期间已发展至数百家。

透过"双11"的火爆消费场景，我们能够看到，在有制度约束的诚信交易机制下，消费者对于价格合理、高性价比商品的渴求是多么巨大。"双11"看似只是一个人造节日，但它真正的威力所在，是让市场发挥决定性作用，并让我们看到了创新的价值、诚信的意义与市场的力量。

你有过"双11"抢货的经历吗？在阿里巴巴创造的一个又一个的销售神话背后，我们不禁要问，到底是什么吸引了众多网民参与？在购物节时间点促销变成一种常态后，消费者会不会产生一定的"免疫力"？购物节促销今后应当如何保持"活力"？

第一节　网购节新常态及其特点

连续几年来，"双11""618"或者类似的时间节点，所有的商品都会进入一个全民狂欢的销售大环境，即电商在线上针对消费大众在某一特定时间进行大规模的商品促销行为。与传统商家的线下促销相比，随着社会市场的发展变迁和消费者消费习惯的改变，我们发现线上促销的销售份额比重像滚雪球一样越来越大。

"没人上街，不代表没人逛街"，这条多年前的中国网购广告语，至今仍然生动贴切。越来越多的电商平台选择在"双11""618"等时间节点促销，新进场的电商平台也都在试图创造专属自己的促销狂欢季，这些年度"盛事"已经逐渐影响到国际电子商务行业。

一、数字营销促进的基本形式

所谓数字营销，就是使用数字化技术手段来进行沟通、销售和支付的营销活动。它是基于数字化技术的发展，借助于互联网络、电脑通信技术和数字交互式媒体来实现营销目标的一种营销方式。当营销者借助计算机、互联网等数字技术来传递相关信息时，就是一种数字化促销。数字营销的本质是以大数据驱动营销活动高效地运转，伴随着政策红利的释放和"互联网+"的高速发展，消费者的在线成为常态，线上线下的数据链接、企业内外部数据的打通、公域引流私域运营等，正在成为企业运行的基本形态。[1]事实上，商家

---

[1] 陈徐彬：《营销数字化是企业数字化转型的突破口》，《国际品牌观察》2022年第8期。

的数字化促销已经从单纯的网络促销信息发布,走入了"线上线下整合,网店实体店同步"的时代。我们将数字营销促进的基本形式总结为以下几种:

1. 线上常规促销信息发布

企业通过互联网发布促销信息是数字化促销的基本形式,由于信息传播通道的不同,衍生出诸多形态。如早期的企业官网信息、电子邮件、网络促销广告(如图10-1为佳能企业官网上的主题促销广告),到后来移动端的微博、微信、App促销信息发布等,此类促销方式与传统的实体店促销或网络购物平台(第三方平台或企业自营平台)相配合,启动信息告知,以达成销售目的。此类网络促销信息的内容也与传统促销信息类似,大多以折扣、积分、兑换、赠品等为主。然而,由于市场的变化以及消费者购买习惯的变迁,单一使用线上常规促销信息发布的方式已经很难取得较好的促销效果。

图10-1 佳能(中国)企业官网上的主题促销广告

2. 线上活动促销

线上活动促销实际上就是升级版的"有主题"的线上促销,主要通过设计和策划主题活动,引发网友的参与,同时通过活动信息的推广达到较高的消费者认知。如果"话题"有亮点,则可以再次通过社交媒体或传统媒体形成病毒传播和口碑传播。在消费者早已对各类打折促销信息产生免疫力的时代,"合适"的主题在一定程度上能打造情境感和参与感,而这种基于网络的虚拟情境和参与感又非常贴近年轻、主流的消费族群。

纵观当下商家惯用的线上主题促销活动,大多通过小游戏、二维码、晒照片、上传视频、留言以及@官方微博、分享给微信朋友等方式展开，主题涉及亲情、爱情、公益、明星、热门话题等，兑换的也是优惠券、购买折扣、新品试用、赠品礼物等。此类线上促销虽与"主题"捆绑，但难免会因为流程复杂、群体受限、传播力度有限等大大影响促销效果。对于大多数消费者而言，他们更愿意选择"直接降价"这样没有中间环节、来得痛快的促销。

3. 电商平台促销

电商平台促销即商家在线上购物平台上发布促销信息，吸引消费者注意并使其完成购买行为（收藏、咨询、放入购物车、在线支付购买等）。无疑，这是目前数字化促销最直接和有效的方式。以淘宝、京东为代表的电商企业的销售传奇实际上是由广大网民来书写的，在中国这个拥有世界最多网民的国度，网购已经成为人们深度依赖的生活方式。截至 2022 年 6 月，我国网络购物用户规模达 8.41 亿，占网民整体的 79.7%，手机网络购物用户规模达 8.42 亿，占网民整体的 80.0%。[①] 我国的网购市场呈现出普及化、全球化、移动化的特征。目前商家可以借助在线 B2C 购物平台和企业自建平台进行促销。例如，图 10-2 为哈曼卡顿音箱在京东商城主页的促销广告，它位于商城首页的醒目位置，消费者打开京东商城的网页端即可看到该广告。

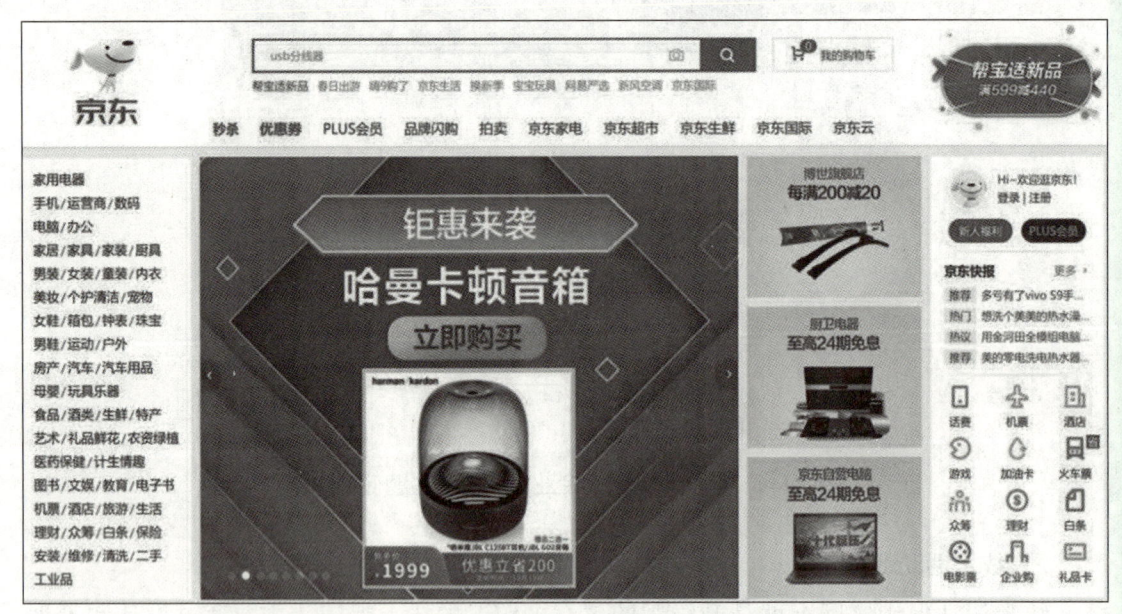

图 10-2 哈曼卡顿音箱在京东商城主页的促销广告

4. 电商直播促销

在中国移动互联网快速发展之际，"直播带货"成为在线经济突围的亮点。电商直播促销这一热门商品推销手段始于 2016 年，主播通过互联网平台，以直播的方式向消费者近

---

① 中国互联网络信息中心：第 50 次《中国互联网络发展状况统计报告》，2022 年 8 月。

第一节 网购节新常态及其特点

距离展示商品,并提供实时回复咨询的导购服务以达到销售目的。随着4G时代向5G时代迈进,直播电商行业生态在实践中不断优化,终于在2019年呈现"井喷"之势。这一年,淘宝直播首次成为"双11"的主要消费方式,"双11"当天的直播成交总额(GMV)突破200亿元。

随着网红经济高速发展,国内诞生了一批具有网络影响力的KOL达人。KOL通过自身影响和独特优势,对已形成一定规模的粉丝群体进行精准高效营销。自带较高转化率特征的KOL,逐渐发展成为直播电商中的核心要素"人",即主播。网络红人文化的形成与KOL影响力的渗透,驱动着直播电商的蓬勃发展。在2020年的"双11"狂欢中,淘宝直播分别在10月21日和11月4日安排了两轮预售,直播带货均是重头戏。

相较于传统电商的商业模式,直播电商作为新经济业态有以下几个优势:一是就消费者而言,观看直播的用户可就商品与主播实现实时互动,线上热烈的抢购气氛比起线下"清仓大甩卖"有过之而无不及,"云逛街"并不寂寞,社交互动性强。再者直播可提供实时动态的商品展示与解说,"5分钟卖出1.5万支口红"正是由于主播耐心地上唇试色打消了消费者疑虑从而创造的销售神话。直播卖货形式让消费者不必再耗费大量精力搜索选品,实现从"人找货"到"货找人"的转变,缩短了购物决策时间。二是对众多品牌商家而言,直播带货把营销和卖货高度集成,流量、广告、卖货和互动在一个直播间完成,大大提升了销售效率。而且对于那些没有形成市场影响力的品牌产品,特别是处于地市级以下市场区域内的产品销售来说,电商直播具有重要的带动作用。如果没有直播带货这种销售模式,一些贫困落后地区的名优土特产品可能很难走进更广大的社会人群的消费范围。特别是在新冠肺炎疫情防控期间,直播线上带货与消费转化的优势得到凸显,各地政府积极搭建网红主播与当地企业间的桥梁,助力地方产业带的发展。三是就直播的空间而言,卖家并不局限于专业直播间内,商品产地、供应基地等空间皆可直播展示。农产品、海外代购直播给用户带来身临其境之感,可满足用户的好奇心,刺激购买欲。①

在未来相当长的一段时间内,直播电商仍将保持高速发展,这主要受资本、平台与政府政策扶持等因素的影响。目前,直播电商行业的投资已向全产业链蔓延,从MCN机构、直播运营机构、直播代播机构到新兴直播电商平台,均可见资本入局。政府政策的扶持则在更深层次上驱动直播电商的高效有序运转。《关于支持新业态新模式健康发展激活消费市场带动扩大就业的意见》(发改高技〔2020〕1157号)指出支持微商电商、网络直播等多样化的自主就业、分时就业。着力激发各类主体的创新动力和创造活力,打造兼职就业、副业创业等多种形式蓬勃发展格局。在平台扶持方面,电商平台与社交内容平台针对流量引入、主播孵化与培育、MCN机构入驻等环节制订了扶持计划,以打造高

---

① 王奕祯:《直播带货:在线经济的突围与崛起》,《企业改革与管理》2020年第23期。

效的直播电商业态；疫情防控期间，各平台纷纷以补贴、流程优化等形式鼓励商家开启直播营销。

然而在电商直播行业高速发展的背后，痛点也逐渐浮出水面：直播电商平均退货率为 30%～50%，高于传统电商退货率的 10%～15%，是品牌官方电商销售渠道退货率的 2～3 倍。对行业参与者而言，聚焦 GMV 高增长的同时，也应加强商品品控，实现消费者的有效留存，引导复购行为产生。[①]

二、网购节分类及特点

在网络环境下，消费者的概念和消费行为都发生了很大的改变。这些变化对传统的促销理论和模式产生了重要的影响。线上平台的促销集中表现为包括"双 11"在内的各类网购节的常态化。

2009 年，淘宝商城[②]联合 27 家网店在 11 月 11 日举办了大型的促销活动。之后几年，经过苦心经营，淘宝商城已经把普通的网络节日"双 11"做成了真正的购物狂欢节，销售数据也呈几何级别增长。如今，围绕这个日子，天猫、京东、当当、国美在线、苏宁易购等电商都会提前热身，各类商家纷纷抓住机会，与电商"合力"，要么"单干"要么"组团"，目标直指已经跃跃欲试的一众网民。

电商打造的网购节已然成为一种常态化促销，我们有必要对网购节的类型和特点加以归纳总结。

1. 网购节类型

购物节一直是传统商家惯用的营销技巧，从春节促销到底层商家的各种"挥泪拆迁大甩卖"都是在用促销来集中吸引消费者，以达到品牌传播与销售的双赢。

与传统的百货公司类似，网络零售商也需要特定的日子为促销造势。2005 年在美国出现的"网络星期一"购物节，因不用彻夜排队参加促销受到许多美国人的欢迎，成功抓住了感恩节后大规模采购的商机。受"网络星期一"的启发，2009 年，淘宝商城开始在 11 月 11 日举办促销活动，最早的出发点只是想做一个属于淘宝商城的节日，让大家能够记住淘宝商城。选择 11 月 11 日，也是一个有点冒险的举动，因为刚好处于传统零售业十一黄金周和新年促销季中间，但这时候天气变化正是人们添置冬装的时候，当时淘宝商城想试一试，看网上的促销活动有没有可能成为一个对消费者有吸引力的窗口。结果一发不可收拾，"双 11"成为电商消费节的代名词，甚至对非网购人群和线下商城也产生了一定影响力。

[①] 36 氪研究院：《2020 年中国直播电商行业研究报告》。
[②] 2012 年淘宝商城正式宣布更名为"天猫"。

第一节 网购节新常态及其特点

此后,各种购物节层出不穷,如情人节、"桃花节"、"男人节"、妇女节等都成了购物节。品牌也借势宣传,比如在 2020 年的妇女节,自然堂制作了一个名为《当代木兰》的动漫,以国风动漫的方式致敬女性抗疫工作者,"当代木兰,每一个都很美"的标语也在网络上得到广泛传播(见图 10-3)。

图 10-3 2020 年妇女节自然堂制作的国风动漫《当代木兰》

对于习惯在网上购物的中国网民而言,几乎每天都生活在各种"节"中,有节借势,无节造节,购物节营销已成为各大电商平台营销的"心头好"。我们将目前国内电商经常使用的购物节时间点及特征总结如下(见表 10-1)。

表 10-1 国内电商常用购物节时间点及特征

购物节类型		代表时间点	特征
传统节假日		五一、十一、春节等	一般法定假期
主题纪念日		情人节、母亲节、妇女节、儿童节、世界读书日等	可以根据特定的人群和节日意义来设计促销主题
原创购物节	周年店庆	京东"618店庆"、苏宁易购"818大促"、抖音"818发现好物节"等	针对会员优惠,打造"专属购物节"
	网络节日	"3.7女生节""5.17吃货节""双11""双12"等	吸引网络主流人群,易于设置和传播话题

2. 网购节促销特点

（1）节前宣传造势力度大。依托于互联网平台，购物节前的宣传造势有相当广的范围和相当大的力度，通常还会集中投放媒体广告和促销信息，或者在节前开展限量发放节日当天使用的购物券、代金券等类似的活动。比如，2020年京东"618店庆"期间，从5月29日18点开始到6月19日，消费者可每日领取"618京享红包"，红包面额随机，最高618元，红包可以与任何其他优惠（如东券、京券、京豆等）叠加使用，同时红包本身也可叠加使用，下单即可得到减免。

（2）顾客有充足的时间认知商品。传统线下促销由于时段有限，商场内会十分拥挤，顾客在抢购时观察商品的时间也很短，无法准确了解商品的信息。电商购物节依托网络平台，顾客有相对充足的时间查询、了解、分析商品的信息，为购物决策提供了方便。尤其是许多电商都在购物节前，就通过"活动政策"公布、广告信息、"品牌提前看"、"加入收藏"、标注"购物节惊爆价"等方式开展营销，一方面为促销造势，另一方面也给准备"秒杀"的顾客更多了解产品信息的时间。

（3）参与活动人数众多。不同于实体店铺的促销活动，由于网络平台所能容纳的人数几乎没有限制，电商购物节活动往往能吸引数量巨大的消费者参与。2020年天猫"双11"实时物流订单突破20多亿单，约等于2010年全国快递量总和。

（4）厂家或零售商的大力支持。成规模的厂家或者零售商的支持是非常必要的，较大的优惠势必会造成大量消费者在"购物节"当天消费，厂家和零售商必须保障有足够多的货源，避免缺货的情况发生。预售机制降低了传统零售中存在的高库存问题，厂家和零售商可根据消费者需求精准选款，压缩供应链，提高存货周转速度，因而也得到了他们的支持。

（5）对网络、物流、售后服务等要求较高。由于参加"购物节"的人数众多，购物时间集中，网络"卡""慢"甚至"打不开"成了众多网友最初对"双11"的集体记忆。随后阿里巴巴通过对包括支付宝在内的系统进行了技术升级，2020年，交易能力更快更稳，万笔交易的资源成本也下降明显。

除此之外，由于购物的集中，因质量或其他问题退货的数量也会随之增加，对节后物流、售后服务等要求较高。消费者也逐渐变得更加理性，过去其"痛点"在价格，而现在消费者对商品品质和服务质量的在意明显提升。物流也是影响用户"双11"体验的关键一环，因此各大快递公司均以新增快递人员，提前储备大量的仓储、运输等资源的方式来应对购物节带来的井喷式的业务爆发。

（6）促进线上线下融合。虽然亚马逊经常获得美国"网络星期一"销售量第一名，但是排在其后的沃尔玛、百思买、塔吉特等线下的实体店也取得了不俗的成绩。我国"双11"销售额破亿的商家也都不完全是电商的品牌，电商与实体商业之间的关系也在不断调整，2012年还是"传统零售业态与新零售业态的直接干脆的交锋"；从2014年开始越来越多的商家积极选择线上到线下（O2O）的融合。2020年"双11"期间，商场为了让更多消费者参与实体店"双11"购物节，推出了"线上引流＋实体消费"的新模式来带动消费，商场柜员们纷纷通过直播、短视频等网络渠道将商场的促销活动传达给更多消费者。

自新冠肺炎疫情以来，一些商场快速以微信群为媒介，搭建私域流量生态。导购通过社群与消费者建立更为紧密的连接，通过自有电商平台、小程序等赋能，开启导购带货的新蓝海。据银泰百货介绍，银泰全国八成门店已覆盖定时达服务，消费者在喵街App下单，最快1小时就能把货送到家。2020年"双11"期间，更是有4 740位导购参与直播，直播场次达4 000场。11月12日，银泰百货公布的"双11"期间销售数据显示，11月1日—11日，银泰百货线上销售额增长达65%，喵街定时达订单量是2019年的3倍。[①]

第二节　网购节促销的蓄势传播

早年的电商购物节促销，会出现商家先把价格提高后再打狠折的现象，当然，这一现象已被眼睛雪亮的消费者揭露。随着以"双11"为代表的网购节促销成为常态，消费者不再只是一味追求低价，想法也已经更加理性。从抢购便宜货到只买需要的，从"量"的需求到"质"的需求转变，是消费者成熟的标志。可以说，消费者也变得更加"聪明"了，需求已经发生了很大的变化。所以，电商们也紧跟消费者需求，将网购节促销从单纯的价格战、营销战、公关战，发展到现在的消费升级战，这也是电商行业发展趋于成熟的标志。

一、网购节促销的蓄势策略

网购节促销不仅要有低价更要有质量，要选质量好的商品，还要选质量好的商家、信誉高的平台，这是越来越多网购一族共同的心声。所以，是不是人造的节日并不重要，重要的是要去满足消费者的需求。因此，不管是网购平台还是商家都在试图使得网购节营销更为立体化，那么前期的造势除了价格之外，主题和内容的策划就显得尤为重要。所谓"台上一分钟，台下十年功"，漂亮的数据背后，电商品牌是怎样打造了一次次的购物狂欢盛宴呢？关注电商历年来网购节造势战略和具体战术，我们将其归结为以下几类：

1. 以明星、预售、话题为主的"吸睛大法"

明星助阵也是近年来电商造势的重要选项，此方法目的在于吸引大量网民关注平台

---

① 陈晴：《"双11"商场表现亮眼　线上线下融合优势凸显》，人民网2020年11月16日。

或商家的网购节促销动态，以期提前储备"流量"，获得最终的"爆发式"效应。明星造势、预售和制造话题是此法常用的手段。

电商平台或品牌商家往往在网购节开始前一个月就开始造势宣传，释放各种信息。除了阿里巴巴召集明星发红包、京东雇用明星送货、苏宁借势在微博上与明星互动等简单的宣传形式以外，自 2015 年湖南卫视首次与天猫携手举办"双 11"晚会开始，天猫把"双 11"从原本单纯的承载日期信息中解放出来，赋予其"购物狂欢节"的节日仪式定义。2020 年共有四家卫视的四台"双 11"晚会同步上演，而且与往年单一的"卫视+电商"不同的是，这一年的"双 11"晚会还集体出现了视频网站参与的身影，正好四大电商平台分别牵手四大视频平台（见表 10-2），形成台网"双 11"的联动。

表 10-2　2020 年"双 11"晚会播出概况

卫视播出平台	网络播出平台	晚会名称
湖南卫视	芒果 TV & 拼多多	拼多多 11.11 超拼夜
江苏卫视	爱奇艺 & 京东直播	京东 11.11 直播超级夜
浙江卫视 & 东方卫视	优酷 & 淘宝直播	天猫双 11 狂欢夜
北京卫视	腾讯视频	苏宁易购 11.11 超级秀

每年"双 11"购物狂欢节都很好地利用了明星的号召力，不只是借助明星在社交媒体上进行宣传、呼吁，而是直接将当红偶像们请到现场进行表演，不仅为促销活动渲染气氛、造势，还有效地引起了他们粉丝的追捧。粉丝们以支持偶像为由，热情地投入到消费活动中去，不仅可以证明偶像的人气，还满足了自己的消费欲望。邀请明星参与晚会，正是迎合了当今民众对娱乐的需求。

预售是电商平台或商家运用比较娴熟的传统战术，虽然各家的预售政策略有不同，但目标一致，都是试图将"点"拉成"线"，以期达到更广的"面"的覆盖。天猫、淘宝、京东等电商平台往往会提前制定预售政策，并吸引商家申报预售，有预售权后方可进入预售窗口。消费者可以在"抢购"热潮之前，通过加入购物车、收藏、支付订金等方式提前预订商品。在这种模式下，商家先有订单，再有生产（备货），最后才是实现销售，这样可以使得商家的生产成本和流通成本有所降低，同时资金的周转天数也将大大缩短。需要说明的是，预售模式是网络购物的特殊方式，由于相关法律法规尚不完善，规则又由商家单向制定，消费者在参与时应当认真了解细节，避免纠纷和损失。

电商另外一个重要的网购节前造势方法即制造话题。除了明星、预售能够自动制造话题之外，电商平台的话题呈现越来越多元化、细分化和娱乐化的倾向。例如，在 2020 年"双 11"期间，网络上基于不久前爆红的"打工人"又逐渐引申出"新梗"——

第二节 网购节促销的蓄势传播

"尾款人",即付了大量商品定金,欠下许多"尾款"的人。11月1日凌晨,各大电商平台尾款支付开启,"冲啊尾款人"登上热搜,阅读量超过1.3亿,引发了网友们的热烈讨论。

2. 制造参与感,增强互动与分享

电商平台通过各类互动形式,让消费者获得一定的"好处",从而在网购节抢购潮爆发之前就能够吸引潜在的消费者。参与感不是互联网企业的发明,但互联网企业却能够将参与感渗透到消费者购买流程的各个阶段。电商企业在不断变化网购节造势手段的过程中,逐步将制造参与感运用得炉火纯青,通过游戏、红包等活动,吸引平台上的商家和网友一起投身其中,乐此不疲。参与感实际上是将"注意力"在时空上进行延伸并有效转化为行动,尤其是在移动终端,消费者参与活动后在社会化媒体上的"分享"行为则能够通过裂变的方式自动帮助企业进行信息扩散并提高参与行为的转化效果。比如2020年"双11"天猫推出的超级星秀猫养猫活动(如图10-4)。按照规则,用户需要喂养喵币升级、玩游戏、拉人组队、拉人涨人气等,通过人气比拼,赢的猫咪养成出道,就有机会瓜分红包。当猫咪升级时有机会获得待兑换红包,且用户养成的猫咪在固定的时间段内可以组成小队互相较量,人气比拼的结果决定当日场次红包的归属。而人气的增长除了与猫咪自身等级有关外,还需要队外其他人的助力。养猫过程与"双11"活动相结合,在加强用户社交互动的同时,也增加了商品的曝光量。

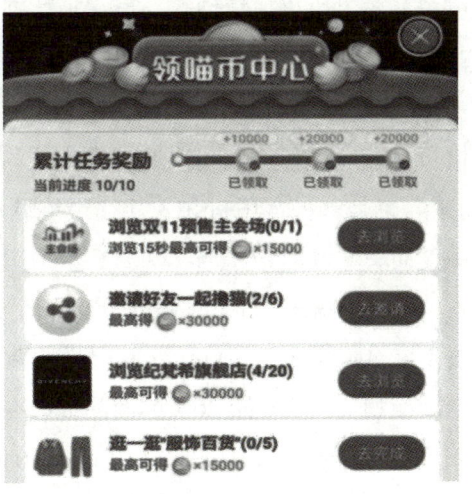

图10-4　2020年"双11"天猫推出的超级星秀猫养猫活动

3. "差异化"优惠策略

当单纯地降价只能陷入"没有最低只有更低"的怪圈、当消费者变得日益理性之际,电商们纷纷主打低价外的"差异牌"。差异化策略是电商竞争的产物,也是市场进步的表现。

尽管线上营销方式纷繁复杂,但电商诞生之初就被打上"省钱"标签。同等让利水

平下，消费者更倾向于选择价格折扣促销。[①]因此不同电商平台依次打造出了差异化的优惠策略。以三大电商平台：阿里、京东、拼多多为例，阿里的省钱方式以"规则复杂""玩法多样"为特点，前文提到的天猫超级星秀猫养猫活动就是典型的例子。京东则以"PLUS 会员"为核心，主打向核心客户提供更优质的购物体验。作为中国最早的电商付费会员体系，京东 PLUS 会员自 2015 年 10 月推出以来，一直在以用户需求为中心，不断优化迭代会员权益：在初版 10 倍购物返利、每年 360 元运费券礼包、1 000 万会员价商品、24 小时专属客服、全年免费退换货及每月 8 号 PLUS DAY 会员日的基础上，在 2020 年进一步推出了服饰 9 折每月折扣券、生活特权、品牌联盟 95 折及健康特权等权益。拼多多的省钱模式则以"简单粗暴""低价"为特点。作为一家团购电商平台，拼多多专注于利用 C2B 拼团的营销方式，即用户可以通过微信朋友圈等社交软件与身边的人一起拼团，人数达到一定要求后，会以比市价更低的价格拼团购买想要的商品。用户不需要"满减"、不需要"买会员"，"参与拼团"即可获得最低价。

二、网购节价格促销的策略

网购节促销和平时促销最有效的方式莫过于价格促销，之所以"网购节"如此受欢迎也在于"低价"。最初电商平台主要的营销手段是满减、满返、送券等比较基础的方式，而现在的电子商务手段更加精细化，更多地体现了互联网思维。目前电商网购节常用的价格促销策略包括：

1. 价格折扣

价格折扣即通过各种方式让消费者直接体会价格上的实惠。例如全场 5 折属于定价折扣；"满减"也是一种常用折扣，往往最能调动消费者的消费激情，他们往往会为了达到减免的额度而去"凑单"。每年"双 11"，淘宝都会推出满减活动，消费者可以通过跨店购物来"凑单"获取满减，不过使用时需要满足几个条件，以"满 300 元减 40 元"的活动为例，首先消费金额必须满 300 元，其次必须购入的是带有"满 300 减 40"标签的商品，不能和其他满减如"满 200 减 20"的商品混合在一起来凑单。限时折扣是网购促销最常见的方法，在一定的时间范围内（如 11 月 11 日 0 时—2 时），消费者可以享受到一个更高的折扣福利。和限时折扣类似的方法还包括按订单量设置浮动价格、针对不同时间段设置动态阶梯价格等方法。此外，为进一步让消费者感知到网购节的价格优惠，具体定价的时候往往也采用"临界价格"的方法，如"9.9 元包邮""全品 9.9 元"等。"返现"也是电商促销的常用方法，顾客购买后分享链接或者给"好评"均可获得少量的返现（如图 10-5）——顾客的"举手之劳"带给商家的利益可能远远超出所返金额。除此之外还有超值换购等与

[①] 刘意：《促销框架与顾客在线冲动性购买行为——趋近动机的中介作用》，《经营与管理》2022 年第 11 期。

第二节 网购节促销的蓄势传播

传统零售基本趋同的方式，只是网购换购产品中的虚拟产品，如电子书、电子音像等成本更低。

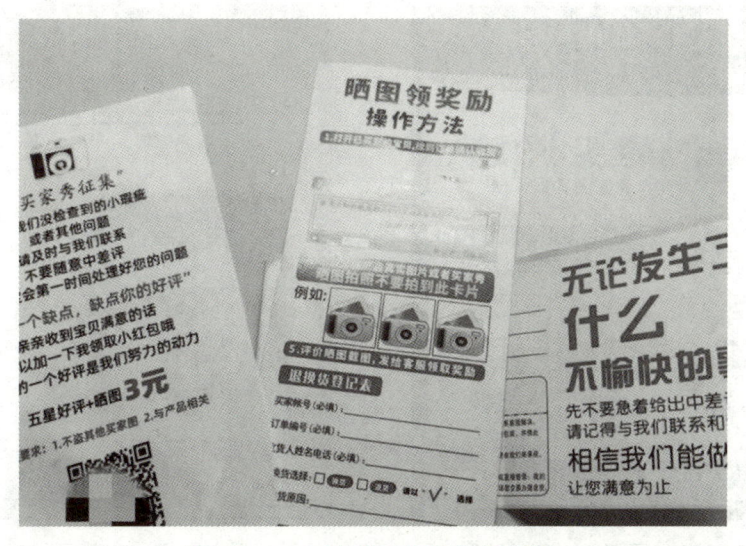

图 10-5 用户收到的好评返现卡

2. 奖赠折扣

奖赠折扣是指消费者购买指定产品或服务后，可以直接获得奖励或者拥有抽奖机会。由于抽奖存在概率问题，这种方法已经不能很好地调动积极性。因此商家往往改为"百分之百中奖"，实际是将折扣换成了奖品，迎合了老百姓中头彩的心理，也带来了物质上的实惠。"包邮"则是商家对网购者的另一种奖赠方式，是消费者最为认可的一种优惠方式。除此之外"买一赠一""指定赠品""定制赠品""赠送优惠券"等也是常见的策略（如图 10-6）。

3. 变相折扣

电商借助互联网平台往往可以在价格折扣上做一些别出心裁的"小花样"。例如"账款规整"，即系统自动抹去零头，55.80 元的产品变成 55.00 元，这种方式看上去"大方"，实际上比起折扣来商家还是有相当的利润；"组合销售"即自动组合同类型或者配套产品打包优惠，如洗发水配护发素，衬衣配牛仔裤，鼠标配键盘以及常见于护肤彩妆类的"礼盒"等（如图 10-7），一次性优惠既提高了利润又让顾客觉得细心周到；除此之外，还有"多买多送""加量不加价"等，不一而足。

普通店铺和电商平台通常不会一次尝试过多方式，1~3 种为最佳，一是活动太多会使计算过于复杂，导致出错而增加亏损；二是会增加客服压力和强度，致使跳失率增高。一般效果最佳的方式依然是经典的限时折扣，结合产品特质，挖掘卖点进行包装和推广。

就目前看来，价格优惠营销的常态化打破了市场的平衡，改变了消费者的心理承受度，电商应该积极寻求新的路径进行网购节营销，通过其他形式的营销策略保证市场健康发展以及增加顾客对于品牌的信赖，而不是单纯地依靠这种价格战来获得一时的竞争优势，长期持久的竞争营销战略才是电商发展的出路所在。

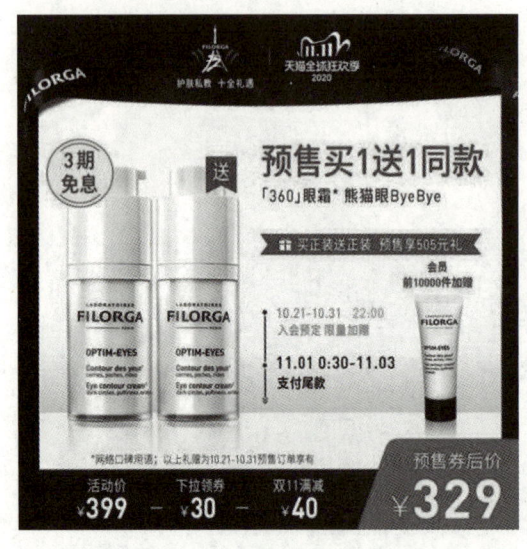

图 10-6　菲洛嘉品牌在"双 11"期间的优惠活动

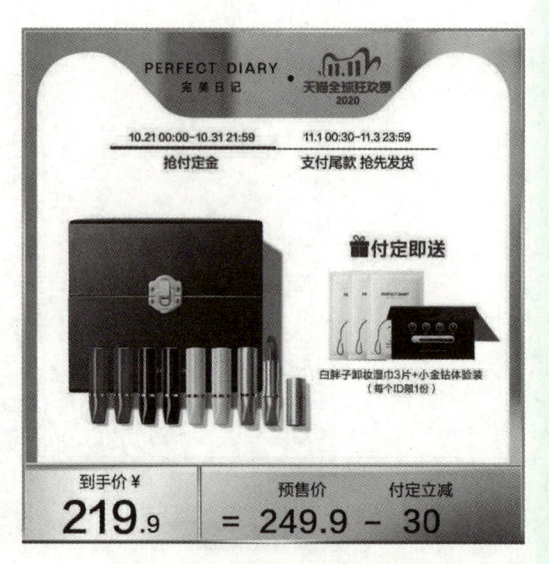

图 10-7　完美日记在"双 11"期间推出的口红礼盒

三、网购节促销传播的渠道整合

多年以来，国内电商的网购节促销经历了从粗放到精细的进化过程，也是电商行业回归本质的过程。网购节促销往往是对电商平台和品牌方的综合实力的考量，只有真正做到营销与传播的整合才有可能"胜出"，而营销与传播都需要科学而有效地整合各类渠道，实现"聚合"效应。

1. 全渠道营销

全渠道（Omni-Channel retailing）的概念是由达雷尔·里格比于 2011 年首次提出，他认为在全渠道模式下零售商将通过各种渠道与顾客互动，具体包括网站、实体店、服务终端、社交媒体、移动设备等。[①] 国内学者李飞提出，全渠道营销是指个人或组织为了实现相关利益者利益，在全部渠道范围内实施渠道选择的决策，然后根据细分目标顾客对渠道类型的不同偏好，实行不同或相同的营销定位，以及匹配产品、价格、渠道和信息等营销要素的组合策略。全渠道营销管理的过程分为四步：第一步，确定营销的总目标；第二步，进行营销分析或研究，分析各种渠道类型的宏观环境和微观环境（公司自身、合作者、顾客、竞争者、宏观环境）等内容；第三步，制订营销计划，包括确定各种渠道类型的目标顾客、营销定位及产品、价格、渠道和信息策略组合等内容；第四步，实施营销计划，包

---

① Rigby D., "The Future of Shopping", *Harvard Business Review*, 2011, Vol.89, No.12, pp. 65—76.

括各种渠道类型关键流程构建和重要资源整合，保证计划的有效实施，从而实现已确定的绩效目标。[1] 目前，全渠道营销已经成为电商在营销传播中的共识。例如盒马鲜生巧妙重构"人、货、场"三因素关系，采用蓝海战略，围绕"餐饮体验＋生鲜超市零售＋基于门店配送"打造的"新零售"模式，集"生鲜超市＋餐饮体验＋线上业务仓储"三种功能于一身，其本质是对传统零售业和线上线下生鲜电商渠道整合的升级和改造，核心任务在于引领新的消费价值观，推动平台与顾客互动，实现价值创新与渠道整合，有效破解了围绕生鲜电商的难题。

大数据是实现精准营销的基础，电商在使用大数据时具有天然的优势，可以利用大数据对客户的消费偏好、消费习惯等交易数据进行分析，根据不同需求的客群进行个性化精准营销，并能够及时更新线上线下商品，以实现线上线下的全渠道智能同步运营。[2] 淘宝、京东等购物平台，通过用户所积累的消费数据，推荐该用户可能需要的产品。除此之外，电商在进行精准营销时，还从拥有庞大数据库的互联网巨头公司深挖精准产品。但在精准推荐逐渐成为各平台"基本操作"的同时，诸如低俗劣质信息推送、"大数据杀熟"等乱象也凸显出来。

2. PC 端广告＋移动端布局

电商购物节促销在传播渠道选择上，基本上以互联网广告和移动端信息流为主，传统媒体投放往往借助相关信息（如网站链接及二维码等）导入相关平台。电商企业选取较多的网络硬广告投放平台主要是门户网站和视频网站。

随着移动互联网的发展，手机移动端的功能变得更加全面，再加上受众时间越来越碎片化，用户注意力越来越分散，全网注意力主要聚焦于社交网络、短视频、直播等内容上，因此加强在移动端的曝光已经成为一种促销大趋势。商家在进行网购节促销时可以利用 PC 端和移动端不同的特点。例如错峰促销，假设促销活动重点是周一，那么在周末就可以开展基于移动端的预热，周一基于 PC 端再达到传播的新高峰，这样相互配合，可以更有效地实现到达率。

第三节　网购节促销的整合服务

网购节促销已经是电商企业综合实力的对决。品牌的品类数目、商品的丰富程度和价格都是保证网购节营销的硬实力，而最后一公里的送货速度、下单界面的友好程度等提高

---

[1] 李飞：《全渠道营销理论——三论迎接中国多渠道零售革命风暴》，《北京工商大学学报（社会科学版）》2014 年第 3 期。

[2] 吕泳璇、赵婷婷、严红信、胡逸馨、王辰兮、郭照钱：《新零售全渠道整合策略探析——以盒马鲜生为例》，《现代商业》2022 年第 1 期。

用户黏性的布局和优化功能,都是对于电商平台而言非常重要的软实力。对于消费者而言,"说得好"重要,"做得好"更加重要,优良的无缝整合服务才能给网购用户带来好的购物体验。

一、网购节整合服务环节

以"双11"为代表的网购节愈演愈烈,引发的一系列问题也为电商企业敲响了警钟,粗放式的电商促销大战,不仅透支消费者的基本信任,也透支市场前景。网购节虽然是电商行业进化的表现,但是如果仅仅打"价格战",又不能做好服务,创造良好的购买体验,将不具有可持续性。由于在网购节期间,电商企业要在短时间内消化巨大的交易量,因此必须整合内外部资源,构建包括供货及服务营销、售后服务等环节的完整产业链,如图10-8所示。

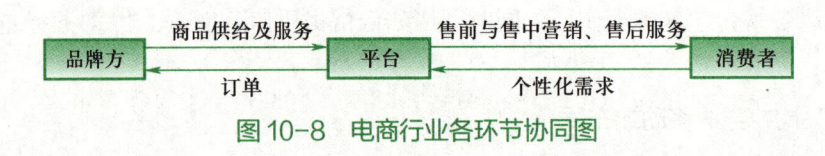

```
            商品供给及服务           售前与售中营销、售后服务
  品牌方  ←───────────→   平台   ←───────────→   消费者
              订单                    个性化需求
```

图 10-8　电商行业各环节协同图

图10-8中各个环节协作关系中的具体分工如下:品牌方重点关注断货、缺货,根据平台商订单数据进行订单生产,减少爆仓、滞销的极端情况。为了迎接即将到来的网购节,品牌方应当根据历年网购节销售的情况以及当年平台提供的相关数据,适当充足备货,针对备货资金、货物来源等提供主要方案和备用方案。依托网购节进行促销虽然会提高销售量,但是也给电商运营带来了不小的成本压力。"生意难做了"是现在很多商家的共识。实际上对很多中小商家来说,促销力度越大,电商运营成本就会越高。

平台重点负责售前与售中营销推广,把握客户个性化需求,将消费者需求数据形成数据库传输到品牌方。另外,平台还承担售后服务功能,一方面自身建立售后服务部门,另一方面整合品牌方在各地的售后服务能力,协同使力,提高服务质量与消费者信任度,减少售后无人负责的不良现象。品牌方、平台与消费者三者间的协同管理,可以通过系统化、集成化、网络化及信息化的信息管理平台来实现。整合服务核心的问题是应该构建协同管理机制,约束各方的责、权、利,以最终实现共赢。

二、高效数据处理

大数据时代,数据更加成为电商的核心资产,电商企业需要性能优异的数据处理系统来保障这一核心资产,并利用数据处理的优势来开拓市场。

为了避免服务器出现域名系统（DNS）无法解析、连接超时、响应超时、重定向次数过多甚至"宕机"，而导致用户与货款"失之交臂"，经历过"双11""双12"等大战后的电商都已经加强了自身的数据处理能力，实现了多项技术创新。例如，2020年的"双11"天猫订单创建峰值创下新纪录，达到58.3万笔/秒，是2009年"双11"的1 457倍。据阿里巴巴集团首席技术官程立介绍：继2019年"双11"核心系统100%上云后，阿里已把全副身家性命放到云上，飞天云操作系统、神龙服务器集群、中台等数字新基建还在不断升级，技术的沟沟坎坎几近解决，应对峰值不再是最大技术挑战。

数据处理除了保障网购节促销的顺畅之外，也可以为电商带来巨大的潜在价值，提升行业竞争力。顾客过去的购买、搜索、收藏，甚至商品浏览的路径信息都会被记录下来，然后这些数据信息被用去预测顾客会有什么样的需求。同时电商会为顾客开展个性化的服务，提醒顾客购买自己喜欢的商品。这就是电子商务的优势，所有的电商都应该充分利用这个优势，真正做到个性化服务。

除此之外，一些尖端科技甚至也被用到电商购物节中，用来打造更好的用户体验，并帮助企业节约成本。例如，在2020年11月3日，阿里巴巴"双11"技术沟通会上，阿里巴巴集团首席技术官公布了大规模运用于2020"双11"的十大前沿技术（如图10-9），包括正式上岗的物流机器人小蛮驴、支持214种语言的直播实时翻译、一年省电7 000万度的液冷数据中心、全面云原生化的阿里核心系统等，既有基于数字技术的原生商业创新，也有引领时代的基础技术突破，使得这一年的"双11"颇具科技含量。

图10-9　阿里巴巴发布的2020"双11"的十大前沿技术

三、物流保障

物流是指从供应地到接收地的整个循环过程的物质、服务以及相关信息的流动过程，以及为保证有效和低成本的保管而进行的计划、实施和控制活动。[①] 物流体系对电子商务行业发展起着重要的支撑作用,以应对规模越来越大的"网购节"促销。近年来,"可持续发展"和"碳减排"理念也融入运输、储存、包装、装卸搬运、流通加工、配送、信息处理等物流活动中,企业采用先进的物流技术、管理手段,实现物流资源利用效率最高、对环境影响最小和物流系统效益的最优化。[②]

自 2009 年"双 11"以来,电商物流配送问题尤为突出。如何构建一种适应于短期大量交易的配套物流模式,成为焦点问题,物流也成为电商企业在行业竞争中取胜的关键因素。随着数字技术渗透到供应链管理、仓库发货、快递中转、末端配送,"双 11"的物流体验已经得到了显著改善。在 2020 年的"双 11"期间,菜鸟预售极速达服务覆盖了全国 338 个城市,预售订单可提前下沉到配送网点和社区,将配送距离缩短至几公里甚至几百米。消费者睡前下单,醒来就能收货。商家由此获得了更多好评,供应链流转的效率也直线提升。

目前电商采用的物流模式主要有自建物流、第三方物流、物流联盟以及一体化物流。自建物流的典型代表有京东商城、美团等,优点是电商企业可以掌控消费者个性需求,提供个性化服务,树立品牌,但不足在于前期投资巨大,建成后也存在业务不足的风险,适用于实力强大的电商企业。第三方物流为 C2C 普遍采用的模式,优点为投入成本低,但其物流服务缺乏个性,不利于电商企业的品牌建设。也可借助云技术充分利用分散、不均的物流资源,通过某种体系、标准与平台来整合,为企业所用并节约资源,典型代表有天猫商城、淘宝网等。物流联盟是以物流为合作基础的企业战略联盟,它是指两个或多个企业之间,为了实现自己战略目标,通过协议对各成员企业的物流资源进行重新组合,结成优势互补、风险共担、利益共享的松散型网络组织。组建物流联盟的方式包括纵向一体化物流联盟、横向一体化物流联盟、混合模式、合作研究与开发物流联盟。[③] 与第三方物流模式不同,在一体化物流模式下,企业通过建设或掌控属于自己的物流设施与设备,可根据实际需要,有针对性地组织商品流动,排除合作障碍,获取交易优势或范围经济。[④] 2013 年,由阿里巴巴集团联合银泰集团、复星集团、富春集团、顺丰和"三通一达"(中通、申通、圆通、韵达)成立的菜鸟网络科技有限公司,是电商平台通过纵向并购方式介入物流业务的代表性事件。[⑤]

由于电商企业的规模、物流业的发展状况及顾客需求的差异化,没有任何一种物流模

---

① 张则强、程文明、吴晓、王金诺:《面向生态工业和循环经济的绿色物流》,《起重运输机械》2003 年第 9 期。
② 张沈青:《低碳经济下物流运行模式探析》,《当代经济研究》2016 年第 7 期。
③ 韩臻聪:《论企业物流战略联盟的建立》,《现代管理科学》2003 年第 9 期。
④ Nathalie Fabbe-Costes, Marianne Jahre, Christine Roussat, "Supply Chain Integration: the Role of Logistics Service Providers", *International Journal of Productivity and Performance Management*, 2009, Vol.58, No.1, pp. 71—91.
⑤ 夏德建、王勇、石国强:《自建 VS. 并购:物流一体化竞争下的电商平台演化博弈》,《中国管理科学》2020 年第 4 期。

式是最佳的，而是各有利弊。因此，电商企业要满足短期大量交易的快速、安全、低成本、低碳化物流需求，只有根据实际情况选择最合适的物流模式。

四、完善售后服务

打折、再打折，快捷、更快捷。各大电商在针对"双11"进行促销时，主打的无非就是两张牌：打折力度大、物流更迅速。但却很少见到商家把"售后服务"作为宣传重点的。其实电商竞争真正的"王牌"正是他们所忽视的"售后服务"。

"双11"能够给商家带来巨大利润，但薄弱的物流和欠完善的售后服务难以给消费者带来完整的狂欢体验，消费者消费后电商常常面临"维权问题"。电商要在众多的竞争对手中脱颖而出，终究还是要靠良好的口碑。而要赢得更多的回头客，就必须打好售后服务这张"王牌"，"打一枪换个地方，蒙一把是一把"的电商，最终会被市场无情地淘汰。

作为商家，应当在网购节前充分考虑到节后所要面对的售后服务状况，提前组织安排充足的人力、物力加以应对。在网购节购物的消费者，往往会贪图低价而购买一些商品，在抢购中由于失误操作而购买的情况也会出现，从而产生售后需求。商家除了要在产品质量上严格把关之外，还需要如实描述产品细节，而不是一味"唱高调"，毕竟频繁的退换货也会带给商家不小的损失。网购节期间，许多商家都推出了"7天无理由退换货"政策以减低消费者对售后服务的顾虑，因此，节后的退换货就更应当做到耐心、细心，在政策规定范围内帮助消费者解决问题。

售后服务，是指在商品出售以后所提供的各种服务活动，包括产品介绍、送货、安装、调试、维修、技术培训、上门服务等。在如今产品基本无差异、价格透明且趋同的网络零售市场，随着消费者维权意识的提高，消费者在选购确定产品时，更关注产品的服务，特别是售后服务。因此，电商平台在提供价廉物美的产品同时，向消费者提供完善的售后服务，已成为各电商竞争的新焦点。[1] 以商品零售电商平台淘宝为例，其售后评价制度体系覆盖了电商交易的全过程：售后评价机制经历过多轮修订，还设置了专门的"规则平台"（网站），不定期地对各项规定进行专门解释和说明。

> 实践部分

1. 复习思考题
   - 数字营销促进的概念是什么？
   - 数字营销促进的形式有哪些？未来发展趋势如何？
   - 网购节的概念和特点是什么？

---

[1] 董昕灵：《B2C大型电商平台售后服务比较分析》，《电子商务》2014年第12期。

- 网购节的蓄势传播策略有哪些？
- 网购节蓄势传播的渠道选择有哪些？
- 你认为网购节促销中哪些服务环节是重要的？该如何提升和完善？

2. 案例讨论

电商"双 11"和直播"双 11"

2020 年，直播电商无疑是消费领域最火爆的话题。疫情之下，各行业争相入局，企业家、明星、央视主持人、政府官员等纷纷下场直播带货。

直播大潮之下，淘宝、京东、苏宁、拼多多等电商平台，更是以空前的投入力度，在各自的"双 11"大促活动里重点突出直播玩法，打造与用户零距离接触的消费狂欢氛围。其中，淘宝直播安排了两次预售。第一波预售于 10 月 21 日正式启动，第二波则于 11 月 4 日启动。在这两轮预售中，直播都是重头戏。淘宝推出了直播生态的核心玩法：打榜赢排位，将消费者的核心行为纳入任务池，鼓励商家和主播以赢取榜单排位获得平台激励。另一个电商巨头京东，则宣布邀请超过 300 位明星走进直播间，另外还有 500 多场总裁创意直播。京东旗下的社交电商品牌"京喜"将通过产业带直播，结合 6 种社交玩法，主攻下沉市场。京东还举办了"京东 11.11 直播超级夜"，数十位重磅明星直播带货，为消费者提供边看边买边玩的大小跨屏互动体验。

2019 年完成对家乐福中国收购的苏宁易购，以全场景零售体系为依托，面向不同人群推出了多屏直播大促活动。10 月 26 日下午，苏宁易购以"好事发生"为主题召开发布会，并公布了 2020 年"双 11"的玩法。有超级买手将直播 13 天连播 13 场，并由很多大咖朋友们组成超级买手明星团，来为消费者甄选好礼。同时，2020 年"双 11"，苏宁直播将为消费者呈现一个全场景直播金字塔：2 场超级秀直播、13 场超级买手直播、200 多场 IP 大咖直播、2 000 多场主题直播、3 000 多场品牌直播和 5 万多场"店播""村播"。

从超级主播、重磅明星、密集的直播排期和电商平台"双 11"重磅营销资源的倾斜来看，这个"双 11"已从电商"双 11"变为直播"双 11"。

3. 讨论话题

（1）直播电商竞争力何在？

（2）直播电商面临哪些挑战？

第十一章　社会化客户关系管理

导入部分

1. **学习要点**
   - 社会化客户关系管理的内涵
   - 社会化客户关系管理的应用
   - 社交媒体数据获取与转化
   - 如何利用社交媒体与消费者建立黏性关系
   - 如何针对具体客户体验来展开品牌传播

2. **学习要求**

   理解社会化客户关系管理（Social CRM）的概念和基本特点，了解如何将海量的、无序的、非结构化的社交媒体数据转化为企业需要的、有序的、结构化的信息数据，学习如何让这些数据信息带来有价值的社会化客户关系管理，并通过社交媒体来为品牌建立良好形象。

3. **关键词**

   社交媒体数据　社会化客户关系管理

4. **先导案例**

   万科万客会：大数据时代的客户关系管理

   客户资源是房地产企业的命脉。加强客户关系管理，培养客户忠诚度，是持续营销的重要支撑。未来，社会化客户关系管理将成为企业客户关系管理战略的核心，是实现营销方式的转型和突破营销困境的关键。一般来说，企业通过建立客户关系管理体系来培养客户忠诚度。房企客户关系管理中，"客户会"是最主要的运作手段和方式。经营良好的客户会，可以维系和提高客户的重复购买率。

   一般来说，争取一个新客户的成本要比维系一个老客户的成本要多很多，企业只要比以往多留住一些老客户，则利润可增加不少。相比老客户，向一个新客户推销产品的成功率要小得多。面对一个更加全面和复杂的市场环境，社交媒体的作用不容忽视，互联网时代下，客户关系管理的实质就是数据与渠道的管理。

   中国房地产品牌万科通过经营万客会，形成了海量有效的会员数据，达到"点对点""局部对圈层"的精准营销，提高了客户价值的挖掘和客户溢价创利能力（扫码可见具体做法）。

   具体做法

万科通过"万客会"的社会化客户关系管理，强化了客户对于万科品牌以及万科楼盘产品的好感和信赖，也更加密切了客户关系。在这种社会化客户关系管理中，万科实现了新媒体广告式品牌传播功能，而且将运动式的广告转化为社交媒体上点点滴滴、精小细微的客户关系传播。

第一节　社会化客户关系管理及其应用

微博、微信等社会化媒体的兴起促使企业营销发生了深刻变革，依靠社会化媒体开展营销活动逐渐受到企业重视。以消费者为中心的社交媒体营销，可以有效建立和提升客户忠诚度，而且也逐渐成为商家的重要策略。在得到满意的体验后，消费者在微博、微信等渠道的分享、点评、转发，会形成强大的口碑效应，并带来更牢固的忠诚度。这是社会化客户关系管理的思想与模式逐渐进入社会视野的背景。

一、客户关系管理与社会化客户关系管理

1. 客户关系管理的内涵

最早发展客户关系管理的国家是美国，在1980年年初美国便有了所谓的"接触管理"（Contact Management），即专门收集客户与公司联系的所有信息；1985年，巴巴拉·本德·杰克逊提出了关系营销的概念，使人们对市场营销理论的认识又迈上了一个新的台阶，到了1990年，该理论则演化为客户关怀（Customer Care）理论。1999年，高德纳咨询公司提出了客户关系管理概念（Customer Relationship Management，CRM）。高德纳咨询公司在早些年提出的企业资源计划（Enterprise Resource Planning，ERP）[①]概念中，强调对供应链进行整体管理。而客户作为供应链中的一环，为什么要针对它单独提出一个CRM概念呢？一方面，在ERP的实际应用中，人们发现，由于ERP系统本身功能方面的局限性，也由于信息技术发展阶段的局限性，ERP系统并没有很好地实现对供应链下游（客户端）的管理；针对客户多样性，ERP无法给出良好的解决办法。另一方面，到20世纪90年代末期，互联网的应用越来越普及，客户信息处理技术（如数据仓库、商业智能、知识发现等技术）得到了长足的发展。

结合新经济的需求和新技术的发展，高德纳咨询公司提出了CRM概念。从90年代末期开始，CRM市场一直处于一种爆炸性增长的状态。关于CRM的定义，不同的研究机构有着不同的表述。

[①] 企业资源计划或称企业资源规划，简称ERP，由美国著名管理咨询公司高德纳（Gartner Group Inc.）于1990年提出，最初被定义为应用软件，但迅速为全世界商业企业所接受，现已经发展成为现代企业管理理论之一。

第一节　社会化客户关系管理及其应用

CRM 系统作为客户关系管理解决方案，集合了当今最新的信息技术，包括互联网和电子商务、多媒体、数据仓库和数据挖掘、专家系统、人工智能、呼叫中心等，凝聚了市场营销的最新管理理念。市场营销、销售管理、客户关怀、客户服务和支持构成了 CRM 系统的基础。

客户关系管理的核心思想就是：客户是企业的一项重要资产，客户关怀是 CRM 的中心，客户关怀的目的是与所选客户建立长期和有效的业务关系，在与客户的每一个"接触点"上都更加接近客户、了解客户、满足不同价值客户的个性化需求，提高客户忠诚度和保有率，实现客户价值持续贡献，从而最大限度地增加利润和利润占有率。

2. 社会化客户关系管理的提出

虽然 CRM 最初定位于企业商务战略，但随着数字信息技术的参与，CRM 已经成为管理软件、企业管理信息解决方案的一种类型。互联网的快速普及以及社交媒体的迅猛发展对企业客户关系管理的理念和方法产生了巨大影响。随着大数据系统的发展以及社交媒体工具的推动，传统的 CRM 逐渐发生了演变和进化。企业可以更好地利用社交媒体的交互性、即时性、共享性的特点，使用其海量信息以及超文本、个性化和社群化的内容，形成一种社会化的客户关系管理（Social Customer Relationship Management，SCRM）。随着人工智能、物联网、大数据、区块链、AR/VR、5G 等技术的发展，企业可以实现对内部资源的深度整合，对供应链系统进行动态优化，从而实现对客户关系的深层次管理。成功运用社交媒体的客户关系管理使得品牌能够不受地域和时间限制地将其服务的触角延伸到任何目标用户。值得注意的是，SCRM 并不是在取代传统的 CRM，而是 CRM 的一种进化模式。

社会化客户关系管理的核心思想是：在社交媒体环境下与消费者互动，并通过社交媒体与消费者建立紧密联系，为其提供更快速和周到的个性化服务来吸引和维系更多的消费者。企业可通过 SCRM 进行智能化的社会关系网络管理，鉴别和评估社会化网络中个体消费者的价值和需求，认知和管理个体的社会化网络结构和到达个体的最佳最短路径，选择合适的社交媒体进行适合的交互，最终通过满足个体的个性化需求，实现从潜在消费者到真实消费者的社会关系转变。SCRM 将客户关系管理的中心改变为"个人"，它是社交媒体营销与企业 2.0[①] 的交集。

二、社会化客户关系管理的应用

1. 社会化客户关系管理的应用模型

SCRM 根据企业的实际社会化业务需求延伸出多个应用模型：微细分模型、微生命周

---

① 企业 2.0（Enterprise 2.0）是创新 2.0 时代的企业形态，通过以移动技术、云计算、物联网等为代表的新一代信息技术工具和 SNS 为代表的社会工具的应用，实现用户创新、大众创新、开放创新、协同创新，完成企业形态从生产范式向服务范式的转变。

期模型、微管道模型、微忠诚模型。

微细分模型，即基于人的精细分类方法，可以按价值分类或行为特征分类，如Forrester公司将客户分为：创造者、会话者、评论者、收集者、参与者、围观者和休眠者等七类；另外还有生命周期分类及关系网络分类。微细分是动态的，不是唯一不变的。根据微细分模型的分类情况，企业会采取不同的客户服务与沟通机制。

微生命周期模型，包括人的生命周期模型和话题的生命周期模型两种。社交网络中的人与企业的关系处于不同的生命周期阶段，而每一个话题也有其生命周期阶段，对生命周期曲线进行精准分析并有效地进行延展和激活，可以更好地提升其整体的生命周期价值。

微管道模型，是指从分享、消费者感知、转化兴趣到内部的线索等不同阶段，设计不同业务场景进行话题响应，从而形成一个社交网络与内部CRM系统的业务流程相融合的微管道。

微忠诚模型，是指提供积分、激励、礼品、促销等礼遇。它通过客户和会员的社交网络进行分享和传播，以吸引和推荐更多的社会化网络中的消费者进入企业的微管道，如提供积分、赠送礼品等促销方法。SCRM系统的微忠诚模型，可以不断提升客户的忠诚度，是一种可以让企业通过少量客户实现价值倍增的有效经营模式，从而持续为企业提供增值服务。

2. 社会化客户关系管理的运营体系

社交的主要方式，一个是听，一个是说。听，就是听你关注的人说什么；说，就是对你的粉丝说什么。SCRM关注的是你关注的人的信息和你的粉丝的信息，以及他们说的内容里面的关键字。同时还关注网络的正面和负面信息，即对听的监控以及对说的转化。当我们理解了核心主体和模型后，就可以随机应变，但这种随机应变又需要有一个合理有序的体系来支撑。对企业而言，利用社交媒体进行营销服务的SCRM体系不是只去开几个微信账号、微博账号就万事大吉的。首先，需要建立SCRM的运作内容体系；其次，建立SCRM的组织结构；最后，构建SCRM的相关绩效考核指标。只有这样才能真正建立起有效的社会化客户关系管理体系。

企业SCRM的运作内容体系包括：企业如何进行产品促销和知识的分享；如何倾听客户声音、洞察目标客户群的情绪和线索，做好有效的理解、及时的回应和转化；如何监听关键字，监测品牌、竞争对手的发展状态、趋势等信息；如何处理投诉建议；以及设置合适的激励流程等。

企业SCRM组织结构的建立需要自媒体运营、营销、销售和客服等业务部门共同参与。有的企业还规定各部门都要设置专职的社交媒体运营和服务人员，还会根据自身特点建立社交媒体操作手册。

企业SCRM的相关绩效考核指标包括：整体的微资产指标，营销部分的品牌响应率、

第一节 社会化客户关系管理及其应用

线索转换率，客服部分的响应时间和反馈周期等。比如社会化响应时间和社会化反馈周期，一个是监听和响应的时间，一个是完整的反馈处理周期的时间。它们很考验企业的社会化客户关系管理的基本功。

如果上面的叙述显得有些抽象，那让我们再来看看国内外企业在借助微博和微信进行客户关系管理上的一些实践经验。

微博作为一种弱关系社交媒体，其主要功能是传播分享与信息监听，因此企业在微博运营上往往会遵循以下要点：

（1）分享。分享照片和与业务相关的场景信息。可以披露一点正在进行中的项目或事件的消息，让消费者来获取和分享最新的动态。

（2）听。定期监听自己公司、品牌的产品以及竞争对手的信息。

（3）问。用心提问，收集有价值的观点，同时表明你在倾听。

（4）回应。回应问候和关注，实时反馈。

（5）奖励。及时更新有关特别优惠、折扣和限时购买等信息。

（6）展示更多的领先优势和知识常识。推荐与你的业务相关的带有大图的文章和链接。

（7）拥护你的关系利益者。公开转发和回复你的微博粉丝评论。

（8）选择合适的语气。微博上的消费者往往更喜欢直接、真诚及可爱的语气，所以要考虑微博运营的语气选择。

与微博不同，微信是典型的强关系社交媒体，其主要功能是强化用户关联，企业在微信运营上往往会遵循以下要点：

（1）获取精准粉丝。在微博营销领域中，粉丝是可以花钱购买的，那些买来的"僵尸粉"对企业而言完全没有作用，只是一个数字而已。这个道理同样适用于微信。虽然增加粉丝数量是每一个公众账号运营者的重要任务，也是每个企业所必需的，但什么样的粉丝精准度最高呢？微信营销中有个说法：一千个微信粉丝相当于十万个微博粉丝，因为微信粉丝最大的特点是信任性和私密性，所以企业在做微信运营时，一定不要泛泛地去追求粉丝数量，而是要以精确度为核心。

（2）多发有价值的内容。微信上可以以图片、视频、文本等多种方式来展示内容，但是企业必须保证所展示的信息是对客户而言有价值的内容。

（3）精选有针对性的功能。每一个企业的微信公众账号都相当于这个企业的全能 App，既要能维护客户、培养客户，也要能展示品牌、促进销售、调研市场等。然而，当企业把所有的功能都堆砌到微信公众号上的时候，最难受的肯定是用户。众多复杂的功能会使用户无从下手。因此微信功能设计要有针对性，强调用户思维，以用户需求为中心，最大程度实现与用户的互动，让用户的使用更多出于主动行为。

（4）加强互动。有价值的内容和有针对性的功能都是为了实现更好的用户互动，互动包含两个层面，一是用户与企业或品牌之间的互动，二是用户与用户之间的互动，前者可以不断强化企业品牌与用户的关联，后者则可以在更大信度（强关系特性使得微信相对于其他社交媒体更具有可信度，因为我们会更相信"熟人"）上提升品牌扩散的能力。

（5）强化依赖。微信运营的核心是让粉丝产生依赖性，让微信成为企业品牌与客户保持沟通、建立强关联的渠道。在 CRM 系统中，微信运营是否成功，取决于粉丝依赖性的强弱。

第二节 社交媒体数据的获取与分析

一、传统 CRM 的数据获取

CRM 的基础是对客户数据的记录与使用，传统 CRM 也会存储一定量的消费者数据，主要包括基础信息和消费信息两个部分，基础信息包括消费者的姓名、性别、年龄、手机号、邮箱地址、家庭住址、生日、职业等，这类信息往往是消费者填写的，其有效性和真实性往往得不到及时验证；消费信息则包括积分信息、消费记录、沟通及活动记录几个主要部分，这部分信息是消费者在与企业或品牌发生行为关联的时候由 CRM 系统（人工或自动）记录下来的，其真实性相对有保证。企业市场营销系统会参考这两类数据来策划相关营销传播活动，然而随着市场经济的快速发展，企业市场营销需要的信息种类和信息量不断增加，传统的 CRM 系统中存储的客户信息已经难以为企业营销行为提供准确的辅助了。

为什么传统 CRM 不去记录更多的消费者信息呢？不是 CRM 系统不愿意记录更多，而是因为传统 CRM 的前端能接触到消费者的只有门店会员系统和呼叫服务中心两个主要渠道。缺乏与消费者接触的机会，那又何谈获取更多数据呢？

二、社会化客户关系管理的数据获取

在近年的企业发展历程中，企业对社交媒体的认识与运用有一个转型，越来越多的企业将社交媒体从单一的营销推广渠道转变为数据获取的工具，这也许是企业发展的必行之路，又或许是企业越发体会到消费者及消费者数据是他们业务发展的重要基础。

从图 11-1 可以看出，当前企业经营管理和营销传播行为已经与社交媒体深度融合，相对于传统 CRM，SCRM 的客户触角更加丰富，其获取客户数据的机会也更多。例如，腾讯旗下的营销服务产品"广点通"以及新浪微博旗下的"粉丝通"都可以帮助企业获得大量的用户数据，相对于传统的客户数据种类，基于社交媒体的数据种类十分丰富。以"广点通"为例，其用户数据库中关于一个用户的标签多在 2 000 个以上，甚至可以说，社交媒体的用户数据比用户更加了解自己。

第二节　社交媒体数据的获取与分析

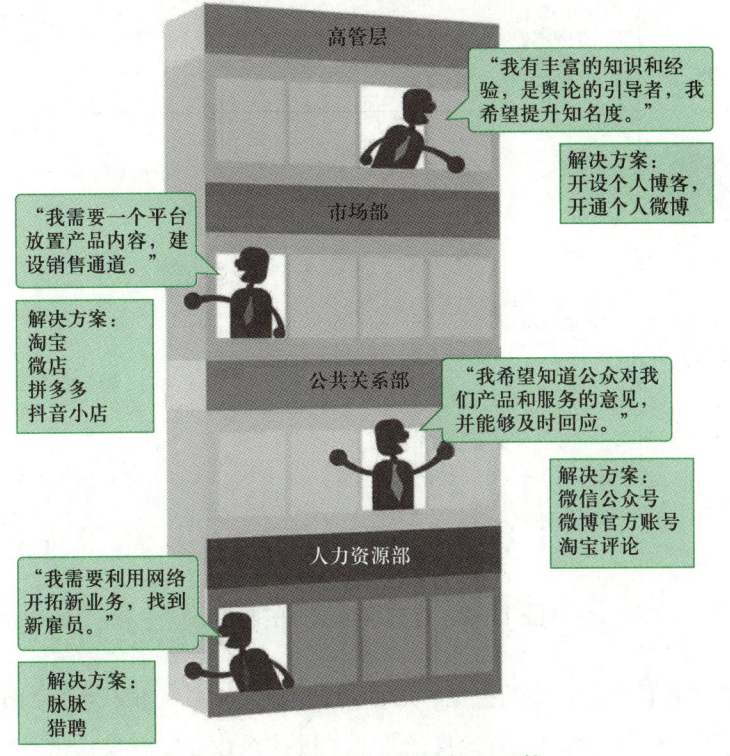

图 11-1　企业社交媒体使用现状

（图中内容：
- 高管层："我有丰富的知识和经验，是舆论的引导者，我希望提升知名度。" 解决方案：开设个人博客，开通个人微博
- 市场部："我需要一个平台放置产品内容，建设销售通道。" 解决方案：淘宝、微店、拼多多、抖音小店
- 公共关系部："我希望知道公众对我们产品和服务的意见，并能够及时回应。" 解决方案：微信公众号、微博官方账号、淘宝评论
- 人力资源部："我需要利用网络开拓新业务，找到新雇员。" 解决方案：脉脉、猎聘）

具体来说，新浪微博与微信各有特色。微博平台具有更强的媒体属性，强弱关系的交织产生强大的扩散力和影响力，此外它还有相对丰富的用户基础数据，包括个人基础信息、更多的内容分享信息、好友关系信息等都可以让企业更多地了解一个用户或消费者的全貌。但优势与劣势总是相对的，在点对点的沟通方面微信就有了明显优势。无论是每日一条的定向推送还是即时的人机对话，微信都可以让企业在一来一往中了解用户或消费者更多业务需求与消费特征。微博与微信可以互补，企业可以一方面充分利用微博来进行用户特征数据的获取以及传播领域中舆论方向的把控，另一方面利用微信了解消费者对品牌或某一产品的特殊需求，然后将两者的数据进行关联就可以形成一个基于社交媒体的相对完整的用户画像（见图 11-2）。

社交媒体带来的庞大客户数据也并非万能的，SCRM 在获取社交媒体中客户数据时还要学会识别需要忽视的数据，从数据中发掘目标客户真正的需求。数据分析公司 Quantifind 的联合创始人阿里·塔奇曼曾表示，社交媒体上的多半信息是垃圾信息，包括自动生成的推广信息、新闻头条、转发信息和其他无法看出消费意愿的无用信息等。但是，大部分无用信息被卖给企业，成为企业营销的决策依据，这就大大稀释了企业的营销效果。实际上，真正的客户往往通过其独特的方式表达自己的意愿。例如，仅仅为电影预告片点赞的用户不见得到电影院观赏电影，而主动提到电影名或主演等相关名称的用户则更可能去影院观看电影。在现实生活和社交媒体中，客户的抱怨也存在差别。

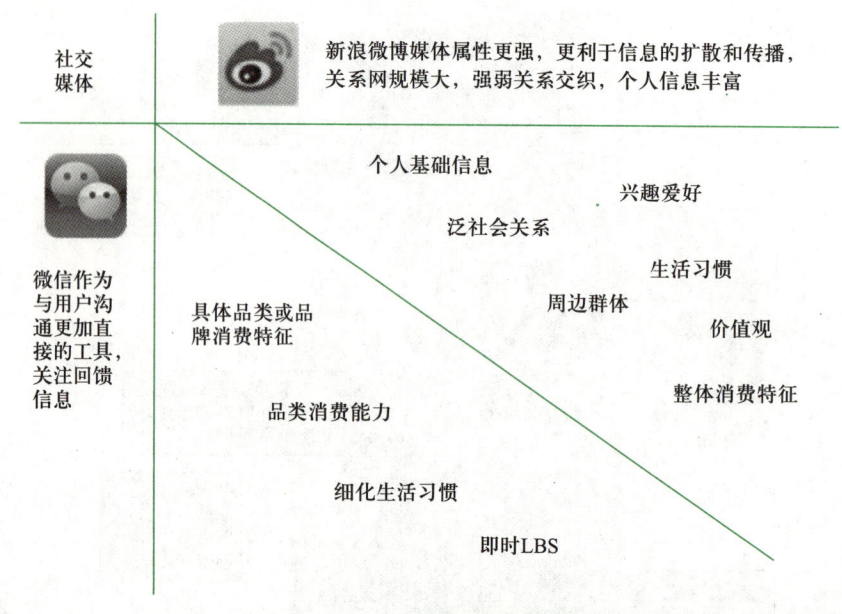

图 11-2 社交媒体数据的整合[①]

社交媒体提供的海量、无序的数据一方面降低了 CRM 系统获取客户数据的难度，另一方面也增加了 CRM 系统甄别数据有效性的难度，因此企业在实际操作过程中一定要将这些数据进行有目的的选择利用。

三、社会化媒体数据的分析

社会化媒体数据分析的核心是社交媒体用户与消费者之间的关联问题。出于用户隐私保护等原因各社交媒体平台都不能开放用户注册的基础信息，这也使得线上与线下、虚拟与现实之间的关系无法建立。曾经听到太多的企业说，在社交媒体上的巨大投入带来的线上繁荣与现实销售的冷淡形成鲜明的对比，也有企业说各社交媒体平台之间的相互封闭使得他们只能跟随热点而不知道自身努力的重点在哪里。因此社交媒体数据分析的重点之一就是关系的建立，或者说利用具有唯一性的条件进行数据逻辑的建立，在这个前提下，企业做的一切都要围绕着消费者沟通与服务展开。同时社交媒体数据与传统 CRM 数据也要实现对接。目前大部分 CRM 数据中多以消费者的历史消费记录为主，那么即使社交媒体中有一些关于同一个消费者特征的画像数据也会存在着两个数据之间缺乏必要逻辑关系而无法运用的窘境。举个例子：某化妆品品牌详细记录了宋小姐近三年的消费记录，通过社交媒体品牌又了解到宋小姐毕业于名牌高校，目前有一份稳定的工作，收入也不错，刚刚结婚，热爱艺术，平时喜欢养多肉植物和吃零食。那么这些个人特征与她购买化妆品之间有多少

---

① 图片来源：沃玛传播官网。

逻辑关系呢？无奈很多企业可能先做的就是将这些数据储存起来，等待商业智能尤其是数据挖掘和分析技术的发展。可见，社交媒体数据也不是越多越好，具有一定的逻辑性和可计算性更重要。

在不久的将来，包括社交媒体在内的新媒体所产生的数据势必会加速企业社会化商业的发展进程，在这一过程中，企业可以做好以下几件事情：

（1）重新定位新媒体尤其是社交媒体的策略，将社会化的概念引入市场、客户服务甚至销售管理等多条业务线中，以此带动企业整体的转型。

（2）重新设计或优化新媒体团队在组织架构中的位置，以及考核机制等。例如强化客户服务中心的新媒体应用职能，将用户身份识别作为一项重要工作。

（3）尽快升级或完善现有内部业务管理系统，社会化商业的重点之一就是业务系统社会化，否则，企业如何对接海量的新数据呢？

（4）创意、营销、活动执行这些绚丽的前端少不了后台业务系统的支持，不要让美丽永远停留在刹那，要将价值留存才可以创造更多的价值。

对于企业来讲，社交媒体的用户及其数据的确有很强的吸引力，但如何高效吸收和利用这些数据值得我们深思。在未来的大数据时代，一个大的业务架构，其决胜的关键是个人数据、交互数据、价值数据的完美整合。

第三节　基于社交媒体的 SCRM 策略

通过社交媒体展开社会化客户关系管理，其关键是在社交媒体上与客户建立关系，然后是根据大数据对客户进行画像，并有针对性地为客户提供服务，并在互动中有效地进行品牌传播，使客户成为品牌粉丝，最终实现企业建构和维护私域粉丝群体，并将粉丝转化为消费者的目的。为此，基于社交媒体的 SCRM 策略主要体现为如下两大方面：

一、利用社交媒体与消费者建立黏性关系

黏性关系指的是企业或品牌的新媒体平台或账号不仅能有效获得消费者最初的关注，吸引消费者经常性光顾，而且能与消费者保持较高频次的互动，使其形成实质性的品牌消费且持续与之保持良好关系。

虽然微博、微信等社交媒体为企业提供了诸多的便利，但企业要想真正与消费者建立黏性关系，还需要搞清楚：用户在想什么？他为什么会登录你的媒体终端？他在你的社交媒体上关注些什么？停留时做些什么？他做这些得到了哪些好处？他是什么样的人？……总之，企业必须把握住这些问题的答案，才有望与众多的、不同类别的消费者建立黏性关

系。大数据可帮助企业对目标消费者群体信息进行搜集,并将消费者的数据进行分组乃至个性化的界定,形成自定义画像。如此,企业便可通过社交媒体逐一与消费者建立关系。在下面这张流程图中,我们可以看到,消费者关系建立乃是 SCRM 中的关键与核心(见图 11-3)。

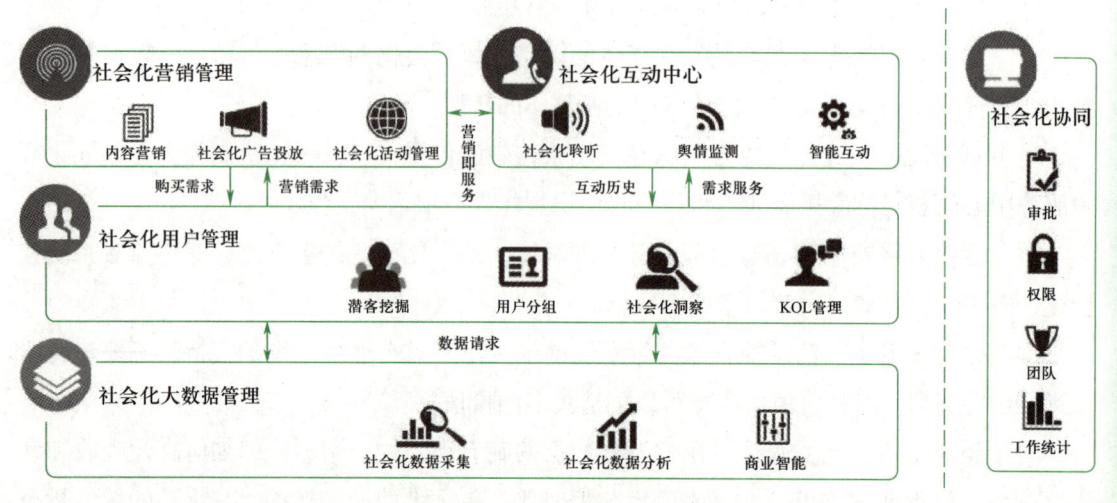

图 11-3 SCRM 的流程图

实际上,企业能与消费者建立关系,尤其是黏性关系,须确切地认识到能给予消费者多少利益。因为,企业与品牌只有通过利益价值的创造与供给,自身才能在市场中立足与生存,消费者才能回报以肯定与信任。在现代市场环境下,企业或品牌的产品一般来说多多少少存在同质化的问题,更需要挖掘自身差异化的利益价值,形成相对优势,再通过社交媒体在内的新媒体平台予以传播与展示,如此才有望与消费者建立黏性关系。

提供价格优惠是企业与品牌经常使用的活动方式。例如,拼多多通过用户基数庞大的微信社交媒体平台,推出"助力享免单""砍价免费拿""一分抽好礼"等优惠活动,促进消费者主动在熟人、朋友圈等私域流量池中转发、分享拼多多的活动信息,形成裂变营销,快速与消费者建立黏性关系。

黏性关系是需要维护的,即在送出实惠、引发关注、建立最初关系后,企业还需要继续推出各种品牌活动或促销活动,消费者才会持续关注并随时发生购买行为。仍以拼多多为例,它注重持续打造社交购物圈并建立私域流量,"拼小圈"功能借助手机通讯录好友,使得用户可以看见好友所购买的商品并可以进行评价,从而实现精准的社交裂变,最终达到激发用户的分享欲和购物欲的目的;"多多牧场""多多果园"等社交小游戏,兼具趣味性的同时将用户牢牢绑定,不断刺激用户的消费行为;"百亿补贴"活动吸引品牌商家入驻,淘汰低劣产品,提高平台公信力。拼多多在获得良好的销售业绩的同时,继续维护、扩展着与消费者的黏性关系(见图 11-4)。

第三节 基于社交媒体的 SCRM 策略

图 11-4 拼多多的"拼小圈""多多牧场"活动界面

显然,企业要与消费者建立黏性关系,就需要通过社交媒体不间断地进行出让利益的"社交",不断给消费者提供便利与实惠。此策略的执行,需要注意的关键点为:

(1)真正洞察消费者的身份、所需、所思、所行,以此完善消费者的用户画像,掌握他们的个人标签。

(2)建立企业自身产品的竞争力和品牌的核心理念,掌握可提供给消费者的实际利益的尺度。

(3)系统、严谨地计算能对用户有利及其自身乐于承受的价格范围,当用户享受到实惠,才可能与企业建立黏性关系。

(4)统筹性、系统性地给予用户福利,否则,会造成企业无法持续满足用户的期待;也可能造成营销策略的泄露,被竞争对手模仿与超越;员工也容易缺乏持续与用户保持关系的热情。

对于大多数消费者来说,社交媒体是其与好友和家人保持通信、获取信息、放松娱乐的方式,但如今它也成为消费者与企业品牌进行交互的工具。企业需以公开、诚实和主动的态度与用户沟通,了解他们最看重什么,并给他们提供实际好处,宣传企业品牌,吸引消费者关注企业及其产品。如果消费者认为有益处,感觉到他们能够信任企业,并且社交媒体是能够确保他们获得所需价值的正确渠道,他们才愿意与企业交互,这种价值的形式可能是优惠券或特定的信息等。通过社交媒体与企业保持交互沟通能催生消费者的归属感,使他们在与品牌的互动中不知不觉成为品牌拥护者。

二、针对具体客户体验展开品牌传播

在立足于社交媒体的 SCRM 中，与客户建立长期的黏性关系最为关键，但其前提则是能够给每个不同的客户提供有针对性的优质消费体验，并在富有吸引力的体验中潜移默化地进行品牌传播。因此，企业与品牌的社交媒体需能够有效聚合品牌的各类活动信息，将自身的产品信息、品牌口碑信息以及品牌文化信息进行整合并呈现，并与用户共同形成品牌社区，以此对粉丝或泛用户进行数据管理，创设兴趣，互动对话。

如"小米"，这是一家专注于智能硬件和电子产品研发的移动互联网企业，同时也是一家专注于智能手机、互联网电视及智能家居生态链建设的创新型科技企业。2010 年创始人雷军建立了小米公司，2011 年即正式发布小米手机，此后"小米"一路高速成长。小米手机成为与苹果、三星、华为等量齐观的一线品牌。细叙小米的辉煌历程，其"社区 + 社会化媒体营销"模式必然是浓墨重彩的一笔。根据小米最新财报，截至 2022 年 3 月，全球的 MIUI 月活跃用户已达 5.29 亿。小米社区（见图 11-5）已经成为小米用户的主要聚集地，聚集了超过 6 000 万的"米粉"（品牌粉丝的特有称呼），同时也成为小米营销的巨大的私域流量池，其很好地满足了"米粉"们的深度体验需求，也有效地传播了小米品牌。同时，小米的各类社交媒体，如网上商城、App、官方微博、官方微信公众号也在不断提升舆论关注度和互动营销热度。

图 11-5 "小米社区"的界面截图

第三节 基于社交媒体的 SCRM 策略

官方社交媒体平台快速跟进，增强新品流量曝光，小米社区则负责维持用户黏性，发起相关产品话题，激活用户参与感和口碑裂变传播。"社区＋社会化媒体营销"这个线上组合牌一次又一次形成了敏捷高效的传播合力，将小米推向一个又一个的品牌传播高潮。

小米是社区营销的先行者，是最早成功构筑粉丝经济的互联网品牌，是最早提出爆品策略和饥饿营销的集大成者，也是 D2C（Direct to Customer，直接面向消费者）品牌国内的早期实践者。小米的成功充分验证了用户参与能够做出好产品，好产品通过用户的口碑能够被传播。

SCRM 得以展开的基础是承认社交媒体能够自由地进行企业或品牌信息的人性化聚合，且能够真切地从消费者角度出发提供直观、生动、人性化的即时体验。如网易云音乐经过 8 年的蜕变，从单纯工具属性的播放器进化成了涵盖个性化推荐、乐评、动态、音乐日志（Mlog）、一起听等社交功能于一体的移动音乐社区。它针对用户的内容偏好，为用户发送"每日推荐"歌单，满足用户个性化的需求。每日无形的陪伴，培养了巨大的私域流量池。网易云音乐一直以来依托歌单、乐评、云村板块等独特的功能构建起国内最大的音乐社区，在这里听歌的人可能有更强的归属感。2016 年，网易云音乐的用户年终报告引爆网络，大量粉丝流量涌入平台。网易云音乐此后每年都根据用户的听歌频次、听歌的时间、喜爱的风格等数据，计算出用户当年听歌的情况，包括当年最爱的歌手、单曲循环最多的歌曲、最常听歌的时段等，将用户的情绪价值作为切入点，从用户的需求出发，塑造了网易云音乐品牌的情绪价值，获取了粉丝对品牌的忠诚度。

企业在通过社交媒体提供直观、生动、人性化的即时体验，进行品牌聚合传播时，须做到如下三点：

1. 从客户多元化需求角度人性化地创设社交媒体体验

客户是有着多元化需求的，通过观察、调查和大数据挖掘分析，企业与品牌的自媒体管理人员应该能认识到，客户需要了解产品信息，需要有趣味的品牌体验，需要获得成功的微妙喜悦，需要直观获取同类客户的评价、态度等信息。由此，企业的社交媒体就要进行人性化的设计，如对商品信息中的独一无二之处的直观呈现、品牌体验的有奖游戏等，以展示对客户的尊重。总而言之，在社交媒体上不能简单地将客户视作只知道获得小利益的"经济人"，而应考虑到客户是具有七情六欲的"社会人"，要将客户看成自己的朋友，从客户的需求出发，个性化地创设社交媒体体验，将客户培养为粉丝，再从粉丝转变为消费者。

2. 从体验接触点出发设计简便的互动选项

SCRM 管理者需明白客户之所以进入你的管理范围，是因为他在社交媒体上与企业、品牌有了最初的体验接触。由此，你就有必要从客户最初的体验接触点出发，千方百计地引导客户一步步走向深度体验，成为你私域流量池的一员。如引导客户了解产品知识、引导客户下载客户端、引导客户对商品进行点评、引导客户获得折扣优惠、引导客户下单后的正面评价、引导客户进行分享与推广。但这些接触点的顺势引导需要设置简单、明白、醒目的互动选项按钮，需要让消费者感受到趣味性以及价值利益，否则消费者只需尝试几下就可能弃你而去。

3. 自然、巧妙、适度地进行品牌信息植入

一般来说，品牌信息植入总是作为特定情境的必需品而自然进入电影、电视剧、游戏、文艺晚会的情节中，并被视作植入广告。其实，在企业与品牌的社交媒体中，有效的品牌管理或客户关系管理，其实就是对品牌信息的管理、对品牌信息植入客户体验的管理。也就是说，在一个品牌信息杂乱堆砌的新媒体空间，客户不仅形成不了优质体验，而且会产生厌烦情绪。因此，在客户体验情境中，品牌信息植入也应是有限的、控制频度的，且植入的方式也需要做到自然、巧妙，可以是抢红包、悬赏参赛、点评抽奖、生日有礼、开发参与、赠品派送等优惠活动，也可以是软广告的形式。"润物细无声"的形式与内容，既彰显品牌内核，又能吸引消费者购买，若能在这些操作中更细致地考虑客户的感受，往往会产生更佳的效果。

实践部分

1. **复习思考题**
   - 社会化客户关系与社交媒体的关系是什么？
   - Social CRM 是一种全新的技术吗？
   - Social CRM 是一门完全陌生的新学问吗？
   - Social CRM 是一种特定的概念吗？
   - Social CRM 的应用范围是什么？

2. **案例讨论**

企业微信的 SCRM

2020 年是企业微信营销的爆发元年，截至 2020 年 12 月，已经有 4 亿微信用户被企业微信触达和服务，与 2019 年 12 月的 6 000 万用户相比，仅一年时间，用户增长达近 7 倍。根据腾讯公布的 2021 年第三季度财报，微信及 WeChat 的月活跃合并账户达到 12.6 亿，微信小程序及微信公众号的广告收入也显著增加。随着企业微信的通信功能与微信小程序不断被打通，在弹窗广告、开屏广告等被整治的趋势下，微信小程序及微信公众号作为腾讯的白留地，商业价值可能会被无限放大。

在此背景下，与抖音的爆款推荐规则、淘宝的流量购买规则、微博的热度推荐规则、快手的流量分配中心化规则不同，微信靠用户的社交关系来分配流量，天然的"以客户为中心"，很适合运用 SCRM 技术，以此激发高效的推荐和转化场景，给中小商家更多主动权和控制力，高效精准地对接用户，并将其转化为消费者。

企业微信 SCRM 能通过全方位的用户数据分析，积累用户画像，对用户进行分层建群、标签化管理、会员全周期管理，针对性地提供个性化服务，使用户运营精细化，增强用户黏性和信任度，从而带来高复购率。目前，企业微信生态下的 SCRM 系统是行业内最为常见的一种客户关系管理模式。

企业微信不断的社群扩容以及技术更新，给了第三方技术服务商更大的发展空间和机会，让企业主能够继续在企业微信的基础上深化各项客户关系运营功能，不断帮助企业实现引流获客、有效传播、高效转化、高质量留存等，为企业客户关系管理提供优质服务。

结合上述材料，说明企业如何运用 SCRM 实现客户忠诚战略。

3. 讨论话题

（1）实施客户关系管理已成为商务活动中一个非常重要而又核心的问题，也是商业活动成功的关键。你认为实施客户关系管理能否有效解决我国企业目前面临的客户关系"私有化程度高"的问题？

（2）某企业的 SCRM 系统投入运行一年了，企业领导认为它并未给企业带来利润的大幅度增长。你如何看待这一问题？如何全面分析企业 SCRM 效益？

第十二章　品牌新媒体危机管理

导入部分

1. 学习要点
- 认知品牌新媒体危机的内涵和特点
- 品牌新媒体危机管理的流程与原则
- 了解正源式品牌危机的内涵
- 掌握正源式品牌危机管理的应对策略
- 洞悉改进式品牌危机的内涵
- 掌握改进式品牌危机管理的应对策略

2. 学习要求

结合自身接触新媒体与品牌危机管理的经验，总体上了解品牌新媒体危机的内涵和特点，把握品牌新媒体危机的处理流程与原则，尤其需要认知正源式品牌危机管理和改进式品牌危机管理的区别。

3. 关键词

新媒体　危机管理　正源式品牌危机　改进式品牌危机

4. 先导案例

2019年4月，奔驰汽车就因为一起消费者维权事件频上热搜，品牌声誉受到严重损害。这是发生在西安奔驰某家4S店的事件，一名女车主按揭购买一款66万元的奔驰轿车，首付22万元现金，在提车前5分钟发现汽车漏油故障。经双方协商，4S店初始承诺退款，发展至换车不退款，后又出尔反尔，最终给出的解决方案为更换发动机。女车主不满4S店店大欺客的做法，直接在4S店的奔驰车上哭诉维权，而这一维权行为刚好被其他人拍摄下来并上传至短视频平台上。一时间事件迅速发酵，在互联网上被疯狂传播。最后，这一事件不仅让当地工商局介入其中，也在很大程度上影响了奔驰的品牌形象，其快速的发酵让奔驰在应对此次公关危机时手足无措。

对于这次奔驰的危机，你从新媒体危机管理的角度是如何看待的呢？

第一节　品牌新媒体危机及其特点

一、品牌新媒体危机的内涵

1. "危机"的概念

危机的概念可追溯到古希腊时代，"危机"这个词在古希腊文中为"crimein"，其意思为"决定"。由此，我们可以将"危机"理解为决定性的一刻，是一件事的转机与恶化的分水岭，是一段极不稳定的事件和一种极不稳定的情况，迫切需要做出决定性的变革。[①] 危机总是伴随在我们日常生活的左右，无论是社会个体还是社会组织都可能遭遇危机。商业活动与日常生活有些相似：危机就像普通的感冒病毒一样，种类繁多，无法一一列举。

那么，究竟何谓"危机"呢？国内很多专家学者对"危机"进行了界定。

刘刚认为："危机是一种对组织基本目标的实现构成威胁、要求组织必须在极短的时间内作出关键性决策和进行紧急回应的突发性事件。"[②]

胡百精认为："危机是由组织外部环境变化或内部管理不善造成的可能破坏正常秩序、规范和目标，要求组织在短时间内作出决策，调动各种资源，加强沟通管理的一种威胁性情势或状态。"[③]

以上举例从各个角度对"危机"进行界定。本书从宏观的社会学意义出发，认为危机是指当一个社会组织在其发展的过程中，由于内部和外部的变化因素的影响，造成该组织处于一种非正常的发展状态。

2. 品牌危机

"品牌危机"即品牌陷入一种危机状态。我们生活在一个品牌经济时代，购买的不再仅仅是生存基本所需，而是暗含各种意义的符号——这些符号实际上就表现为品牌。一个品牌要维持良好的运作发展状态，需要与该品牌的相关利益者建立并维持良好的关系。但是，每年都会有一些品牌因为各种内外因素的影响而遭遇危机。

那么，何谓"品牌危机"呢？根据现有的文献检索情况来看，国外的相关研究中鲜见专门的"品牌危机"研究，因此还找不到确切的对"品牌危机"的定义。但美国学者威廉·比诺特在其"形象修复理论"中曾指出：个人或组织最重要的资产是它的声誉与公众形象，且需在战略层面予以维护；而一旦发生危机，则形象修复需采取五大策略——矢口

---

① 罗子明、张慧子编著：《新媒体时代的危机公关：品牌风险管理及案例分析》，清华大学出版社2013年版，第12页。
② 刘刚：《危机管理》，中国经济出版社2004年版，第3页。
③ 胡百精：《危机传播管理——流派、范式与路径》，中国人民大学出版社2009年版，第9页。

否认、逃避责任、降低攻势、纠正错误、自我约束（寻求宽恕）。这里的"形象修复"就具有品牌危机管理的意味。

相对于国外，国内已有相当多的有关"品牌危机"的研究。早在1997年，杨林就发表过一篇专门研究品牌危机的文章，即《我国企业在合资中的品牌危机及其对策》。2002年，吴狄亚、卢冰首次提出"品牌危机"的定义："品牌危机指的是由于企业外部环境的突变和品牌运营或营销管理的失常，而对品牌整体形象造成不良影响并在很短时间内波及到社会公众，使企业品牌乃至企业本身信誉大为减损，甚至危及企业生存的窘困状态。"[①]

刘怀宇、韩福荣认为："品牌危机实质上是品牌或其所代表的企业和消费者之间的信任、感情和利益关系的危机。"[②]

余明阳、刘春章认为："品牌危机是品牌联想发生改变、品牌关系迅速恶化的状态。品牌危机是产品危机，是形象危机，是信任危机，是公共关系危机，是市场危机，是信誉危机。"[③]

郑彬、卫海英将品牌危机界定为真实的或者虚假的品牌负面信息，这些信息会影响品牌形象，降低消费者对品牌的信任，最终对品牌造成伤害。[④]

本书认为，所谓品牌危机，是指一个品牌在其发展过程中，内部和外部的各种因素对该品牌的形象和价值产生威胁性和不利性影响，导致该品牌的发展处于一种非正常的状态。

3. 品牌新媒体危机

本书中，品牌新媒体危机指的是鲜明体现于新媒体，并通过新媒体而迅速发酵的品牌危机状况。我们可以对品牌新媒体危机内涵进行如下揭示：一个品牌在其发展过程中，由于内部和外部的各种因素的影响，某种危机首先或主要通过新媒体爆发与呈现，并在各类信息实时互动的网络连接终端得到变异性传播与扩散，对该品牌的形象和价值产生威胁性和不利性影响的一种状态。

二、品牌新媒体危机的特点

新媒体具有鲜明的信息传播特点，一方面能为企业的发展带来机遇，为企业形象宣传提供广阔的平台，为其产品销售开拓市场，但另一方面新媒体也会为企业危机的发生推波助澜，给危机管理带来前所未有的压力和挑战。

1. 网络空间，波及面大

在新媒体环境下，监督品牌的群体集合大大增加，不只限于传统媒体，每一个公民都

---

① 吴狄亚、卢冰：《企业品牌危机防范》，《经营管理者》2002年第2期。
② 刘怀宇、韩福荣：《品牌危机公关策略分析》，《商场现代化》2005年第22期。
③ 余明阳、刘春章：《品牌危机管理》，武汉大学出版社2008年版，第53—55页。
④ 郑彬、卫海英：《品牌危机的内涵、分类及应对策略研究》，《现代管理科学》2011年第2期。

可以通过新媒体行使自己的话语权，行使对品牌的监督权，因此品牌在经营、制度、管理、安全、竞争方面的各个细节一旦出现问题，就有被曝光的可能性，这就导致品牌危机波及的范围甚大。新媒体传播覆盖的广泛性使得危机信息会通过手机、网络等迅速传递给所有的利益相关者；在地域上更是没有界限，越来越多的危机事件一爆发随即扩散到全国乃至全球。[①]

2. 实时扩散，应对困难

发达的网络和便利的手机终端为人们发布消息提供了有力的技术支持，品牌发生的任何状况都有可能在第一时间被公布。危机的爆发本来就有不可预测性和紧急性，而新媒体的信息传播速度往往使危机信息一夜之间尽人皆知，特别是著名品牌或影响重大的危机事件，往往在品牌还没反应过来时就极速爆发扩散，使品牌应对起来困难重重。

3. 雪崩效应，危害强烈

新媒体传播信息之快、之全面使企业危机带来的负面影响在时空上占据"优势"，而这一"优势"为负面影响的深度扩展打下基础。由于网友的自由言论、网络编辑编译的主观想象、善意或恶意的"以讹传讹"使得企业危机的影响力度越来越深。[②]新媒体传播造成的危机可能性增加、危机规模的扩大以及危机反应时间的减少，会直接造成危机破坏性的增强。在新媒体环境下，每一个人都可以发表对事件的看法和观点，同时，新媒体的匿名性往往使建设性、事实性的意见掩盖在破坏性的意见之中，从而使危机在无人负责和不可控制的传播过程中迅速升级演变，给品牌造成不可挽回的沉重损失。

4. 长尾效应，危机迭代

新媒体时代出现了大量"长尾"新闻。任何信息在新媒体上都会留有痕迹，在相关微小的因素刺激下，一些过往发生的危机事件很容易被大众唤醒，形成二次或多次的危机迭代。

第二节 品牌新媒体危机管理流程与原则

一、品牌新媒体危机管理流程

把握品牌新媒体危机的管理流程需要对目前影响甚广的有关危机阶段的认识与理论模型予以了解。

目前，主要的危机阶段认识理论有斯蒂文·芬克的"四阶段模型"与奥古斯丁的"六

[①] 张丽莲：《新媒体时代的企业危机管理策略》，《中外企业家》2009 年第 6 期。
[②] 路正佳：《新媒体环境下企业危机管理》，《电子商务》2012 年第 7 期。

阶段模型"。斯蒂文·芬克的四阶段模型于1986年提出,四个阶段主要为:第一个阶段是危机潜伏期。这个阶段是危机处理最容易的时期,但这个阶段的危机最不易为人所知。所以,决策者应树立危机警觉意识,要有一种"危机悄然隐现于地平线"的意识,尽早察觉危机可能发生的"警告标志",多想一想"万一哪里出现差错该怎么办"的问题。第二个阶段是危机突发期。这是四个阶段中时间最短但利益相关者感觉最长的阶段,也是对人们心理造成最严重冲击的时期。此阶段的特征是事件的急速发展和严峻态势的出现。危机管理者在此阶段面临的最大威胁就是危机信息的雪崩式传播速度和巨大的破坏力。危机突发期有四个典型特征:(1)在强度上事态逐渐升级,由不为人所知到引起公众广泛注意;(2)事态引起越来越多媒体的注意;(3)事态扩大,逐渐干扰到组织正常的活动;(4)事态影响了组织的正面形象和团队声誉。第三个阶段是危机蔓延期。这是四个阶段中时间较长的一个阶段,但是如果危机管理得力,将会大大缩短这一阶段的时间。此阶段主要是采取措施,纠正危机突发期造成的损害。这也是危机之后的恢复时期,但是决策者要勇于"自我怀疑"和"自我分析",认真分析危机产生的深层原因,是外部因素导致危机,还是因为内部功能失效而导致危机。一个组织有无危机管理计划,很大程度上影响危机平复时间的长短。第四个阶段是危机解决阶段。此时,组织从危机影响中完全解脱出来,但是仍要保持高度警惕,因为危机仍会去而复来。芬克的危机阶段分析理论的优点在于它提供了一个综合性的循环往复的危机管理全过程。尽管芬克所提的几个阶段缺少详尽的细节,而且失之于直线型的决定论,但是他的模式还是提供了一个完整的危机考察过程,从危机的起源、发展、突变,直到解决。[①]

而奥古斯丁的模型则将危机传播和处理过程划分为六个阶段:第一个阶段是危机的避免。危机的避免即预防危机的发生,这个阶段往往被许多企业忽视。在这个阶段,管理者必须竭力减少风险;对于无法避免的风险,必须建立恰当的危机管理应对机制。第二个阶段是应对危机的准备。企业必须为应对危机做好各方面的准备,建立危机应对系统,保证危机发生时能从系统各个环节进行危机应对,从而增强企业对危机的抵抗力。第三个阶段是危机的确认,即企业面对突如其来的威胁需进行正确辨别,在掌握充分证据的基础上确认危机的发生,以及危机的起因与类别。第四个阶段为危机的控制,即针对危机的性质、规模、起因、对当下的影响,以及可能引发的后果立即进行相应的控制,以免危机迅速蔓延。第五个阶段是危机的解决。根据危机发生的原因,实施针对性强的危机解决对策。危机不等人,在这一阶段,速度至关重要。第六个阶段是从危机中获利,即针对危机处理的过程总结经验和教训。[②]

上述的危机四阶段论与六阶段论各有优劣,如前者主要的视角是理论化的,显得客

[①] 罗子明、张慧子编著:《新媒体时代的危机公关:品牌风险管理及案例分析》,清华大学出版社2013年版,第43—44页。

[②] 周永生编著:《现代企业危机管理》,复旦大学出版社2007年版,第13—15页。

观而概括；而后者则采用了管理者的视角，显得富有操作性，而理论性相应弱些。由于本书是从新媒体广告角度来审视品牌的危机传播管理，因此，我们更多地借鉴后者，但更突出地结合新媒体来审视品牌危机管理。由此，我们提出品牌新媒体危机管理流程五阶段模型。

1. 危机预防与警示

针对品牌危机的各种可能性，以及新媒体环境下危机爆发与蔓延的规律，制订危机预防与警示体系，其中包括：本行业与本企业危机高发环节分析与认知、危机爆发的分类与级别认知、新媒体危机爆发及扩散的各种表现、对于各类危机的预防措施、危机检查与警示制度、责任部门与责任人的责任制度、全员的危机意识与预防警示文化等。

2. 危机确认与控制

针对新媒体环境中萌发的各类危机信息，需进行防微杜渐式的关注与甄别，进行相应的信息管理，尤其是对于危机前兆性的信息，应予以高度重视与多方求证；准确、及时地做出危机确认的判断；在此基础上采取各种预案措施，对危机进行控制。控制的办法有：与当事人进行及时沟通、富有礼貌而有弹性的道歉、采取得当的控制消息扩散的措施、启动企业内部的危机处理机制等。

3. 危机调查与矫正

危机的征兆一旦出现，往往已在新媒体上产生负面影响，那么企业在进行控制的基础上，应尽快切实调查、求取真相；因为礼貌而有弹性的道歉，以及危机早期的控制措施，往往时效性很短，如果没有及时的真相告知与务实的危机对策，企业往往会陷入被动。因此，需针对危机征兆与表现，迅速启动危机调查，获得危机发生的客观事实与原因，并根据危机性质，迅速采取危机矫正的措施。如此，才可能为危机的管理奠定基础。

4. 危机善后与传播

在危机真相已经查明、危机矫正对策已经制定出来之后，企业需迅速调动人力与物力来进行危机的善后处理，即把真诚的危机处理对策真正转化为务实的行动，并让当事人能立即感受到企业危机处理的诚意，并得到对自身损失的补偿。这样才能奠定危机处理与正向传播的事实基础。随后，需进行危机善后处理基础上的正向传播。传播的媒体策略需合理而得当，即根据危机波及面采取相应的媒体策略。如果可以巧妙利用企业自身的新媒体，或借助相应的新媒体进行传播，则往往事半功倍。

5. 危机训诫与借势

在危机进行善后处理并进行正向传播之后，一般品牌的新媒体危机往往得到了有效的处理，当事人甚至会将原先以投诉为目的的负面传播，转化为对于危机处理满意的正向传播。而这恰是危机处理出现的正向"机遇"。为此，企业需及时总结经验，形成危机管理的训诫机制，一方面提升企业的危机预警水平，另一方面则利用此机遇，采取借势性的正向品牌传播，如告知企业产品质量、营销管理、客户服务的升级。正如《兵经百篇》所言："目前为机，转瞬为机；乘之为机，失之无机。"如此，则可让更多的客户加深对品牌的正向认知，获得"化危为机"的品牌传播正向效应（见图12-1）。

危机预防与警示 → 危机确认与控制 → 危机调查与矫正 → 危机善后与传播 → 危机训诫与借势

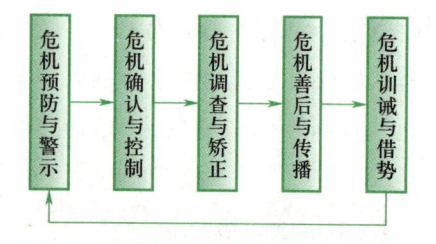

图 12-1　品牌新媒体危机管理流程五阶段

二、品牌新媒体危机管理原则

品牌危机管理原则比较著名的有 3T 原则和 5S 原则：英国危机管理专家里杰斯特提出的"3T 原则"，即"Tell your own tale, Tell it fast, Tell it all"，可翻译为主动性、及时性、真实性三原则。我国危机管理专家游昌乔提出的"5S 原则"，即承担责任原则（shouldering the matter）、真诚沟通原则（sincerity）、速度第一原则（speed）、系统运行原则（system）和权威证实原则（standard）。

本书则结合品牌新媒体危机管理的特点，提出如下四项基本原则。

1. 及时主动原则

一旦确定危机发生，要第一时间利用自有新媒体发布企业正视危机、积极主动处理危机的表态信息。否则，稍一迟缓就会有多种多样的猜测与谣言产生，酿成难以处理的态势。也就是说，危机处理时组织切勿采用"鸵鸟政策"，而应牢牢掌握信息发布的主动权。其信息的发布地、发布人都要是企业权威的自媒体，以此来增加信息的保真度，从而引导舆论，避免发生信息真空。为了保证对外宣传的高度一致性并且主动引导舆论，危机的处理必须坚持"一个声音、一个观点"，以正视听，掌握危机处理的主动性。比如 2017 年 8 月 25 日上午，《法制晚报》发表了《记者历时 4 个月暗访海底捞：老鼠爬进食品柜，火锅漏勺掏下水道》的报道，引起了巨大的社会舆论。此后，凤凰网、北青网、网易等十几家媒体都相继转载发布了关于"海底捞食品安全问题"的文章。2017 年 8 月 25 日下午，海底捞发布了《关于海底捞火锅北京劲松店、太阳宫店事件的致歉信》，因为反应迅速、道歉态度诚恳而平息了不少消费者的怒火。"老鼠门"事件发生三个小时后，海底捞的公关部门作出了相应通告，承认企业内部管理不当，提出了相关整改措施等，迅速挽回颓势，舆论导向就发生了变化，海底捞的支持率不断回升。很多消费者留意到海底捞在此次危机事件中并未在传统媒体上进行大肆地事件澄清与道歉声明，只是简单地利用了网络沟通的方式便获得了消费者的谅解。多数消费者也并没有因媒体的曝光而采取任何抵制海底捞的活动，相反海底捞成功地将危机事件转化为对自身品牌的宣传与形象塑造。

2. 秉实担责原则

即秉着实事求是精神，对于危机的事实合理承担责任。首先，需经过调查，向社会提供全部事实情况；其次，信息发布应全面、真实，对公众如实相告。或许，披露危机中的某些信息会给企业利益带来损害，但能够避免企业在危机中越陷越深，同时获得媒体和公众的理解与支持。很多企业的发言人在危机中接受采访时，自作聪明地把"无可奉告"作为自己回答某些负面问题的口头禅，或者避重就轻进行责任推诿。殊不知，企业在不愿正视事实与责任的同时，也在向社会传递自身的不诚实、逃避责任的形象，使得危机处理更为困难。

一般来说，危机发生后公众会关心两方面的问题：一方面是利益问题。利益是公众关注的焦点，因此无论谁是谁非，企业都应该承担责任。即使受害者对事故发生有一定责任，企业也不应首先追究其责任，否则会各执己见，加深矛盾，引起公众的反感，不利于问题的解决。另一方面是感情问题，公众很在意企业是否在意自己的感受，因此企业应该站在受害者的立场上对其表示同情和安慰，并通过新闻媒介向公众致歉，解决深层次的心理、情感关系问题，从而赢得公众的理解和信任。实际上，公众和媒体往往在心中已经有了一杆秤，如果企业在危机出现之时就向社会展现了秉实担责的形象，其危机处理也会变得相应顺畅。

3. 坦诚沟通原则

处于危机旋涡中的企业是公众和媒介的焦点。其一举一动都将受到质疑，因此千万不要有侥幸心理，企图蒙混过关，而应该坦诚地通过自有新媒体与公众沟通，说明事实真相，消除公众的疑虑与不安。坦诚沟通在这里需做到"三诚"，即诚意、诚恳、诚实。如果做到了这"三诚"，很多问题都可迎刃而解。诚意——在危机事件发生后的第一时间，企业需坦率真实地向公众说明情况，并致以歉意，从而体现企业勇于承担责任、对消费者负责的企业文化，赢得消费者的同情和理解。诚恳——一切以消费者的利益为重，不回避问题和错误，及时与媒体和公众沟通，向消费者说明危机处理的进展情况，重获消费者的信任和尊重。诚实——危机处理最关键也最有效的解决办法是诚实。我们会原谅一个人犯错，但不会原谅一个人说谎，同样的道理也适用于企业。

4. 统筹处理原则

统筹处理危机主要是做好以下几点：（1）以冷对热，以静制动：危机会使人处于焦躁或恐惧之中，所以企业高层应以"冷"对"热"，以"静"制"动"，镇定自若，以减轻企业员工的心理压力。（2）统一观点，稳住阵脚：在企业内部迅速统一观点，对危机有清醒认识，从而稳住阵脚，万众一心。（3）组建班子，专项负责：一般情况下，危机公关小组由企业的公关部成员和企业涉及危机的高层领导直接组成。这样，一方面是保证高效率，另一方面是保证对外口径一致，使公众感受到企业处理危机的诚意。（4）果断决策，迅速实施：由于危机瞬息万变，在危机决策时效性要求和信息匮乏条件下，任何模糊的决策都会产生严重的后果。所以必须最大限度地集中资源，迅速作出决策，系统部署，付诸实施。（5）合纵连横，借助外力：当危机来临，应和政府部门、行业协会、同行企业及新闻媒体充分配合，争取与之联手，在众人拾柴火焰高的同时，增强公信力、影响力。（6）循序渐进，标本兼治：要真正彻底地消除危机，需要在控制事态后，及时准确地找到危机的症结，对症下药，谋求治"本"。如果仅仅停留在治标阶段，就会前功尽弃，甚至引发新的危机。

第三节 品牌新媒体危机管理策略

美国危机管理专家诺曼·R.奥古斯丁曾说道："危机就像普通的感冒病毒一样，种类繁多，无法一一列举。"[①] 确实，品牌危机的具体起因多种多样，尤其是在新媒体环境下，显得更为复杂，由此派生出来的危机管理策略也层出不穷。我们这里主要将品牌新媒体危机管理策略简洁地分为三大类，即正源式品牌危机管理、改进式品牌危机管理与自嘲式品牌危机管理。

一、正源式品牌危机管理

1. 正源式品牌危机的内涵

所谓"正源"，就是针对误解性的、误传性的品牌危机，企业给予"正本清源"式的品牌管理，即把自身真实的形象信息传播出去，以消除危机；也就是说，品牌自身没有本质的错误，但因谣言、恶意、误会等引起了市场与社会误解，这就需要"正本清源"——把真实的品牌形象传播出去，以消除危机。

如 2020 年腾讯状告老干妈事件。2020 年 6 月 30 日有新闻报道称深圳市南山区人民法院于 6 月 29 日发布了一则执行裁定书，同意原告腾讯请求查封、冻结被告老干妈相关公司名下价值 1 624.06 万元的财产。腾讯方面回应称，老干妈在腾讯投放了千万元广告，但无视合同，长期拖欠未支付，腾讯被迫依法起诉，申请冻结了对方应支付的欠款金额。6 月 30 日晚，老干妈发布正式声明称，经核实，公司从未与腾讯公司或授权他人与腾讯公司就"老干妈"品牌签署《联合市场推广合作协议》，且从未与腾讯公司进行过任何商业合作。"老干妈"及时采取法律手段维护企业合法权益，已向公安机关报案。公安机关于 2020 年 6 月 20 日决定对此案予以立案侦查。7 月 1 日，贵阳公安双龙分局发布通报：初步查明，系 3 人伪造老干妈公司印章，冒充该公司市场经营部经理与腾讯签订合作协议，目的是为了获取腾讯公司在推广活动中配套赠送的网络游戏礼包码，之后通过互联网倒卖非法获取经济利益。公安部门介入后，将此次事件查清，还给老干妈一个清白。因此企业对特定的品牌危机往往首先需要有清晰的预判，对于误解、误读式的危机需从正本清源角度来寻求

[①] Augustine N R., "Managing the Crisis You Tried to Prevent", *Harward Business Review*, 1995, Vol.73, No.6, pp.147—161.

解决方案，以还自身清白。

2. 新媒体环境下的正源式品牌危机管理

新媒体是把双刃剑，既可以迅速传播信息，让品牌危机的发生概率空前加大；但企业同时也可以通过网络获得广大网友的支持，迅速地还原真相，有效地处理危机。由此，在新媒体环境下，正源式品牌危机应对策略主要为：

（1）树立被伤害者的角色定位

由于此类品牌危机中，企业确实是被误伤的，有被"冤枉"的成分，在危机应对中，就应自我定位为躺着"中枪"的角色。因这样的角色容易获得社会公众的同情、谅解，并将舆论关注点转向求取危机真相源头上。

（2）寻求公众的理解与配合

在被伤害者定位确定后，企业需立即通过新媒体发表令人信服的声明，并对已经造成的社会影响进行"无理由先行赔付"式的处理，如此则能获得社会公众的理解，甚至能引起公众主动进行调查，如公众会进行获取真相的舆论呼吁，有些热心网民甚至会进行网络检索，帮助查明真相。

（3）有公信力的专业机构介入

虽然企业自我定位为被伤害者，但最后需要让事实说话，需要权威的第三方来鉴证自身的清白。如此，企业就需呈报、邀请具有公信力的相关权威机构介入，从调查、获取真相、还原危机事实经过等方面提供权威的结论。例如，2018年的网络上传得沸沸扬扬的咖啡致癌事件，星巴克在这场风波中被全球媒体点名，成了最显眼的靶子。星巴克临危不乱，首先，最大限度合理地利用规则，把所有和"星巴克致癌"相关的微信文章都举报了。其次，它还找到了医学界知名自媒体做背书，出面对谣言进行了回击和辟谣，引发了大量阅读和转发。最后，星巴克在更大的范围内，第一时间在媒体刊发全美咖啡行业协会的相关公告，不站在自己的角度发表任何看法和态度，而是从专业的角度进行辟谣，相信公众和媒体自然会看明白。

（4）强有力的正本清源式信息传播

在危机管理的整个过程中，企业不仅需要利用自有新媒体进行实时传播，还需要邀请权威的新闻媒体对事件处理推进过程进行权威的报道。因为，以公信力、真实、客观为职责的新闻媒体在舆论影响方面具有一定权威性，其专业性的报道，可有力地验证企业自有媒体的信息，有力地推动危机化解。

（5）吸取教训式的危机管理升级与传播

即使在此类危机中，企业确实是被冤枉、被误解的，但企业还需要从此类危机的发生中总结经验教训，推动危机防范的管理升级，以防微杜渐式的警惕来尽可能防范此类危机的再度发生。毕竟，危机中最受伤害的是企业、是品牌。吸取教训，并对自身的举措升级进行传播，则有望更好地获得品牌传播效应。

二、改进式品牌危机管理

1. 改进式品牌危机的内涵

人非圣贤，孰能无过。同样的道理，企业在长期的、广阔的市场运作中，也难免出错。但一旦出错，就要正视错误，坦诚认错，针对自身不足进行改进。改进的同时，也需要很好的传播以获得社会与市场的谅解，消除危机。也就是说，由于自身决策、操作、服务等方面的原因，品牌确实犯下了或大或小的错误，并引发企业予以正视、决心改进，此类危机可称为改进式品牌危机。

俗话说"常在河边走，哪有不湿鞋"。某主播在一次直播中向粉丝推荐不粘锅，结果鸡蛋却牢牢粘在锅底，虽然试图救场，但还是遭到了网友的质疑。

该主播对该事件十分重视，随后通过视频回应了这件事，他联合品牌方拿出产品说明书、检测报告等，向公众做出了交代，之后还在节目《吐槽大会》公开再次回应该事件，向品牌方和公众道歉，并对选品标准、使用操作不当等情况进行了说明，赢得了很多粉丝的谅解。

在面临危机的时候，不能一味地甩开问题，而要承认错误，进行改进式危机管理：向消费者承诺负责和道歉，态度诚恳，又把事情的原委说清，并指出下一步改进措施，这种有担当的行为更易取得好的效果。

2. 新媒体环境下的改进式品牌危机管理

新媒体环境下，品牌危机可以瞬间呈几何级扩散。此时，企业利用新媒体迅速遏制危机蔓延，并采取相应的危机管理措施就是必然的选择。由此，在新媒体环境下，品牌危机的改进式应对策略主要为：

（1）犯错认错、决心改错的角色定位

面对犯错的事实，企业必须要有认错的勇气、表态与行动，要正视过错，下定决心改正错误；如此，一个犯错认错，且决心改正错误的品牌形象，才可能在定位阶段就获得危机管理的主动权。相反，如果企业面对危机事实扮演一个犯错抵赖、百般狡辩的角色，其势必不可能真正改正错误，获得公众的原谅也就是不可能的。

（2）客观检视错误、坦诚认错致歉

确定了认错改错者的定位，企业接下来就需切实进行自身错误的检查与审视，认清错误所造成的后果，厘清错误的来龙去脉，明白错误的根源何在；如此才能有根据地、实事求是地坦诚认错，并针对具体错误进行致歉。也就是说，社会公众并不是要求你无限上纲、空泛地认错与致歉，而是就事论事、就错认错地面对事实，进行合理的认错致歉。

（3）"挖毒瘤式"务实改正错误

认错致歉一定程度上还是改进式危机管理的前奏，而要实实在在地改错，企业就需针对错误所在，如产品质量问题、操作环节问题、物流环节问题、营销服务问题、宣传与实际不符问题等,进行"挖毒瘤式"务实改进,即不仅从问题本身,而且从根源上进行改进。如此,错误改进就会更加彻底,且会防止同类的错误继续发生,也为危机管理传播奠定了事实基础。

(4) 合理溢出式地承担危机损失

除了正视错误,务实改正错误,企业还需对自身过错造成的各类损失进行合理溢出式承担。即就企业危机所造成的损失,如消费者所受到的生理伤害、经济损失、精神损失均需予以理所当然的赔偿,对相关经营者造成的损失也需予以赔偿,且赔偿需要合理溢出,以让各方面受损害者满意。否则,明明是自身过错引发的损失,却还在赔偿上斤斤计较,就往往很难处理好危机。即使个别当事人对于赔偿不满意,且要价甚高,也需要耐心沟通,尽可能达到一种平衡。否则,若当事人通过新媒体渠道发泄对企业赔偿的不满,就可能引起新的危机,那么给品牌带来的损失将更大。

(5) 吸取教训的管理升级与传播

在针对企业过错进行务实改进的基础上,企业还需从管理的层面、从长远发展的角度来进一步审视危机中的经验教训,进而从企业的管理制度、企业的文化建设等角度进行管理升级。而有针对性的管理升级,对于品牌传播来说乃是一个正向的事实,且是一个可以"化危为机"的新闻事实,若能有效利用危机事件热度引起的新媒体关注之"余温"进行传播,还可以获得更大的正向效应。

需说明与强调的是,如上改进策略,均需通过新媒体实时与公众形成沟通;如此,不仅危机管理会更加高效,而且会为品牌带来一定的正向传播效果。

三、自嘲式品牌危机管理

1. 自嘲式品牌危机的内涵

自嘲即自我嘲笑,自嘲式品牌危机是指企业在遭遇品牌危机时,采用自我嘲笑的方式正面应对危机。这种带有幽默感的"自我攻击"是一种自卫形式,公众会把公关广告中的自嘲看作企业在承认错误行为的基础上进行的自我惩罚,[1]这种方式的品牌危机管理在特定情境下会产生意想不到的传播效果。

2020年春节后,为了应对新冠肺炎疫情,响应教育部门"停课不停学"的号召,全国各级学校采取了线上授课的教学方式。由于可靠的性能与便捷的操作方式,阿里巴巴旗下的办公软件钉钉被众多学校选为在线授课工具,在下载量大幅上升的同时,大量的学生用户用差评宣泄着对在家上网课的不满情绪,导致钉钉在各大移动应用商店的评分一落千丈。以苹果App Store为例,钉钉的评分在5天时间内从4.9分跌落至1.5分,反讽、抱怨的言

---

[1] Sora Kim, Xiaochen Angela Zhang, Borui Warren Zhang, "Self-mocking Crisis Strategy on Social Media: Focusing on Alibaba Chairman Jack Ma in China", *Public Relations Review*, 2016, Vol. 42, No. 5, pp. 903—912.

语充斥评论区。知乎、微博、B 站等新媒体平台出现了众多"控诉钉钉"的用户原创内容，获得了巨大的浏览量，并引起广泛共情，其中音乐作品《你钉起来真好听》连续多日占据热搜榜。一时间，许多新媒体平台用户被海量的"讨伐钉钉"信息刷屏，一些针对钉钉的谣言与猜忌，如"老师可以偷偷打开学生摄像头进行监视"也迅速得到传播。这些状况对钉钉的品牌形象造成了不良影响，品牌危机开始浮现。

面对危机，钉钉团队进行了科学有效的品牌公关活动。其官方微博主动降低姿态，打破大型企业与普通用户之间的不平等关系，用贴近年轻人的语言，请求大家给钉钉"在阿里粑粑家留点面子"（见图 12-2）；钉钉在其他新媒体平台的官方账号也纷纷以诙谐的语气，在恶搞钉钉的内容评论区留言调侃，建立起与公众沟通的渠道，引发大量跟帖；钉钉的官方知乎账号在提问"钉钉侵犯过个人隐私吗"下发声，针对"摄像头可以被偷偷打开"的谣言，从技术与法律的角度进行辟谣，并提供证伪方式；钉钉的 B 站官方账号发布了有自嘲性质的动画作品《钉钉本钉，在线求饶》，钉钉的吉祥物钉三多在动画中泪流满面，跪地求饶，称呼广大学生用户为"少侠"，占据了 B 站当日播放量排行榜的第一。

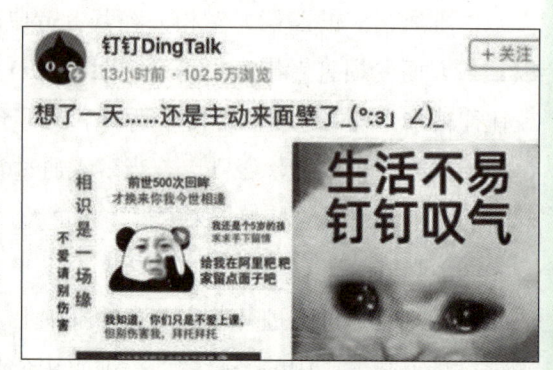

图 12-2　钉钉在危机中的公关图片

钉钉以投降认输的姿态加入了这起事件并澄清了谣言后，有效协调了广大学生用户与自身之间存在的冲突，品牌危机开始趋向缓和。这时，钉钉团队着手进一步巩固积极态势，利用事件的热度，提高品牌影响力。钉钉官方微博多次转发声援钉钉的各类小作品，并与评论者积极互动；钉钉的 B 站官方账号发布了多个有调侃性质的视听作品，其中歌曲《我钉起来真好听》与之前受到广泛关注的音乐《你钉起来真好听》"短兵相接"，填词对"偷开摄像头"谣言进行辟谣，还将钉钉刻画为帮助学生金榜题名的亲切助手；此外，钉钉举行了二次元形象征集活动，吸引了许多青少年参与。经过一系列的公关活动，钉钉与广大学生用户建立了有效的沟通渠道，遏制了差评潮，掌握了这次危机事件的主动权，并成功地化危机为契机，带动了品牌影响力的提升。

2. 新媒体环境下的自嘲式品牌危机管理

新媒体环境下，企业面临品牌危机的概率空前增大，网络信息纷繁复杂，随时随地莫名"躺枪"的危机事件时有发生，利用好新媒体工具及时并有效地消解品牌危机是重中之重，由此，在新媒体环境下，品牌危机的自嘲式应对策略主要为：

（1）直面危机问题，积极主动回应

在品牌危机浮现时，品牌主必须正视引起危机的问题，并且态度鲜明地给出回应。新媒体时代信息高速流动的特性与杂糅混乱的传播内容，更凸显了来自官方的声音的重要性。

企业如若不及时回应，任由负面消息在网络上肆意传播，可能会导致更多的流言蜚语的产生，会在很大程度上加大后期公关的难度。因此，面对危机问题时，品牌主要做到及时回应，塑造一个敢于直面问题的品牌形象。

（2）理解公众情绪，降低姿态交流

无论品牌危机的最终责任是否是在品牌方，或多或少都与品牌方本身有一定的关联。所以，在面对网络上公众的质疑或抨击时，品牌方都要主动降低自身姿态，理解公众情绪，以一个诚恳的态度去做与公众之间的交流工作；同时，要在第一时间了解问题根源所在，并及时向公众通报相关情况。

自嘲式品牌危机管理之所以有效，就在于品牌方能较好地理解公众情绪，降低自己的姿态，拿出一个与公众诚恳交流的态度。

（3）依据平台特点，以用户喜闻乐见的方式传递信息

新媒体平台具有较强的个性化特征，其表现形式也是丰富多样的，不同类型的平台之间拥有差异明显的受众群体。因此，在进行自嘲式品牌危机管理时，应当把握不同新媒体平台的个性特征，采用适宜的传播方式向受众传递信息。在上述钉钉的案例中，钉钉团队的品牌公关就是依据各个新媒体平台的实际特点量体裁衣，从而取得了良好效果。

（4）巧用热点，转危机为契机

新媒体时代，互联网技术的迅猛发展促使信息高速流通，稍不留神，企业就会陷入舆论风波之中，而这对企业而言，既是危机也是契机。在热点层出不穷的网络空间中，能够利用好热点话题，巧妙地传播出品牌方自己的声音，也许会将危机转化为契机，大力提升品牌知名度。在钉钉的品牌危机当中，无论是"下跪求饶"带来的幽默感，还是微博上与大众的积极互动，抑或是《我钉起来真好听》所彰显的品牌自信，都具有趣味性、故事性，能够吸引新媒体用户的注意力，从而提升自身话语权。当止损工作基本完成，事件的主动权基本掌握后，钉钉举行的二次元形象征集等文化活动，更是有效发挥了新媒体强互动性的特点，维持并增强了事件热度，吸引了公众的新一波注意力，创造了有利的营销环境。通过这些操作，钉钉团队逐渐地把危机转化为能够进一步扩大品牌知名度的契机，从而有效地提升了品牌的影响力。

实践部分

1. 复习思考题
   - 品牌新媒体危机的含义是什么？
   - 品牌新媒体危机的特点有哪些？
   - 正源式品牌危机的内涵是什么？
   - 新媒体环境下正源式品牌危机需如何应对？
   - 改进式品牌危机的内涵是什么？

□ 新媒体环境下改进式品牌危机需如何应对？
□ 自嘲式品牌危机的内涵是什么？
□ 新媒体环境下自嘲式品牌危机需如何应对？

2. 案例讨论

海底捞、西贝涨价事件

2020年4月初，随着国内疫情逐步减缓，各家餐饮店陆续开张，不少消费者发现海底捞、西贝等餐厅的价格纷纷上涨，这一事件被媒体称为"报复性消费还没来，报复性涨价先到了"。

4月10日下午，海底捞通过官方微博表示，海底捞门店此次涨价是公司管理层的错误决策，伤害了海底捞顾客的利益，对此深感抱歉，并宣布自即时起，中国内地门店菜品价格恢复到今年1月26日门店停业前的标准（见图12-3）。

4月11日，西贝餐饮董事长贾国龙在其微博也对涨价事实致歉。称："这个时候涨价，不对。所有涨价的外卖、堂食菜品价格恢复到2020年1月26日门店停业前的标准。"贾国龙还表示，5月31日前，在全国59个城市386家西贝门店堂食用餐，可以享受吃100元，返50元的优惠，以表诚意（见图12-3）。

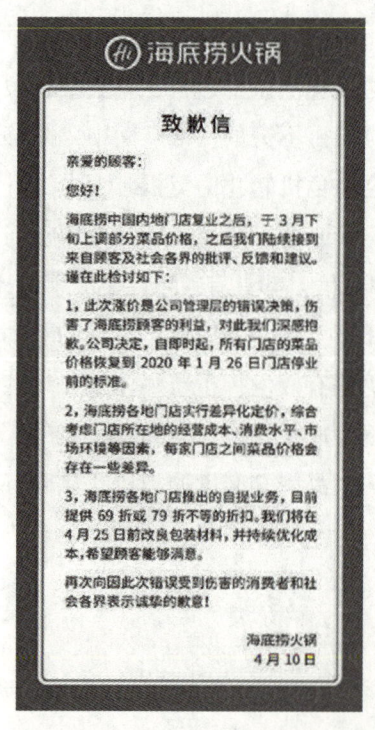

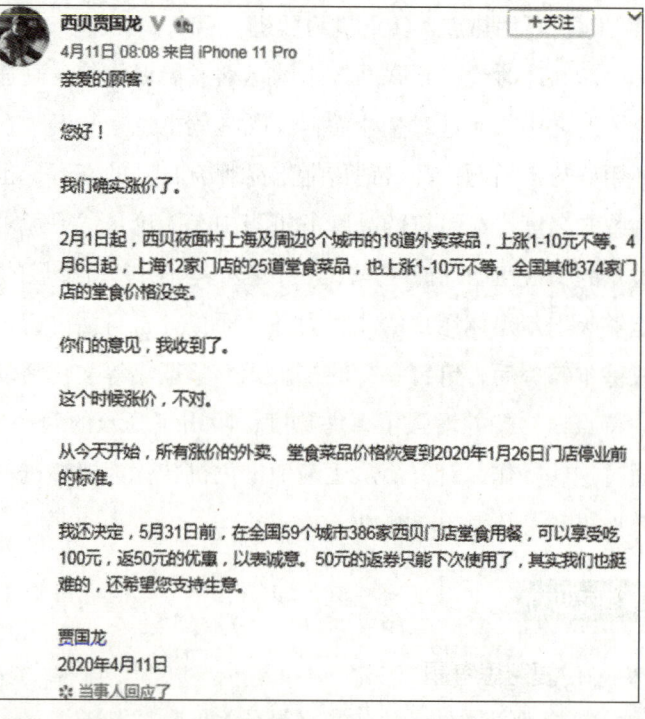

图12-3 海底捞、西贝道歉微博

3. 讨论话题

（1）这两家餐饮公司品牌危机产生的原因是什么？属于什么类型的品牌危机？

（2）如何评价两家公司对此次危机的处理行为？

第十三章　新媒体广告的大数据评估

导入部分

1. 学习要点
- 了解大数据及广告的大数据评估
- 熟悉广告大数据评估的特点
- 掌握广告大数据评估的工具
- 知晓广告大数据评估体系及指数

2. 学习要求
阅读有关大数据及其在广告评估中应用的图书，总体上了解大数据时代广告评估与传统广告评估的差异，了解广告大数据评估的体系及指数，同时结合自身兴趣，熟练掌握一到两种广告大数据评估的工具，并应用到具体的案例中。

3. 关键词
大数据　评估方法　评估工具　评估体系

4. 先导案例

云南白药"大数据+明星"品牌营销

2017年6月，云南白药牙膏官方旗舰店在淘宝上开业，为了让公众得到这个信息，提高品牌知名度，云南白药和阿里开展了围绕大数据技术、明星效应和跨界宣传的开放营销。对于许多刚开业的在线商店来说，品牌声量和短期成交量可能是开业营销非常普遍的目的。云南白药的不同之处在于，它致力于通过线上的营销来打开品牌，并以"长期市场优势的沉淀"作为目标。因此它与阿里的合作主要集中在品牌形象的创造和传播上，以期获得长期的品牌效应。为了实现这一目标，云南白药基于品牌特征和产品优势，主要利用阿里的生态平台和大数据技术来收集和分析淘宝用户信息，包括用户搜索、浏览、点击、购买和共享等行为信息。深入了解此类行为，了解淘宝用户的使用习惯和偏好，并根据用户年轻化的主要特征，结合云南白药的特点，提出了将明星粉丝转变为店铺粉丝的营销理念，并进一步针对两位明星代言人的粉丝团体开展营销互动活动。为了激发两个明星粉丝团体的参与和互动热情，云南白药通过帮助偶像在淘宝上"头条"的机制增强粉丝和品牌之间的互动。该活动一经推出，就取得了非常好的成绩。在短短的几天内，它吸引了成千上万的粉丝积极参与，迅速将超过30万人的明星粉丝带到了旗舰店，并在短时间内获得了很高的评价以及品牌知名度。此后，云南白药还与广受欢迎的网络剧《春风十里不如你》的原作者冯唐进行了跨界知识产权营销，推出了春风十里的主题套装。除了对淘宝网用户进行数据收集和分析外，它还将其与其他一些平台上的数据进行了重合度抓取，整合了这些资源，并设计了一套 IP 媒体矩阵。这样，云南白药牙膏成功实现了销售额的大幅增长。

上述这个案例中，用户行为数据给云南白药的广告定位和投放提供了依据，帮助云南白药实现了成功营销，这在传统广告时代能做到吗？它们之间最大的区别是什么？

第一节 广告大数据评估及其特点

云计算的快速发展加速了大数据处理能力的快速提升，全球知名咨询公司麦肯锡在其研究报告中提到，数据已渗透到当今每一个行业和业务职能领域，成为重要的生产因素。人们对于海量数据的挖掘和运用，预示着新一波生产率增长和消费者盈余浪潮的到来。这意味着各行各业在大数据背景下面临着改变与挑战，广告行业也不例外。

在新媒体广告行业，若拥有数据和对海量数据的强大运算能力，公司便可抢占市场先机。Google 和 Facebook 成为令业界瞩目的数字广告巨人，很大程度上归功于他们数据运用的"传奇"。现在中国的许多传统广告公司也纷纷与品牌数据公司合作，利用大数据工具进行广告评估，调整自己的运营模式和品牌策略，以提高投资的回报率。

一、广告大数据评估的含义

广告活动是一个不断循环的过程，其主要步骤是策划、实施、评估。广告主投入大量资金进行广告传播，最终目的是带来经济效益，因此广告评估是广告活动中必不可少的环节，是检验广告是否成功的重要途径。

广告效果评估就是评估广告活动或广告作品对消费者产生的影响。广告效果一般分为经济效果、社会效果和心理效果。广告效果大数据评估也就是利用大数据时代的海量数据对广告效果进行评估。在数字时代，广告公司能够利用 cookie 等技术全程记录用户的行为轨迹，包括渠道偏好、内容偏好、操作习惯等，然后对数据进行受众需求分析，再确定广告的投放策略。从广告策划到广告投放再到广告评估都离不开数据，这些数据是广告主赖以生存的重要资源。

1. 传统广告评估

早在 19 世纪"百货商店之父"约翰·沃纳梅克便提出他在广告上的投资有一半是无用的，但是问题是他不知道是哪一半。这句话深刻地反映了在传统的商业模式下，广告投放

第一节　广告大数据评估及其特点

效果评估是广告行业的难题。因为传统广告评估具有以下几个特点。

（1）传统广告评估数据往往和真实情况相差甚远，可靠性低。因为传统的广告效果有以下四个特点：时间推移性，广告效果区分为即效性和迟效性；积累性，广告效果是多次刊播累积而成的，很难分清是哪一次起到的效果；间接性，广告受众向亲朋好友推荐广告产品，也能引起间接效果；主观性，调查者和被调查者主观感受具有差异且会相互影响。

（2）传统广告评估大部分是基于第三方的受众调研数据和广告刊播到达的监测数据，具有间接性。第三方数据通常是基于假设的数学模型、有限的样本推导出来的，有准确性差、及时性差、购买成本高等诸多问题，利用这些数据推估广告效果的准确性很难保证。

（3）传统的广告评估数据滞后于市场变化，广告主与受众、广告效果与广告版本间的互动关联难以实现。由于技术的限制，无法实现对广告效果的即时反馈和实时测评。传统广告商往往需要耗费几天甚至几个月的时间来收集、统计、分析到达率等指标，数据具有延迟性。

2. 大数据时代的广告评估

大数据是信息社会特有的技术、方法和工具，它"通过对海量数据进行分析，获得有巨大价值的产品和服务，或深刻的洞见"[1]。广告大数据评估就是利用大数据的海量数据及其强大的运算方法对广告在投放前、投放中、投放后进行有效评估。

在互联网时代，新媒体广告评估数据来自受众使用终端的行为记录，这些网络后台数据在受众接触广告的同时在后台生成，也就是把用户所有的行为记录串成一条线，具有及时、真实及信息量大的特点，它对平台而言几乎没有获得成本。这样的数据不仅能够反映受众规模、受众分布、受众接触习惯，还能根据受众使用的终端挖掘出更多深层数据，如根据智能手机使用的操作系统、位置信息、对终端的使用习惯和注册的数据来获得受众的更多信息。对于广告行业而言，"知道人们为什么对这些信息感兴趣可能是有用的，但更重要的是，知道'是什么'可以创造点击率，这种洞察力足以重塑很多行业。亚马逊的推荐系统梳理出了有趣的相关关系，但不知道背后的原因。知道是什么就够了，没必要知道为什么"[2]。因此从预算分配到投放调整，再到投放后评估，大数据已经开始打破广告行业原有的思维，彻底改变了整个广告行业。

（1）在广告投放前期，对目标受众进行精准评估。传统的广告传播通过扩大广告覆盖率来提高广告的传播效果，形成了广而告之的"漏斗式"的传播模式，这样就大大增加了广告的成本。后来的分众传播则是对消费者进行细分，虽然传播精准度不断提升，但其实

---

[1]　[英]维克托·迈尔·舍恩伯格、肯尼思·库克耶：《大数据时代：生活、工作与思维的大变革》，盛海燕、周涛译，浙江人民出版社2013年版，第4页。
[2]　[英]维克托·迈尔·舍恩伯格、肯尼思·库克耶：《大数据时代：生活、工作与思维的大变革》，盛海燕、周涛译，浙江人民出版社2013年版，第70—71页。

本质仍是媒体本位,未能实现对目标人群的精准锁定。基于大数据挖掘的广告传播是完全针对个体的精准传播。在本章先导案例中,大数据技术实现了对用户属性和行为特征的准确判断,从而为广告的精准投放提供了现实的基础。

(2)在预算分配环节,通过对以往数据的分析,广告人员能够更好地确定最佳广告预算并做好各个时期的预算分配,将效果监测转变为效果预测。监测是一种被动过程,是先有相关活动的影响,然后广告调查人员根据此影响进行相关的分析;而预测则是基于原有受众产生的大数据进行分析进而预测消费者下一步的行为。预测更多的时候是广告调查人员的一种主动的行为。

(3)在投放环节,大数据改变了广告的投放模式,可以实时对广告排期进行调整。传统媒体时代,广告一旦开始投放,就没有任何优化的空间了,不仅受众人群、广告创意不能调整,就连广告素材也不能随意更换。大数据时代的产物——实时竞价(Real Time Bidding,RTB)广告模式使广告投放的开始成为优化的开始。广告主随时可以根据实时数据,调整广告投放的各种参数设置,如出价、人群标签、频次、广告素材等。而这一切在大数据技术到来之前,都是无法实现的。

(4)效果评估环节是广告评估的重要环节。大数据改变了传统媒体时代电视只能以电视收视率抽样调查、报刊只能以发行量为主要评估指标的单一方式,在数字媒体的监测评估上,实现了广告数据全流量的采集。大数据使广告的每一次曝光都能被记录,实现实时广告效果评估,而不需请专人耗费几天甚至几个月的时间来统计到达率、浏览量等指标,使广告主能即时、全面、真实地了解受众对广告的理解和喜爱程度,也让广告效果的评估更加准确,同时也能尽快撤换掉低效率的广告,提高广告转化率和投资回报率。

二、广告大数据评估的特点

1. 准确性

海量用户的数据收集和挖掘、分析是大数据时代广告实现精准投放的基础。借助大数据技术工具,广告主可以得到访客访问互联网网页、打开移动应用等线上行为的精确分析报告,从而让互联网广告从目标消费者精准定位、消费需求深度挖掘、投放过程精准可控、广告效果精准评估四个方面,全面实现广告精准投放。

2. 经济性

大数据或许是一种解决目前广告效果评估体系困境的途径。利用互联网平台,大数据可以让消费者的个人信息和社会行为变得透明、可监测、可预判,我们一直以来所期待的使用低成本、大规模、可复制的"普查"得以实现。[①]首先,广告商不必像传统广告一样为

[①] 钟瑛、张恒山:《2013年:大数据驱动下的传媒转型》,《新闻与写作》2013年第12期。

实现覆盖率而加大广告的投放，只需面对特定人群，经由特定渠道，使用特定方式实现投放，改变了以往"广而告之"的传播模式。其次，传统的广告评估一般是由第三方数据调查公司进行的，是用建立在数据仓库之上的商业智能技术来实现的，仅是软硬件的投入成本就很高，而采用现有的大数据挖掘平台，广告商可以根据自己的需要构建一套平台，通过自己的平台来掌握数据，在数据分析的基础上再宣传、再销售，而不是仅仅依托于第三方公司，这样可以大大降低成本。最后，传统的广告效果评估往往是滞后的，需要花几个星期甚至几个月的时间对广告的投放效果进行评估，现在通过大数据工具可以实现对广告效果的实时评估，从而大大降低了人力、物力及财力的损耗，减少了预算的浪费，提升了投资回报率。

3. 即时性

大数据最大的特点是实时。实时是指从数据的收集到广告应用再到广告评估均在很短的时间内完成。"很短"可以是 24 小时，也可以是仅仅几毫秒，这中间包含数据收集、数据过滤、数据进入数据库、数据判定、数据应用等一系列过程。这样的数据处理速度是传统广告评估无法做到的，因为传统的广告评估仅收集问卷数据的时间就可能长达数天，再加上后期的数据统计时间，最后得到的广告评估结果具有很大的滞后性，使用价值也随之降低。

4. 易统计性

广告业界对互联网广告效果评价指标主要是"点击率"和"转化率"两个基本指标，点击率是衡量广告是否有吸引力和说服力的基本指标，聚焦于广告的传播效果，是广告传播对消费者认知和心理层面产生效果的直接体现；而转化率用于衡量受广告影响而形成的用户购买、注册或信息需求的多少（比如询问或搜索），转化率已经相当接近于广告的销售效果。大数据能够量化从广告展示到用户点击再到下单购买的数据转化，精准核算出广告投入总量的效果转化率，从而帮助广告主优化广告传播策略，降低广告预算的无效损耗，提升投资回报率。另外，大数据还能记录分析用户在不同时间、不同地点、不同媒介渠道的搜索记录，广告主可以利用大数据统计软件实现对用户行为的深入分析和归类，这在传统广告时代是不能做到的。

第二节　广告大数据评估的方法与工具

一、广告大数据评估的方法

广告效果评估中使用最多的方法是源自科利于 20 世纪 60 年代初创造的理论，即"制订广告目标以测定广告效果"（DAGMAR）理论。科利采用"商业传播"的四阶段理论去研究、分析广告引起的消费者在知觉、态度或行动上的改变，直至达成广告说服消费者去行动的目标。

四阶段如下：

其一，知名（Awareness）：潜在顾客首先一定要对某品牌或公司的存在"知名"。

其二，了解（Comprehension）：潜在顾客一定要了解这个品牌或企业的存在，以及这个产品能为他做什么。

其三，信服（Conviction）：潜在顾客一定要达到一种心理倾向：信服想去购买的这种产品。

其四，行动（Action）：潜在顾客在了解、信服的基础上经过最后的激励产生购买行为。

大数据时代的广告评估虽然在形式上与传统的评估不同，但仍然是以科利的DAGMAR理论为基础的。广告业内根据使用评估指标的不同可以将评估方法大体分为单一指标评估和综合指标评估两大类：

1. 单一指标评估法

单一指标评估法是指当广告主明确广告的目标后，采取适当的单一指标来对网络广告效果进行评估的方法。例如，当广告主所追求的广告目标是提升和强化品牌形象时，只需要选择那些与广告目标相关的指标，如浏览量、访问量、停留时间等；当广告主所追求的广告目标是追求实际收入时，只需要选取转化次数与转化率、广告收入、广告支出（成本）等相关指标进行评估。

2. 综合指标评估法

综合指标评估法是在对广告效果进行评估时使用的不是某个单一的指标，而是利用一定的方法，在考虑几个指标的基础上对网络广告效果进行综合衡量的方法，以达到对广告效果各方面的评估。综合指标评估方法虽较为复杂，但是能够全面体现广告的最终效果。

二、广告大数据评估的主要工具

1. Hadoop

Hadoop是一个开发和运行处理大规模数据的软件平台，是Apache的一个主要用Java语言实现的开源软件框架，实现在大量计算机组成的集群中对海量数据进行分布式计算。Hadoop框架中最核心的设计就是HDFS和MapReduce。HDFS即分布式文件系统（Hadoop Distributed File System），提供海量数据的存储功能，MapReduce提供对数据的计算功能。

MapReduce的重要创新是当处理一个大数据集查询时会将其任务分解并在并行的多个节点中处理。海量是大数据的一大特征，当数据量很大时就无法在一台服务器上解决问题，此时分布式计算优势就体现出来。将这种技术与Linux服务器结合可获得性价比极高的替代大规模计算阵列的方法。MapReduce 的基本原理就是：将大的数据分成小块逐个分析，最后再将提取出来的数据汇总分析，最终获得我们想要的结果。通俗地说，如果我们要数图书馆中的所有书。你数 1 号书架，我数 2 号书架，这就是"Map"。我们人越多，数书的速度就越快。然后我们聚到一起，把所有人的统计数加在一起，这就是"Reduce"。

HDFS 是一个高度容错性的系统，能提供高吞吐量的数据访问，适合那些有着超大数据集的应用程序。在处理大数据的过程中，当 Hadoop 集群中的服务器出现错误时，整个计算过程并不会终止。因为 HDFS 认为所有计算机都可能会出问题，为了防止某个主机失效读取不到该主机的块文件，它将同一个块文件副本分配到某几个其他主机上，如果其中一台主机失效，可以迅速找另一个副本读取文件。HDFS 会将一个完整的大文件分块存储到不同计算单元上，它的意义在于读取文件时可以同时从多个主机读取不同区块的文件，多主机读取比单主机读取效率要高。当计算完成时将结果写入 HDFS 的一个节点之中。HDFS 对存储的数据格式并无苛刻的要求，数据可以是结构化的，也可以是其他类别的。相反，传统的关系数据库在存储数据之前需要将数据结构化并定义架构。Hadoop 工具的特点有：

（1）高效性

Hadoop 能够通过并行处理数据显著加快数据的处理速度，对庞大的数据集进行分析并迅速发现趋势。

（2）可靠性

Hadoop 的文件系统 HDFS 为了避免数据丢失，将所存的文件分为块大小相同的多个分块，复制到少数几个独立的主机上，一旦一个块损坏或因机器故障而丢失，则可以从其他的块复制到另一台可以正常运作的主机上，以保证副本的数量回到正常水平，这显著提高了文件存储和计算的可靠性。

（3）低成本

Hadoop 已被应用到多家公司，如 Facebook、百度、《纽约时报》等，其中一个主要原因在于 Hadoop 的低成本。因为 Hadoop 是开源软件，在数据量增加时，可以很容易和迅速地增加硬件，同时，还不需要额外的授权费用；当系统需要扩展时，只要给 Hadoop 集群中增加节点就可以保证系统的处理能力得到增强，是一种性价比非常高的扩展系统方式。

（4）可扩展性

Hadoop 能可靠地存储和处理千兆字节（PB）数据，可以跨计算机集群完成对大型数据集的分布式处理，数据吞吐量不受单一企业服务器限制。

2. 百度精算

百度精算是百度公司推出的广告效果精准衡量平台，建立在百度公司强大的技术实力和海量人群样本库之上，为广告主和代理公司提供广告效果全流程衡量、监控、分析服务。百度精算基于 AISAS 消费者行为分析模型，以及百度独有的搜索数据，提出了回搜率概念，用来衡量广告对品牌认知的效果。同时引入美国互动广告局（IAB）推出的"可视展现"指

标,衡量广告的真实曝光,洞察广告对消费者的真实影响。百度精算的特色功能主要有:

(1) iGRP

毛评点(GRP)是衡量传统品牌广告影响力的主要指标。为了向广告主说明互联网广告的效果,并与线下广告效果进行比较,互联网广告的 iGRP 应运而生。

百度精算提供针对目标受众的 iGRP 分析,综合衡量广告对谁说(目标受众)、在多大范围内说(目标受众到达率)、说多少次(目标受众接触频次),并可以与线下广告的 GRP 进行对比,帮助广告主全面洞察互联网品牌广告效果。

(2) 点击热力图

百度于 2014 年发布了全球首款广告点击热力图。点击热力图的颜色从暖色到冷色,表现了广告区域获得的点击量从多到少的变化。颜色越红,则该广告区域获得的点击量越多,颜色转蓝,则该广告区域获得的点击量较少。颜色的深浅是对于同一个广告来说的,也就是说,广告 A 的红色区域点击量是 100,但对于广告 B,红色区域点击量也许是 1 000。这说明广告 B 的整体点击量高,所以颜色的对比只适用于同一广告,不同广告间无法对比颜色。点击热力图可直观地将广告素材获得点击数量的数据通过不同颜色分块呈现,给广告素材优化、调整等提供了可信的参考数据。点击热力图的作用有:发现广告的吸引点和不足;优化创意设计;比较创意版本效果。

(3) 回搜分析

回搜分析是通过回搜比值来判断广告的效果。回搜比值是指看过广告与未看过广告的人群,在 1 天内搜索指定回搜词情况的对比。例如,1 天之内,100 个看过广告的人中,有 10 个搜索过回搜词,回搜率为 10%;100 个未看过广告的人中,有 1 个搜索过回搜词,搜索率为 1%;则回搜比值为 10。其基本原理如图 13-1 所示。

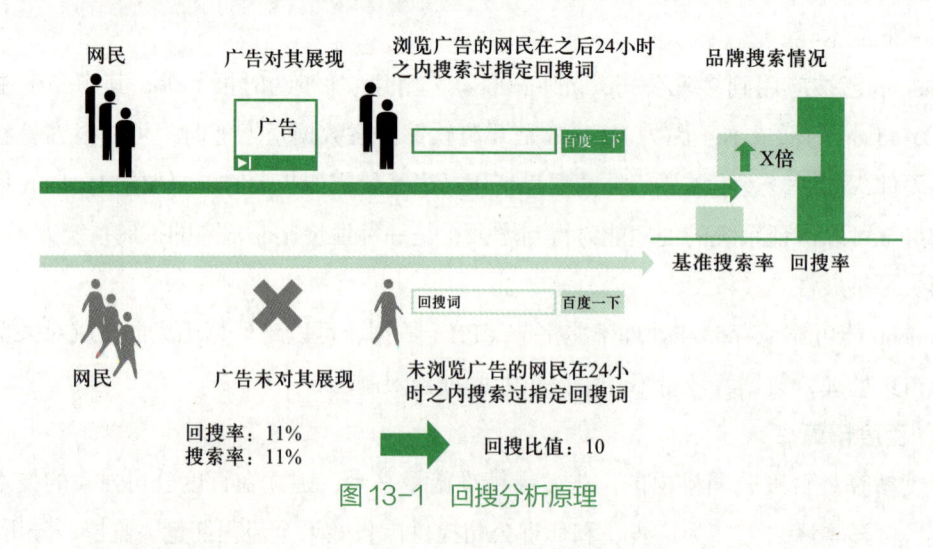

图 13-1 回搜分析原理

(4) 可视展现

可视展现这一概念是由美国广告业提出来的,美国互动广告局(IAB)认为,50% 的电子广告面积被消费者看过 1 秒以上的广告展现就可称为可视展现，可视展现体现了广告的有效曝光数据。

目前，百度精算通过 JS 代码获得可视展现时长的数据。其原理为：当广告 50% 以上的部分出现在屏幕可视区域内且持续时间超过 1 秒钟，则开始计时；当广告 50% 以上的部分移出了屏幕可视区域，则停止计时。从广告被展现开始，到广告消失或者页面关闭为止，按上述规则累计的时间，就是广告的可视展现时长。

百度精算能够实现广告效果全网智能监控。基于百度搜索的海量用户数据资源，以及对全网用户行为的高覆盖优势，百度精算能够跟踪网民的行为轨迹，分析广告投放后网民的搜索、浏览、购买等行为特征，建立起模型，重点分析在广告投放后，消费者在品牌偏好、购买倾向、实际购买等方面的可见量化效果，成功解决在线广告效果衡量的难题。

3. 永洪数据集市

永洪数据集市（Yonghong Data Mart）是北京永洪科技公司研发的一款数据存储和处理的软件。针对客户需要处理需求数据的量级不同，IT 系统架构的不同和存储系统的不同，永洪数据集市提供了两种解决方案供客户选择，一种是本地模式，一种是 MPP 模式（大规模并行处理），同时也支持其他相应的第三方报表软件。当需要处理的数据量级别处于 TB 级以下，或者采用普通存储结构，或者单机已经足够满足性能需求，建议选择本地模式。当面对异构数据库存储系统，或者需要处理的数据量级别在 TB 级以上，或者 IT 系统和存储系统采用分布式，则推荐 MPP 模式，基于分布式架构进行并行处理。

永洪数据集市的特点有：（1）满足大数据收集、分析需求：永洪数据集市采用分布式系统架构、列存储技术、文件型数据管理模式等技术，它能够收集客户每天产生的数据，日积月累就形成了巨大的数据库。（2）支持增量更新：客户的数据可以根据配置实现定时增量更新。（3）响应时间快：基于 Map Reduce 和 Stream Computing 理论开发的分布式系统架构，非常适合异构数据库并行运算、数据存储和数据交互，计算效率大大提高，即使是上亿条数据的响应时间也在一分钟之内。（4）低成本：客户不需要购买昂贵的服务器，采用 4 台内存较大的计算机就可以搭建系统，可以说在硬件配置上没有很高的要求，这样可以给客户节约很多成本。

第三节 广告大数据评估体系与指数

一、广告大数据的评估体系

本文重点介绍目前在业界已经广泛使用的几种代表性的广告大数据评估体系。

1. 秒针广告评估系统

秒针系统（以下简称"秒针"）是中国领先的第三方营销数据技术公司，其拳头监测产品 AdMonitor 于 2008 年开始提供商用服务，其功用是对互联网流量进行实时追踪，让广告主理性感知营销效果。2009 年，为解决广告主在电视和互联网营销预算分配上无法等效评估的痛点，秒针推出了 iGRP，并纳入 AdMonitor 中，将电视和互联网的效果评估引入同一个平台，解决了如何将两个媒体进行优化整合的实际问题。互联网视频网站也因此拿到广告主越来越多的广告预算，商业化突飞猛进，推动了整个互联网广告市场蓬勃发展。

通过建立 iGRP 打通电视和互联网评估标准后，秒针于 2010 年创新性地向行业提供了跨多屏预算分配的优化系统——MixReach。MixReach 系统推出后，获得了广告主的广泛认可和应用，为广告主提供了跨媒体预算分配解决方案。

随着移动互联网的兴起与繁荣，广告主纷纷增加自身移动广告的投放预算。2012 年，秒针发布国内首个第三方移动互联网广告 SDK 监测解决方案，与超过 90% 的国内主流移动广告媒体和平台完成了技术对接。这意味着移动广告投放结束缺乏评估标准的局面，全面进入可测量发展阶段。这一创新性的 SDK 解决方案帮助广告主将移动端的广告监测同网络视频一起，纳入统一的 iGRP 评估体系，整合评估和优化多屏数字媒体和传统电视广告效果，进一步解决跨媒体预算分配优化的问题。

2016 年，秒针系统发布跨终端解决方案 UserGraph，在不侵犯消费者隐私的情况下彻底打通碎片化数据，助力企业开展大数据营销。2016，秒针还将 OTT 加入预算分配体系，全面实现 PC、移动端、OTT 全域营销数据监测和追踪。

2017 年，秒针开始提供洞察与研究服务，不再局限于广告相关的分析，而是扩展到营销各个领域的数据分析。这意味着秒针从 AdTech 服务提供商转变为 MarTech 服务提供商。2018 年，秒针实施落成雀巢、博西等大型数字媒体项目（DMP 项目），并与上海交通大学苏州人工智能研究院达成战略合作。基于人工智能和大数据技术，秒针持续为企业提供更为全面深入的监测和洞察服务。

目前，秒针系统是国内唯一一家获得媒体评估委员会（MRC）及国际数字广告自律组织（TAG）双重认证的第三方监测服务商，其"秒针广告监测 SDK（Android）"及"秒针分析 Android SDK"均已完成"移动互联网广告第三方自动化工具"（第一批）安全测评工作。

2. 美国的 Ameritest 广告效果评估模型

Ameritest 是美国广告界公认的较好的"广告创意效果评估优化"模型，拥有多项国际研究专利，自问世以来，其产品成为许多国际公司信赖的广告管理工具。Ameritest 于 2006 年正式引入中国，截至目前已采用定点访问的方式对数百支广告进行过测试。在与传统的定点 Ameritest 所得数据进行多次有效验证后，Ameritest 网络调研方式于 2010 年全面推向中国市场。Ameritest 不仅能提供广告评估，更能进一步提供全面的诊断和广告创意优化解决方案。Ameritest 衡量评估广告效果的关键指标有三个：

一是注意力，即观众必须注意并且记住你的广告。注意力的提升需要从两个方面衡量：（1）观众在看你的广告时，他们是否喜欢？（2）你的广告剪辑效果是否能深深吸引观众的注意，并使观众在你展示主要的情景和品牌产品时，注意强度达到最大？

二是品牌联系，即观众必须知道是谁在卖什么商品：（1）你的广告是否清晰地向观众传达了你的品牌及产品特性？（2）你的广告与你的品牌和产品契合度如何？

三是说服力，即观众必须被深深打动。评估观众对你的广告劝说力的反应，需要衡量两个方面：（1）在你向观众展开劝说攻势时，消费者对于你宣传的内容的认同度如何？（2）你在你的广告片中创造了多少戏剧效果，是否对观众形成了强有力的情感冲击？

3. "EXACT"广告商业价值评估模型

AdBright作为国内领先的移动广告技术服务商，在现有数字广告评估标准的基础上，基于服务多个行业媒体的广告商业化变现经验积累，针对媒体特点和广告位特性，综合曝光可见度、用户接受度、转化效果、创意制作效率、价值评估五大关键要素，对各个广告位的商业价值进行精准评估，首创"EXACT"广告商业价值评估模型。

曝光可见度。基于用户行为数据，选择访问频率高的区域，并逐步完善广告素材加载机制，积极把控广告展示周期，提升广告位的可见曝光度。

用户接受度。媒体在广告位设计中，需要坚持原生性及合理性两个原则，将广告作为内容的一部分植入App页面设计中，并且不妨碍用户使用产品功能，将对用户的影响降到合理范围。

转化效果。除了投放广告素材质量、广告投放精准度，广告位的大小、位置、类型、交互形式也同样影响着最终的广告转化效果。媒体在广告位设计中，需要针对每一种广告位，洞察用户转化路径，针对性提出样式优化方向，将价值潜力充分释放。

创意制作效率。媒体在广告位设计中，需要尽可能与行业主流样式保持统一，并且提供创意制作工具支持，提升配套服务能力。

价值评估即评估广告位的目标价值。目标价值通过最终的eCPM（effective cost per mille，每一千次展示可获得的广告收入）进行量化，不同广告位的eCPM差异主要体现在广告位的基础价值（开发、运营、维护所承担成本）和附加价值（广告展示能力、转化效果）上。

"EXACT"模型首次站在媒体方的立场上，从商业化的角度，完善媒体数字广告价值评估体系，具有极强的应用和指导价值。通过"EXACT"模型，媒体能获取各广告位评估结果，并接收AdBright提供的权威广告位设计指导，能够充分配合ABTest，加快测试进程，减少试错成本，为广告商业化进程提速。

二、广告大数据评估指数

1. 广告评估核心指数

结合2009年发布的《中国网络营销（广告）效果评估准则》以及广告业内常用的广告

效果评估指数，本书总结出以下几个广告效果评估的核心指数。

（1）广告展示量。广告每一次显示，称为一次展示。对于新媒体广告，展示量一般为广告投放页面的浏览量，可以按小时、天、周、月等统计周期进行统计。

广告的展示量一般是以 CPM 付费基础来统计。CPM 是 Cost Per Mille 的简称，是国际通用的按照"展示收费"的评估标准，也称为每千人印象成本，或千人价格，指广告主为支持每 1 000 次展示的访问而支付的费用。在网上，广告 CPM 取决于"印象"尺度，通常理解为一个人的眼睛在一段固定的时间内注视一个广告的次数。千人成本是将一种媒体或媒体排期表送达 1 000 人或"家庭"的成本计算单位，是衡量广告投入成本的实际效用的方法。CPM 计算的公式如下：千人价格 =（广告费用 / 到达人数）× 1 000。

（2）广告点击量。用户点击广告的次数，即该广告的点击量。广告点击量与产生点击的用户数（多以 cookie 为统计依据）之比，可以初步反映广告是否含有虚假点击。广告点击量与广告展示量之比，称为广告点击率，点击率是互联网广告最基本也是最直接、最有说服力的量化指标，它可以反映广告对用户的吸引程度、是否能抓住用户心理。广告的点击到达率等于该广告的点击量（严格来说，可以是到达目标页面的数量）除以广告的浏览量。

广告点击量统计是 CPC 付费的基础。CPC 是 Cost Per Click 的简称，即按照点击计算广告费用，每点击一次就计算一次费用，是评估网络广告投放效果的重要参考数据。例如，关键词广告一般采用这种定价模式，比较典型的有 Google 广告联盟的 AdSense for Content 和百度联盟的百度竞价广告。

大数据时代网络广告的投放可以达到更高的精准度，数据的追踪记录加上技术平台的挖掘处理可以清晰定位个体目标受众，做到相对精准的营销，而精准的目的就是有效击中消费者内心，从消费者需求转化为实际的关注和点击，从而获得更高的点击到达率。

（3）广告到达率。广告到达率指的是用户通过点击广告进入被推广链接的比例。广告到达量与广告点击量的比值称为广告到达率，广告到达量是指网民通过点击广告进入推广链接的次数。广告到达率可以反映广告点击量的质量，是判断广告是否存在虚假点击的指标之一。广告到达率也能反映广告着陆页的加载效率。

（4）广告二跳率。当网站页面展开后，用户在页面上产生的首次点击被称为"二跳"。二跳的次数即为"二跳量"。某页面内的二跳量与某页面浏览量的比值称为页面的二跳率，广告二跳率通常反映广告带来的流量是否有效，是判断广告是否存在虚假点击的指标之一。广告二跳率也能反映广告着陆页面对用户的吸引程度。

（5）广告转化率。指通过点击广告进入推广网站的网民形成转化的比例。转化是指网民的身份产生转变的标志，如网民从普通浏览者升级为注册用户或购买用户等。转化率与广告的销售效果直接挂钩，转化标志一般指某些特定页面，如注册成功页、购买成功页、下载成功页等，这些页面的浏览量称为转化量。广告用户的转化量与广告到达量的比值称为广告转化率。广告转化量的统计是进行 CPA、CPS 付费的基础。广告转化率通常反映广告的直接收益。

CPA 是"每行动成本"Cost Per Action 的简称。仅仅浏览广告所产生的点击是不付费的，只有网民浏览广告之后产生了购买、注册、下载等行为，才会支付广告费用，这是一种按广告投放实际效果计价的广告方式。"行动付费"对于企业网络推广更为有利。

CPS 是"每销售成本"Cost Per Sale 的简称，是以实际销售额的一定比例来决定广告的收费金额，或者以事先约定的每单固定费用标准进行收费。CPS 是在广告主与受众的交易完成后才进行结算的，符合大数据时代互联网广告的运作模式，因此深受广告主喜爱。

（6）广告费用率。广告费用率指的是投放该广告所花的费用与销售量之间的比值。广告费用率等于该期广告费用的总额除以广告所带来的销售额。广告费用率越小，表明广告的销售效果越好。

（7）广告销售效益率。广告销售效益率指的是每一元钱的广告费用所带来的销售效益，体现了广告费用所带来的经济效益，它等于广告后销售额的增量与该期广告费用之比。

2. Ameritest 广告效果评价指数（API）

Ameritest 公司是由美国资深广告人 Chuck Young 等人于 1989 年建立的。该公司提出了由注意力、品牌联系、说服力组成的 Ameritest 广告效果评估与优化模型，是衡量广告市场表现最主要的指标，Ameritest 将这三方面的评估数据综合为"广告效果评价指数（API）"。可以简单地理解为：API= 注意力 × 品牌联系 × 说服力。对于每个测试广告，使用统一的评价指数，可以帮助我们对不同广告进行整体比较，从而选择最佳的未来市场表现广告。这有利于我们在不同广告创作版本间作出客观的选择，同时也可以让我们把自己的广告创作与过去或竞争对手的广告进行对比性研究。

3. 可见曝光系数和数字广告品牌效果指数

2013 年初，AdMaster 通过科学的模型和算法首次推出了"可见曝光系数"和"广告品牌效果指数"作为广告价值评估指标，并于同年 9 月正式与易传媒合作应用于实际广告项目中。[①]

决定广告可视性的有 5 大因素，包括广告位大小、位置、不同的广告页面类型、同创意历史的点击效果以及特别点位加权。AdMaster 建立了一套算法模型，利用过去投放项目的海量历史数据进行严谨计算，帮助广告主评估广告位的可见曝光系数。可见曝光系数能有效地帮助广告主评估不同形式、不同位置的广告的可见比例，帮助广告主更清晰地了解每一种广告形式的价值，一旦发现可见曝光系数极低的广告就可以考虑停止投放或进行优化组合，不仅提高效率，还能节约成本。

广告品牌效果指数 ABI（Advertising Brand Index）综合了广告的硬性指标和软性指标。广告硬性指标是指广告的可见曝光系数，广告软性指标包括广告的品牌认知、品牌喜爱程

---

① 许璐：《AdMaster：统一丈量多元数字广告价值》，《广告大观（综合版）》2014 年第 5 期。

度、购买意愿。这个衡量标杆可以帮助广告主选择更有效的广告创意形式，优化创意组合，360°评估广告和消费者沟通的品牌效果，从而提升品牌知名度、美誉度。

实践部分

1. 复习思考题
   - 广告大数据评估有哪些特点？
   - 大数据时代的广告评估与传统广告评估有哪些不同？
   - 广告大数据评估方法有哪些？
   - 广告大数据评估使用的工具主要有哪些？
   - 广告大数据评估体系包括哪些？
   - 广告大数据评估的指数有哪些？

2. 案例讨论

亚马逊的"信息公司"

作为一家"信息公司"，亚马逊不仅从每个用户的购买行为中获得信息，还将每个用户在其网站上的所有行为都记录下来：包括页面停留时间、用户是否查看评论、用户搜索的关键词、浏览的商品等。这种对数据价值的高度敏感和重视，以及强大的挖掘能力，使得亚马逊快速摆脱传统运营方式。

长期以来，亚马逊一直通过大数据分析，尝试定位客户和获取客户反馈。亚马逊 CTO 曾在 CeBIT 大会上表示：为什么有的企业在商业上不断犯错？那是因为他们没有足够的数据对运营和决策提供支持。一旦进入大数据的世界，企业的手中将握有无限可能。

亚马逊的各个业务环节都离不开"数据驱动"的身影，包括但不限于商品的精准推荐、用户的需求预测、页面布局的转化率测试等。

对于亚马逊来说，大数据意味着大销售量。数据显示出什么是有效的、什么是无效的，新的商业投资项目必须要有数据的支撑。对数据的长期专注让亚马逊能够以更低的售价提供更好的服务。

请讨论：

亚马逊如何运用大数据手段为客户提供更好的服务？

3. 讨论话题

（1）2018 年 3 月，Facebook 卷入数据滥用丑闻。《卫报》和《纽约时报》揭露英国咨询公司"剑桥分析"以不正当方式获取 8 700 万 Facebook 用户数据用于政治广告，为 2016 年的美国总统竞选活动提供帮助。Facebook 最终因违反隐私规定被美国联邦贸易委员会罚款 50 亿美元。这一丑闻引发舆论哗然，一时间大数据时代的"隐私问题"成为备受关注的话题。

用大数据进行广告效果的评估，会涉及受众的某些习惯和行为，一方面可以给受众带来一些方便，如可以快速地得到想要的信息，但另一方面又会存在泄露隐私的问题。一旦受众的数据被不法分子利用或者由于技术等原因泄露出去，会对受众造成很大的伤害，那么如何来避免这些问题呢？

（2）利用大数据进行广告效果评估可以提高广告的投放精准度，减少广告投放成本，准确预估广告的效果，这是不是就意味着广告大数据评估是万能的？如果不是，那你认为它的局限性是什么？

郑重声明

高等教育出版社依法对本书享有专有出版权。任何未经许可的复制、销售行为均违反《中华人民共和国著作权法》，其行为人将承担相应的民事责任和行政责任；构成犯罪的，将被依法追究刑事责任。为了维护市场秩序，保护读者的合法权益，避免读者误用盗版书造成不良后果，我社将配合行政执法部门和司法机关对违法犯罪的单位和个人进行严厉打击。社会各界人士如发现上述侵权行为，希望及时举报，我社将奖励举报有功人员。

反盗版举报电话　（010）58581999　58582371
反盗版举报邮箱　dd@hep.com.cn
通信地址　北京市西城区德外大街4号　高等教育出版社法律事务部
邮政编码　100120